DCG 9

Introduction à la comptabilité

CORRIGÉS DU MANUEL

EXPERT SUP

L'expérience de l'expertise

Les manuels DCG

DCG 1 • *Introduction au droit*, Manuel
Jean-François Bocquillon, Martine Mariage

DCG 2 • *Droit des sociétés*, Manuel
France Guiramand, Alain Héraud

DCG 3 • *Droit social*, Manuel
Paulette Bauvert, Nicole Siret

DCG 4 • *Droit fiscal*, Manuel
Emmanuel Disle, Jacques Saraf, Nathalie Gonthier-Besacier, Jean-Luc Rossignol
• *Droit fiscal*, Corrigés du manuel
Emmanuel Disle, Jacques Saraf, Nathalie Gonthier-Besacier, Jean-Luc Rossignol

DCG 5 • *Économie*, Manuel
Sébastien Castaing, François Coulomb, Pascal Vanhove, Jean Longatte

DCG 6 • Finance d'entreprise, Manuel
Jacqueline Delahaye, Florence Delahaye-Duprat
• Finance d'entreprise, Corrigés du manuel
Jacqueline Delahaye, Florence Delahaye-Duprat

DCG 7 • *Management*, Manuel
Jean-Luc Charron, Sabine Sépari, Françoise Bertrand

DCG 8 • *Systèmes d'information de gestion*, Manuel
Jacques Sornet, Oona Hengoat, Nathalie Le Gallo

DCG 9 • *Introduction à la comptabilité*, Manuel
Charlotte Disle, Robert Maeso, Michel Méau
• *Introduction à la comptabilité*, Corrigés du manuel
Charlotte Disle, Robert Maeso, Michel Méau

DCG 10 • *Comptabilité approfondie*, Manuel
Robert Obert, Marie-Pierre Mairesse, Arnaud Desenfans
• *Comptabilité approfondie*, Corrigés du manuel
Robert Obert, Marie-Pierre Mairesse, Arnaud Desenfans

DCG 11 • *Contrôle de gestion*, Manuel
Claude Alazard, Sabine Sépari
• *Contrôle de gestion*, Corrigés du manuel
Claude Alazard, Sabine Sépari

DCG 9

Introduction à la comptabilité

CORRIGÉS DU MANUEL

Charlotte DISLE
Agrégée d'économie et gestion
Maître de conférences (IAE/CERAG)

Robert MAÉSO
Agrégé d'économie et gestion
Diplômé d'expertise comptable

Michel MÉAU
Agrégé d'économie et gestion

2017/2018

EDITIONS FRANCIS LEFEBVRE

DUNOD

11 rue Paul Bert, 92240 Malakoff
www.dunod.com

ISBN 978-2-10-076512-6
ISSN 1269-8792

Sommaire

1

PARTIE

Le cadre comptable français

CHAPITRE 1

La comptabilité : définition, fonctions et rôles

APPLICATION 1

Définition de la comptabilité

Question 1

C'est **Luca Pacioli** qui a le premier évoqué le principe de la partie double en comptabilité. Luca Pacioli (1445-1517) était un religieux franciscain italien, mathématicien et reconnu comme un des fondateurs de la comptabilité. Il a enseigné les mathématiques, en particulier à Léonard de Vinci.

Question 2

La comptabilité est une science consistant à appréhender tous les mouvements de valeurs économiques chiffrées que peut connaître une entreprise dans sa vie commerciale. En ce sens, on peut dire que la comptabilité est un « **savoir** ».

Elle est également un savoir en ce qu'elle implique la connaissance d'un ensemble de règles et d'outils qui seront présentés tout au long de ce manuel.

Mais on peut dire qu'elle est aussi un « **savoir-faire** » car le comptable doit mettre en application les règles et utiliser les outils adéquats permettant de présenter la « juste » situation de l'entreprise.

APPLICATION 2

Rôle de la comptabilité

Question posée sur la situation patrimoniale : est-ce que les fonds investis dans l'entreprise sont productifs ?

Quand une entreprise ou un particulier investit, cela signifie qu'elle ou il engage des montants relativement importants. Ce sera, par exemple, l'acquisition d'une machine ou de matériel industriel pour une entreprise, ou l'acquisition d'un appartement ou d'une voiture pour un particulier.

La question qui se pose alors est l'utilité, la satisfaction du besoin ressenti par cette entreprise ou ce particulier. Est-ce que cet investissement est vraiment nécessaire ? Est-ce qu'il pourra produire plus qu'il n'a coûté ?

Question posée sur le résultat : est-ce que l'entreprise est rentable ?

Dans cette question se pose la comparaison entre les charges qu'une entreprise supporte et les recettes que son activité engendre.

Si les charges sont supérieures aux recettes ou produits, alors l'activité se traduira par une perte et elle ne sera pas rentable, ses recettes ne couvrant pas ses charges.

Dans le cas inverse, si les produits ou recettes sont supérieurs aux charges supportées par l'entreprise, alors un bénéfice pourra être dégagé de l'activité et celle-ci sera rentable.

Définition du terme « rentabilité »

La rentabilité est le rapport entre un revenu obtenu ou prévu et les ressources employées pour l'obtenir (Wikipedia).

La rentabilité est la faculté d'un capital placé ou investi de dégager un résultat ou un gain exprimé en monnaie (Larousse).

Définition du terme « productivité »

En économie, la productivité entend mesurer le degré de contribution d'un ou plusieurs facteurs de production (facteurs matériels consommés ou facteurs immatériels mis en œuvre) à la variation du résultat final dégagé par un processus de transformation (Wikipedia).

La productivité est le rapport entre le résultat d'une activité productive (biens et services) et les facteurs de production que l'on a utilisés pour parvenir à cette production (Larousse).

APPLICATION 3

Le droit comptable

Question 1

Le Plan comptable général est incorporé dans le *Recueil des normes comptables françaises* élaboré par l'Autorité des normes comptables. Ce recueil regroupe l'ensemble des textes comptables émis par les organismes comptables.

Question 2

Les membres du collège de l'Autorité des normes comptables (ANC) sont nommés par arrêté du ministre de l'Économie et des Finances. D'autres membres sont nommés par décrets. L'ANC est un organisme indépendant siégeant dans les locaux du ministère de l'économie.

Les règlements adoptés par l'ANC sont publiés au *Journal officiel* après homologation par arrêté du ministre chargé de l'Économie, pris après avis du garde des Sceaux, ministre de la Justice, et du ministre chargé du Budget.

Question 3

En 2017, le président du collège de l'Autorité des normes comptables est Patrick de Cambourg. Il a succédé à Jérôme Haas qui a été le premier président de l'ANC.

• • • • •

CAS 1

Les rôles de la comptabilité

La comptabilité privée tenue par le citoyen romain, dont l'archétype est incarné par le *pater familias* est un **véritable moyen de preuve judiciaire**. Cela vient du fait, comme le montre Cicéron[1] dans ses écrits, que le citoyen romain est soumis à un certain nombre de devoirs, comme celui d'entretenir sa famille et de gérer ses biens : le citoyen romain est obligé de tenir une comptabilité.

À l'image des pontifes, qui tenaient des annales, ou des magistrats, qui consignaient dans leurs actes tous les faits notables de la vie publique, le citoyen père de famille possédait un registre personnel au sein duquel figuraient les éléments comptables relatifs à la vie de la *domus*. Peu après, la comptabilité du *pater familias* figurera sur des instruments écrits particuliers, réunis au sein d'un *codex* (livre de comptes). Et ce *codex* faisait foi en cas de litige, ce qui lui conférait une force probante remarquable.

La comptabilité permet également de retracer les faits et événements de nature économique et financière : les mouvements de trésorerie quotidiens doivent être notés ; l'origine et la destination des transactions étaient indiquées de même que l'évaluation la plus précise possible des opérations ; enfin, la justification de l'opération devait également apparaître, ce qui permettait de se rendre rapidement compte de l'honnêteté ou pas des transactions. À travers le *codex*, c'est donc une véritable **photographie de la vie économique** au sein de la *domus* qui était obtenue.

Enfin, la comptabilité permettait d'estimer **la richesse du patrimoine** du *pater familias*, et l'origine de ce patrimoine. Le *pater familias* pouvait donc faire valoir ses droits sur les différents biens présents dans sa maison.

Pour la sécurité des écritures comptables, différentes techniques étaient utilisées :

- l'information comptable était gravée sur des tablettes de bois recouvertes de cire ; ces instruments comptables étaient toutefois fragiles (les tablettes pouvaient se briser) et falsifiables (la cire pouvait être fondue) ;
- des doubles ou des triples furent alors confectionnés et ces tablettes dupliquées étaient attachées à l'originale par un fil scellé : on avait une recopie des opérations (c'était déjà l'ancêtre d'une forme de comptabilité par décalque) ;
- des témoins furent sollicités et leurs noms reportés sur les tablettes, ce qui assurait de certifier la réalité de la transaction, encore fallait-il que les témoins soient bien indépendants ;
- enfin, comme il a déjà été précisé, toutes les références de la transaction devaient être portées sur ces tablettes : noms des intervenants, nature et moyen de règlement, etc.

(1) Cicéron (106 – 43 av. J.C.), avant d'être le brillant orateur, avocat et homme politique que l'on sait, fut d'abord et avant tout un habile manieur d'argent, membre de puissantes sociétés de publicains.

CAS 2

Les besoins des utilisateurs comptables

1. Besoins particuliers des utilisateurs

Besoins	Catégories d'utilisateurs ressentant ces besoins
1. Évaluer les résultats globaux a) en termes absolus b) par comparaison aux objectifs c) par comparaison avec d'autres entreprises	 1 à 15 1 à 15 1 à 15
2. Évaluer la gestion a) rentabilité, résultats globaux, efficience b) protection du patrimoine	 1 à 11 surtout 1, 4, 6, 11, 12, 13
3. Évaluer les perspectives futures en ce qui concerne : a) les profits b) les dividendes et les intérêts c) les investissements et les besoins en capitaux d) l'emploi e) les fournisseurs f) les clients (garanties...) g) les anciens employés	 1 à 11 surtout 1 à 4 surtout 1 à 6, 8 à 14 5, 10,11, 12 surtout 3, 5, 11, 12, 14 surtout 7, 9, 11, 12, surtout 5, 10, 11, 12, 13
4. Évaluer la santé et la stabilité financière	1 à 15
5. Évaluer la solvabilité	1 à 15
6. Évaluer la liquidité	1 à 15
7. Évaluer les risques et les incertitudes	1 à 15
8. Faciliter la répartition des ressources pour : a) les actionnaires (actuels et potentiels) b) les créanciers (actuels et potentiels, à long terme et à court terme) c) les pouvoirs publics d) les autres agents du secteur privé	 1, 4, 11, 12, 13, 14 2, 3, 4, 8, 11, 12, 13, 14 11, 12 surtout 4, 9, 12, 13, 14
9. Faire des comparaisons : a) avec les exercices antérieurs b) avec d'autres entreprises c) avec l'ensemble du secteur et l'ensemble de l'économie	 1 à 15 1 à 15 1 à 15
10. Établir la valeur des capitaux empruntés et des capitaux propres de la société	1 à 4 surtout
11. Évaluer la capacité d'adaptation	1 à 15
12. Vérifier le respect des lois et des règlements	11 à 13 surtout

☞

☞

Besoins	Catégories d'utilisateurs ressentant ces besoins
13. Évaluer la contribution de l'entreprise à la société, à la nation...	11,12 surtout
Les chiffres de la colonne 2 renvoient aux catégories d'utilisateurs énumérées dans le tableau donné dans l'application.	
Note d'E. Stamp : il se peut fort bien que certains lecteurs estiment que les besoins de certaines catégories d'utilisateurs sont plus étendus que ce que l'on indique ci-dessus.	

2. Actuels, passés et éventuels

Les utilisateurs passés sont ceux qui ont été en relation avec l'entreprise ou l'entité concernée : il s'agit par exemple des salariés retraités : l'entreprise peut avoir à leur verser des pensions complémentaires ; ce sont également des anciens clients auprès desquels l'entité a encore des litiges pour des raisons diverses.

Les utilisateurs actuels sont les plus nombreux et sont également les plus faciles à connaître : ce sont toutes les catégories énumérées dans la liste proposée par E. Stamp. Cela va des utilisateurs dits économiques, aux groupes politiques, associatifs ou autres intéressés par l'activité de l'entreprise.

Enfin, les utilisateurs éventuels concernent les futurs partenaires de l'entreprise. Certains investisseurs pourront devenir actionnaires de l'entreprise, si celle-ci fait ses preuves sur le marché boursier. Des établissements financiers pourront être amenés à prêter à l'entité si les projets présentés apparaissent rentables.

3. Correspondance entre utilisateurs et informations dans les rapports d'activité

Beaucoup de sociétés font paraître sur l'Internet des rapports d'activité. Ils sont consultables en ligne et, à travers ces documents, il est possible de se rendre compte de ces informations transmises dans des domaines très divers.

Exemples d'informations transmises :

- message du président : à destination des actionnaires ⇒ informations sur les prévisions.
- informations sur le cours de l'action ⇒ investisseurs actuels et futurs ;
- actionnariat ⇒ informations à destination des pouvoirs publics, des analystes financiers, des administrateurs externes ;
- informations sur la gouvernance d'entreprise ⇒ fonctionnement général, procédures de contrôle interne. Informations à destination des analystes financiers, des pouvoirs publics, des syndicats, des salariés ;
- rapport du président du conseil d'administration sur les différents aspects de l'entreprise ⇒ à destination de tous les utilisateurs actuels et potentiels ;
- rapports des commissaires aux comptes ⇒ informations sur la régularité et la sincérité des comptes ⇒ cela a pour but de rassurer les investisseurs, mais aussi les salariés ;
- rapport sur la recherche : potentialités futures de l'entreprise ⇒ données importantes pour les partswenaires de l'entreprise et les pouvoirs publics ;
- rapport sur le développement durable, dont l'environnement ⇒ informations essentielles à destination du public en général, mais aussi des salariés et des mouvements de consommateurs, d'écologistes ;

- bilan social ⇒ données sur les salariés, permettant de faire ressortir les efforts effectués dans ce domaine par l'entreprise ;
- rapport sur les risques dans tous les domaines ⇒ risques de marché (taux, change, actions : à destination des investisseurs et actionnaires), risques industriels et environnementaux (public, consommateurs, écologistes), juridiques (fournisseurs, clients, salariés) ;
- rapports financiers : bilan, compte de résultat, annexes ⇒ à destination des analystes, actionnaires, salariés, mais aussi des chercheurs pour effectuer des comparaisons temporelles, sectorielles ou autres ;
- explications sur les méthodes comptables utilisées ⇒ informations sur les différentes hypothèses retenues par les dirigeants pour construire les comptes : ce sont des informations permettant de mesurer dans quelles limites les comptes sont fiables.

Ce ne sont que quelques exemples. Chaque entreprise propose ses propres données. Il n'y a pas encore beaucoup de normalisation au niveau de la fourniture de ces différentes données. Mais le fait de communiquer est un élément d'évaluation très important des entreprises actuellement.

CAS 3

« Les baguettes à entailles, origine du *stock exchange* »

1. Différence entre version sophistiquée à quatre éléments et version simplifiée

Dans l'article paru dans *Sciences Humaines* (« Les Grands dossiers n° 11 », juin-juillet-août 2008), Florence Weber précise : « Si l'on suppose que la baguette est utilisée par deux partenaires seulement, pas grand-chose. Leur identification peut être omise sans risque, dès lors qu'il s'agit de partenaires habituels engagés dans des transactions deux à deux (et non d'un gestionnaire engagé dans de multiples transactions comme le domaine de Salisbury). En effet, le simple fait d'être en possession d'une moitié de baguette suffit à indiquer sa participation à la transaction. Quant à la quatrième et ultime inscription, la date du paiement, elle peut également être omise dès lors que les deux partenaires ne tiennent pas de registre de comptes mais se contentent de jeter, ou de réutiliser, la baguette une fois la transaction finie. D'où l'hypothèse que des millions de baguettes médiévales ont disparu. »

En d'autres termes, la version sophistiquée permet à la fois de suivre l'état des transactions et d'archiver ses comptes, tandis que la version simplifiée est un instrument fondamental de la transaction à crédit : inscription de la chose reçue (premier temps) et quittance (second temps).

2. Fonction de la baguette double dans sa version sophistiquée comme dans sa version simplifiée

Pour Florence Weber, dans l'article déjà cité, « elle isole à la fois la chose et son paiement du flot des interactions entre les deux partenaires. C'est une technique de réduction du réel à ses seuls éléments significatifs. Ce faisant, elle neutralise en particulier deux éléments importants dans le cours du monde : d'une part, la relation personnelle entre les deux partenaires de la transaction, d'autre part, la durée qui s'est écoulée entre l'ouverture et la clôture de la transaction. Lorsque les deux partenaires se retrouvent pour clore ce qu'ils ont ouvert, ils recollent leurs deux moitiés l'une à l'autre pour les barrer d'un seul trait. Comment mieux signifier que rien ne s'est passé entre-temps, ni amitié ni haine, ni mariage ou ressentiment, ni même le temps qui a passé ?

Selon nos sources, la version sophistiquée n'indique qu'une seule date, *quarto et ultimo data regis*, la date du paiement. La version simple n'indique aucune date : tant qu'un seul trait coche la baguette, la transaction est ouverte ; une fois la transaction fermée, on rature ou on jette. Le temps du crédit n'existe pas, il n'a pas de prix, ou plus exactement le prix est contenu dans le prix de l'objet. Ce n'est pas très différent du système actuel des délais de paiement, légaux ou conventionnels, qui ne sont ni considérés ni facturés comme du crédit.

S'il ne s'agit pas de crédit au sens économique du terme, la quantité de baguettes doubles détenues par un marchand représente assez bien sa surface sociale : celle-ci est proportionnelle au nombre de ses partenaires et au nombre de transactions ouvertes dans lesquelles il est présentement engagé. Ainsi, un vitrail de la cathédrale de Tournai, de la fin du XVe siècle, représente-t-il un marchand de bière qui porte fièrement à la ceinture un faisceau de baguettes à entailles accrochées à un cordeau.

Enfin, la baguette double peut servir de preuve en justice. Le Code civil français, comme le Code civil italien d'ailleurs, en mentionne toujours l'existence, comme l'une des « *preuves littérales* » des obligations conventionnelles et du paiement, aux côtés des supports écrits ou électroniques [art. 1333 : « *les tailles corrélatives à leurs échantillons font foi entre les personnes qui sont dans l'usage de constater ainsi les fournitures qu'elles font ou reçoivent en détail* »]. La jurisprudence atteste l'existence de ces baguettes jusqu'à la fin du XIXe siècle en France ».

CHAPITRE

2 La normalisation comptable

APPLICATION 1

Questions à choix multiples

1. En France, la normalisation comptable dépend :

a) de l'ANC (Autorité des normes comptables).

Les autres organismes cités dans les points b) et c) donnent des avis ou des recommandations pris en considération dans la doctrine comptable.

2. Le principe comptable de l'image fidèle :

b) n'est pas défini dans les textes comptables français,

c) est à retenir lorsque aucun autre principe ne trouve à s'appliquer.

Il est la traduction de l'expression anglaise « *true and fair view* ».

Dans le cas où aucun principe ne trouve à s'appliquer, la réglementation comptable recommande de se référer à l'image fidèle (PCG, art. 121-3).

3. L'IASB est :

b) un organisme privé cherchant à normaliser la comptabilité au niveau mondial.

Son siège social est à Londres. Un règlement européen impose l'utilisation des normes comptables internationales pour les comptes consolidés des sociétés européennes cotées.

4. La comptabilité qui fournit des informations aux dirigeants et gestionnaires de l'entreprise s'appelle :

a) la comptabilité industrielle,

b) la comptabilité analytique,

c) la comptabilité de gestion.

D'un point de vue historique, la comptabilité à destination des utilisateurs internes s'est d'abord appelée « comptabilité industrielle » (c'était surtout dans l'industrie que les prix de revient se calculaient). Par la suite, au XXe siècle, c'est l'expression « comptabilité analytique » qui a longtemps été utilisée (faisant référence à l'importance de l'analyse des coûts). Aujourd'hui, on parle de « comptabilité de gestion ».

5. Le PCG est :

c) l'ensemble des règles et principes réglementant la comptabilité en France.

Le PCG est général, comme son nom l'indique, il ne s'applique pas qu'à l'entreprise. Il ne faut pas le confondre avec le plan de comptes qui est la liste des comptes utilisés. Le PCG est plus vaste puisqu'il traite des définitions et des modalités d'évaluation. L'ANC a incorporé le PCG et les autres textes comptables dans le Recueil des normes comptables françaises, en 2014 (règlement n° 2014-03 du 5 juin 2014).

6. Le PCG comprend :

a) 5 classes de comptes de bilan et 2 classes de comptes de gestion.

7. L'évaluation à la « juste valeur » :

c) est recommandée dans certains cas dans les normes internationales.

La juste valeur correspond à la valeur vénale ou à la valeur prenant en considération les flux futurs de trésorerie. Ce n'est donc que par hasard qu'elle peut correspondre au coût historique. En France, par prudence on en reste pour l'instant au coût historique comme principe de base de l'évaluation : il y a des exceptions où la juste valeur peut être appliquée notamment pour le calcul des dépréciations.

8. Une méthode préférentielle :

b) est une méthode qui permet de fournir une meilleure image fidèle de l'entreprise.

La méthode préférentielle est recommandée par les organismes de normalisation comptable parce qu'elle permet de fournir la meilleure information financière. Ce n'est pas pour des raisons d'embellissement du bilan, ou pour des raisons fiscales qu'elle peut être adoptée.

9. Le principe de permanence des méthodes signifie :

a) qu'une entreprise ne peut jamais changer de méthode,

b) qu'une entreprise peut parfois changer de méthode.

En principe, une entreprise ne devrait pas pouvoir changer de méthode comptable. Mais dans certaines situations (recherche d'une meilleure information, changement de réglementation), le changement de méthode est autorisé sous certaines conditions, notamment une information dans l'annexe.

10. Une entreprise doit :

c) respecter le principe d'annualité.

Une entreprise peut arrêter son exercice comptable en cours d'année civile, pas obligatoirement le 31 décembre. Toutefois, les exercices comptables doivent avoir une périodicité régulière de 12 mois.

APPLICATION 2

Codification comptable

1. Différence entre les deux comptes 2815 et 2915

2815 = amortissements des installations techniques, matériel et outillage industriels.

2915 = dépréciations des installations techniques, matériel et outillage industriels.

Le compte amortissements enregistre la répartition du coût d'entrée de l'immobilisation sur sa durée d'utilisation.

Le compte dépréciations enregistre les pertes de valeur que peut subir une immobilisation au cours de sa durée d'utilisation.

2. Particularité des chiffres 8 et 9 en deuxième position

Le Plan comptable précise dans l'article 933-4 : « dans les comptes à deux chiffres, les comptes de terminaison 1 à 8 ont une signification de regroupement. Par dérogation à cette règle, le compte 28 « Amortissements des immobilisations » fonctionne comme un compte de sens contraire de celui des comptes de la classe concernée ».

Le 8 en deuxième position traduit, en ce qui concerne les immobilisations, un compte d'amortissement.

Dans l'article 933-5 du Plan comptable, il est indiqué : « dans les comptes à deux chiffres, les comptes de bilan se terminant par 9 identifient les dépréciations des classes 2 à 5 correspondantes ».

Le 9 en deuxième position indique un compte de dépréciation du compte d'actif concerné.

3. Comptes 4181 et 4191

4181 = Clients – Factures à établir.

4191 = Clients – Avances et acomptes reçus sur commandes.

Le compte 4181 est utilisé lorsqu'une opération de vente a déjà été réalisée (la livraison a été effectuée, le vendeur s'est libéré de son obligation). Par contre, la facture n'a pas encore été envoyée au client ; par conséquent, ce dernier ne peut connaître son obligation de payer, on utilise pour cela un compte de régularisation.

Le compte 4191 est un compte enregistrant les avances ou les acomptes versés par un client. Ce dernier verse par avance, se libère par anticipation d'une partie de son obligation. Le vendeur, qui n'a pas encore livré la marchandise, est alors redevable de son client qui lui a payé une partie du prix. Le vendeur doit donc constater une dette envers ce client d'où l'utilisation du compte 419 ; le « 9 » en 3e position indiquant que c'est un compte qui fonctionne à l'inverse de ce qui est habituellement fait avec le compte principal de client.

4. Caractéristique des chiffres 8 et 9 en troisième position

L'article 933-4 du Plan comptable précise :

« Dans les comptes à trois chiffres et plus, les terminaisons 1 à 8 enregistrent le détail des opérations couvertes par le compte de niveau immédiatement supérieur ou par le compte de même niveau de terminaison zéro.

Dans les comptes de la classe 4, la terminaison 8 est affectée à l'enregistrement des produits à recevoir et des charges à payer rattachés aux comptes qu'ils concernent ».

Le « 8 » traduit donc assez souvent une opération de régularisation.

Le Plan comptable indique, un peu plus loin, dans l'article 933-5 : « dans les comptes à trois chiffres et plus, pour les comptes de bilan, la terminaison 9 permet d'identifier les opérations de sens contraire à celles normalement couvertes par le compte de niveau immédiatement supérieur et classées dans les subdivisions se terminant par 1 à 8 ».

Le « 9 » traduit une opération devant être enregistrée en sens inverse à celle habituellement comptabilisée.

5. Comptes de gestion

Les comptes de gestion de la classe 6 (charges) et de la classe 7 (produits) sont présentés « par nature » : exploitation, financier, exceptionnel, autres.

Le Plan comptable indique dans l'article 934-2 :

La classe 6 regroupe les comptes destinés à enregistrer, dans l'exercice, les charges par nature y compris celles concernant les exercices antérieurs qui se rapportent :	**La classe 7** groupe les comptes destinés à enregistrer, dans l'exercice, les produits par nature y compris ceux concernant les exercices antérieurs qui se rapportent :
– à l'exploitation normale et courante de l'entité, – à sa gestion financière, – à ses opérations exceptionnelles, – à la participation des salariés aux résultats et aux impôts sur les bénéfices.	– à l'exploitation normale et courante de l'entité, – à sa gestion financière, – à ses opérations exceptionnelles, – aux transferts de charges.

Certains référentiels classent les charges et les produits en éléments courants et extraordinaires.

On peut également regrouper les charges et les produits par destination : en retenant les charges et les produits relatifs à une branche d'activité A, à une branche d'activité B, etc.

Les charges et les produits peuvent encore être présentés selon la destination géographique, éléments relatifs aux opérations réalisées en France, à l'étranger, etc.

APPLICATION 3

Principes comptables

1. Principes comptables concernés

Texte	Principe comptable
Le bilan d'ouverture d'un exercice doit correspondre au bilan de clôture de l'exercice précédent	Intangibilité du bilan d'ouverture
Les états financiers doivent être établis sur une base de continuité d'exploitation, sauf si la direction a l'intention, ou n'a pas d'autre solution réaliste, que de liquider l'entité ou de cesser son activité	Continuité de l'activité
La comptabilité est conforme aux règles et procédures en vigueur qui sont appliquées avec sincérité afin de traduire la connaissance que les responsables de l'établissement des comptes ont de la réalité et de l'importance relative des événements enregistrés	Régularité, sincérité

☞

☞

Texte	Principe comptable
Les éléments d'actif et de passif doivent être évalués séparément. Aucune compensation ne peut être opérée entre les postes d'actif et de passif du bilan ou entre les postes de charges et de produits du compte de résultat	Non-compensation
À moins qu'un changement exceptionnel n'intervienne dans la situation du commerçant, personne physique ou morale, la présentation des comptes annuels comme des méthodes d'évaluation retenues ne peuvent être modifiées d'un exercice à l'autre. Si des modifications interviennent, elles sont décrites et justifiées dans l'annexe	Permanence des méthodes
L'annexe comporte toutes les informations d'importance significative destinées à compléter et à commenter celles données par le bilan et par le compte de résultat	Importance significative
Toute exception à ce principe de permanence doit être justifiée par un changement exceptionnel dans la situation de l'entité ou par une meilleure information dans le cadre d'une méthode préférentielle	Permanence des méthodes Bonne information
Il doit être tenu compte des risques et des pertes intervenues au cours de l'exercice ou d'un exercice antérieur, même s'ils sont connus entre la date de clôture de l'exercice et celle de l'établissement des comptes	Prudence
Chaque catégorie significative d'éléments similaires doit faire l'objet d'une présentation séparée dans les états financiers. Les éléments de nature ou de fonction dissemblables sont présentés séparément, sauf s'ils sont non significatifs	Non-compensation
Les états financiers doivent être présentés au minimum une fois par an. L'entité doit contrôler par inventaire, au moins une fois tous les douze mois, l'existence et la valeur des éléments actifs et passifs du patrimoine de l'entreprise	Indépendance des exercices Annualité des exercices
À leur date d'entrée dans le patrimoine de l'entreprise, les biens acquis à titre onéreux sont enregistrés à leur coût d'acquisition, les biens acquis à titre gratuit à leur valeur vénale et les biens produits à leur coût de production	Coût historique

2. Méthode préférentielle

Le PCG, article 121-5, précise : « les méthodes préférentielles sont celles considérées comme conduisant à une meilleure information par l'organisme normalisateur ».

Pour l'enregistrement d'un certain nombre d'opérations, il existe des options de comptabilisation, principalement pour des raisons fiscales. Une méthode est jugée préférentielle par les institutions comptables ; si elle est choisie, il est très difficile de pouvoir en changer par la suite.

• • • • •

CAS 1

Analyse de situations au regard des principes comptables

Évaluation du fonds de commerce

Le fonds de commerce a été créé il y a une douzaine d'années. Sa valeur initiale (coût historique) était donc nulle. Il n'est pas possible, selon le PCG, d'inscrire à l'actif un élément non séparable des activités de l'entreprise. L'évaluation à la juste valeur (valeur réelle du fonds de commerce) n'est pas retenue dans les normes françaises. Il est d'autre part interdit de réévaluer les immobilisations incorporelles. Par conséquent, en vertu du principe du coût historique, et de la non – reconnaissance du caractère identifiable du fonds de commerce, celui-ci ne peut pas être inscrit à l'actif du bilan de M. Ican.

C'est ce que rappelle l'article 212-3-3 du PCG : « les dépenses engagées pour créer en interne des fonds commerciaux, des marques, des titres de journaux et de magazines, des listes de clients et autres éléments similaires en substance ne peuvent pas être distinguées du coût de développement de l'activité dans son ensemble. Par conséquent, ces éléments ne sont pas comptabilisés en tant qu'immobilisations incorporelles. Il en est de même pour les coûts engagés ultérieurement relatifs à ces dépenses internes ».

Charges : principes comptables

Les charges doivent être rattachées à l'exercice comptable qui a supporté effectivement ces charges. Ainsi, une charge qui concerne deux exercices consécutifs doit être répartie sur ces deux exercices. Il convient en fin d'exercice comptable de reporter une partie de la charge comptabilisée sur l'exercice suivant : c'est une charge constatée d'avance.

Inversement, des charges seront effectivement payées l'exercice suivant (à terme échu), mais si elles concernent l'exercice qui vient de se terminer, il faut les prendre en compte sur cet exercice. Nous serons alors en présence, à la fin de l'exercice, de charges à payer (au cours de l'exercice suivant).

Cet ensemble d'opérations fait partie des opérations de régularisation de fin d'exercice qui permettent d'assurer le principe de séparation des exercices comptables.

Meubles

Le problème des meubles qui est posé est celui des meubles meublants. Le principe est que les meubles destinés à remplacer des mobiliers usagés, de manière partielle, sont considérés comme une dépense d'entretien et de mise en état d'utilisation d'immobilisations. La valeur unitaire de ces mobiliers étant faible, cette dépense peut être laissée en charge. Par contre si c'est tout le mobilier qui est remplacé, dans ce cas on considère que c'est une dépense de remplacement, analysée dans ce cas comme une immobilisation amortissable.

Au contraire les dépenses de mobiliers destinées à aménager de nouveaux locaux peuvent être assimilées à des dépenses d'investissement. Ce sont des meubles meublants. Dans ce cas, ces biens doivent être immobilisés à l'actif du bilan et amortis sur leur durée d'utilisation.

Il convient par conséquent, lors de l'engagement de la dépense, de bien étudier la destination :

- remplacement partiel → charge ;
- remplacement total → composant immobilisé et amortissable ;
- aménagement initial → immobilisation amortissable.

Changement de méthode comptable

En théorie, il n'est pas possible de changer de méthode comptable : il faut respecter le principe de permanence des méthodes. Toutefois, pour donner une meilleure information financière aux utilisateurs ou dans le cas d'un changement de réglementation, il est possible de changer de méthode comptable. Ce changement provoque en principe des effets rétroactifs : il faut faire comme si la nouvelle méthode a toujours été utilisée. Il n'est plus possible, en comptabilité, d'utiliser le système d'amortissement dit dégressif. C'est donc un changement de réglementation qui autorise donc le changement de méthode comptable : l'entreprise de M. Ican devra adopter une méthode comptable parfaitement compatible avec son activité et sa durée d'utilisation.

D'autres changements de méthodes sont également prévus par la réglementation comptable : changements d'estimation et de modalités d'application ; changements d'options fiscales et corrections d'erreurs. L'étude de ces changements dépasse le cadre de cet ouvrage.

CAS 2

Utilisateurs comptables et principes comptables

1. Différents utilisateurs des comptes annuels

- Les dirigeants ont besoin des comptes annuels pour leur gestion interne. Ils se servent des données comptables pour effectuer des devis pour leurs clients, pour établir les prévisions de résultat, etc.
- Les salariés consultent les comptes annuels pour comparer leurs rémunérations avec celles versées par d'autres entreprises. Le comité d'entreprise peut donner également un avis sur ces informations comptables qui lui sont communiquées.
- Les commissaires aux comptes, contrôleurs externes, portent un jugement sur la fiabilité et la régularité des comptes annuels ; cela pour que les actionnaires et associés puissent avoir confiance dans les documents comptables qui leur sont fournis.
- L'administration fiscale a besoin de connaître le résultat réalisé par une entreprise pour déterminer et contrôler le montant de l'impôt que celle-ci aura à acquitter.
- Les créanciers de l'entreprise, fournisseurs, banquiers, doivent évaluer la capacité de l'entreprise de régler ses dettes : cette appréciation peut être réalisée à travers les comptes annuels.
- Enfin, pour l'élaboration des statistiques nationales, l'INSEE a besoin de connaître certaines grandeurs comptables à partir des informations comptables et financières des entreprises.

2. Principes comptables fondamentaux retenus en France

La réglementation comptable donne les définitions suivantes :

- Principe de prudence : « la comptabilité est établie sur la base d'appréciations prudentes, pour éviter le risque de transfert, sur des périodes à venir, d'incertitudes présentes susceptibles de grever le patrimoine et le résultat de l'entité » (PCG, art. 121-4) : les enregistrements de perte de valeur par les dépréciations ou les provisions.
- Principe de permanence des méthodes : « la cohérence des informations comptables au cours des périodes successives implique la permanence dans l'application des règles et

procédures » (PCG, art. 121-5) : les stocks de l'entreprise doivent, en principe, toujours être évalués selon la même méthode.

• Principe de continuité d'exploitation : « la comptabilité permet d'effectuer des comparaisons périodiques et d'apprécier l'évolution de l'entité dans une perspective de continuité d'activité » (PCG, art. 121-2) : le coût d'une immobilisation amortissable est réparti sur les exercices au cours desquels cette immobilisation sera utilisée.

• Principe de l'intangibilité du bilan d'ouverture : « le bilan d'ouverture d'un exercice correspond au bilan de clôture avant répartition de l'exercice précédent » (PCG, art. 112-2) : la correction d'une erreur concernant le passé affecte le résultat de l'exercice pendant lequel intervient la correction.

• Principe d'indépendance des exercices : « toute entité doit contrôler par inventaire, au moins une fois tous les douze mois, l'existence et la valeur des éléments actifs et passifs du patrimoine de l'entreprise. Elle doit établir des comptes annuels à la clôture de l'exercice au vu des enregistrements comptables et de l'inventaire » (Code de commerce, art. L 123-12) : les charges doivent être rattachées aux créances acquises qui leur correspondent.

• Principe du coût historique : « à leur date d'entrée dans le patrimoine de l'entreprise, les biens acquis à titre onéreux sont enregistrés à leur coût d'acquisition, les biens acquis à titre gratuit à leur valeur vénale et les biens produits à leur coût de production » (Code de commerce, art. L 123-18) : les stocks de marchandises sont évalués au coût d'achat des marchandises.

• Principe de non-compensation : « aucune compensation ne peut être opérée entre les postes d'actif et de passif du bilan ou entre les postes de charges et de produits du compte de résultat » (Code de commerce, art. L 123-19) : les acomptes versés par les clients sont enregistrés au passif du bilan et ne peuvent être compensés avec les comptes de créances clients de l'actif.

• Principe d'importance relative : « l'annexe comporte toutes les informations d'importance significative destinées à compléter et à commenter celles données par le bilan et par le compte de résultat » (PCG, art. 112-4) : la comptabilité traduit la connaissance que les responsables ont de la réalité et de l'importance relative des événements ; il faut justifier des sommes de plusieurs dizaines de milliers d'euros, mais non celles de quelques centimes d'euros.

3. Exemples de remise en cause des principes comptables fondamentaux

La réévaluation autorisée de certains postes d'actif du bilan remet en cause le principe du coût historique (on augmente la valeur comptable de cet élément) et le principe de prudence (puisque l'on prend en considération des augmentations de valeur).

Il est possible de déroger, dans certains cas strictement prévus par la loi, au principe de permanence des méthodes : changement de méthode d'évaluation des stocks, changement de rythme d'amortissement, etc.

4. Avantages et inconvénients du coût historique

Avantages	Inconvénients
• Simplicité : facilité de mise en œuvre. • Objectivité et sécurité, car ce coût est fondé sur une transaction dans le cas d'acquisition à titre onéreux. • Respect du principe de prudence : les éventuelles plus-values non enregistrées ne peuvent pas être distribuées aux associés.	• Manque de pertinence : la valeur actuelle, « réelle » des biens n'apparaît pas au bilan, ce qui peut décourager les investisseurs. • Hétérogénéité des comptes : les éléments d'actif et de passif entrent dans le patrimoine à des dates différentes (distorsion accrue en cas de modification de la valeur de la monnaie).

CAS 3

Position de l'ANC

1. Dualité des visions de la comptabilité

Pour Jérôme Haas, ancien président de l'ANC (M. Patrick de Cambourg a été nommé président du collège de l'ANC par un décret du 4 mars 2015), il y a deux visions principales de la comptabilité :

- une vision à moyen et long terme, fortement ancrée sur le droit, répondant aux besoins de toutes les parties prenantes ;
- et une vision à court terme, basée sur une évaluation dépendant des marchés financiers, répondant aux besoins des investisseurs.

Ces deux visions conduisent à retenir, pour les comptes des entreprises françaises, deux jeux de normes :

- un jeu de normes internationales basées sur le principe de la juste valeur s'applique aux comptes consolidés des sociétés cotées ;
- un jeu de normes nationales retenant le principe de prudence s'applique aux comptes individuels des entreprises françaises, surtout les petites et moyennes.

2. Cadre conceptuel

Le cadre conceptuel est un ensemble d'objectifs, de principes, de règles et de méthodes formulés par une organisation normative pour le traitement comptable de l'information financière. L'IASB, organisme international de normalisation, et le FASB, organisme américain de normalisation, ont élaboré un cadre conceptuel. Il n'y en a toutefois pas en France.

3. Critiques du cadre conceptuel

Dans le plan stratégique 2011-2012, l'ANC exprime un doute quant au caractère opérationnel du cadre conceptuel. Pour l'ANC, il ne peut servir de guide au normalisateur ou aux entreprises pour les raisons suivantes :

- le cadre conceptuel ferait double emploi avec le droit : le Code de commerce et la réglementation comptable énoncent les principes comptables ;
- il repose sur un certain nombre de « partis pris » qui ne sont pas démontrés de manière forte, comme le choix d'utilisateurs prioritaires de l'information financière (les apporteurs de capitaux) ;
- le cadre conceptuel peut être en conflit avec certaines normes, lorsque celles-ci sont construites de manière indépendante ;
- le cadre conceptuel se situe à un niveau « inférieur » de celui des normes puisqu'en cas de conflit entre une norme et le cadre conceptuel, c'est la norme qui prévaut.

Finalement, pour l'ANC, plus que d'être un guide, le cadre conceptuel est souvent critiqué en ce qu'il ne serait qu'un moyen de confirmation *ex-post* des normes.

CAS 4

Le principe de prudence

1. L'IASB

L'IASB (International Accounting Standards Board) est un organisme international privé de normalisation des règles comptables. Il est chargé d'essayer de construire un ensemble cohérent de normes comptables, appelées IFRS (*international financial reporting standards*) aptes à s'appliquer dans tous les pays.
Pour l'instant, ces normes ne concernent que quelques pays et les comptes consolidés des grandes sociétés cotées.

2. US GAAP

Les US GAAP (principes comptables généralement admis américains : *generally accepted accounting principles*) sont élaborés par le FASB (Financial Accounting Standards Board) qui est l'organisme de normalisation comptable américain.
Actuellement, on assiste à une volonté de convergence entre les normes internationales et les normes américaines.

3. Différences entre principes de prudence et de neutralité

La principale différence entre les deux principes consiste à constater que la stricte application du principe de prudence ne conduit pas à la neutralité de l'information comptable. En effet, en ne prenant en considération que les baisses de valeur dans son application, le principe de prudence peut introduire un biais dans l'interprétation et la prise de décision. Le principe de neutralité, lui, au contraire, demande de prendre en compte toutes les variations de valeur (aussi bien à la baisse qu'à la hausse) pour aboutir à la notion de juste valeur et à donner une information la plus neutre possible.

4. Critiques positives et négatives adressées au principe de prudence

Un des avantages du principe de prudence est, comme son nom l'indique, de faire preuve de précaution lorsqu'il y a doute. Si l'avenir s'avère incertain, il vaut mieux en rester à ce que l'on connaît (c'est-à-dire bien souvent le coût historique) plutôt que d'anticiper des plus-values peut-être aléatoires. C'est le meilleur moyen d'obtenir une information fiable.
Mais, d'un autre côté, et c'est une critique négative adressée au principe de prudence, il ne permet pas d'obtenir une représentation fidèle : on a une vision minimaliste et pessimiste des données économiques.

2

PARTIE

La méthodologie comptable

CHAPITRE 3

Le système d'information comptable : une lecture comptable des réalités de l'entreprise

APPLICATION 1

L'information comptable 1 : entreprise Magnol

Enregistrement comptable des opérations suivantes par la comptabilité de l'entreprise Magnol :

	OUI	NON
1) Acquisition à crédit d'un ordinateur portable pour le commercial de l'entreprise Magnol au cours de l'année	x	
2) Achat à crédit de marchandises par l'entreprise Magnol au cours de l'année	x	
3) Achat d'un cadeau pour le client principal de l'entreprise Magnol	x	
4) Sélection à un appel d'offre pour la réalisation d'un chantier l'année prochaine par l'entreprise Magnol		x
5) Paiement des salaires mensuels des employés de l'entreprise Magnol par chèque	x	
6) Paiement « en liquide » d'un repas d'affaires avec l'expert-comptable de l'entreprise Magnol	x	
7) Prêt à titre gratuit de fonds à une filiale de l'entreprise Magnol	x	
8) Facturation d'une vente de marchandises à un client de l'entreprise Magnol (absence de règlements)	x	
9) Amende à payer du fait d'un retard de paiement au fisc par l'entreprise Magnol	x	
10) Production par l'entreprise Magnol de biens non vendus mais utilisés pour son activité	x	

Une information comptable est une donnée quantitative monétaire traduisant la performance ou le patrimoine d'une entreprise à une date donnée et justifiée par un document.

1) L'acquisition à crédit d'un ordinateur pour un commercial donne lieu à une traduction comptable. Le prix de l'ordinateur est une donnée quantitative monétaire.
   L'ordinateur est un élément du patrimoine de l'entreprise nécessaire à l'activité du commercial.
   L'achat est réalisé à une date donnée. Une information comptable permet de traduire l'impact de cet achat à cette date donnée.
   La traduction comptable s'effectue à l'aide d'une pièce comptable justifiant cet achat, soit une facture. Notons que dans le cadre d'une comptabilité d'engagement, même si l'achat n'a pas donné lieu à un règlement (achat à crédit), il convient de comptabiliser l'acte d'achat afin de constater l'opération réelle (il y a un nouvel ordinateur à disposition du commercial) et la relation avec le fournisseur de l'ordinateur (l'entreprise a une dette envers le fournisseur tant que l'achat n'a pas été réglé).
2) L'achat de marchandises est une opération réelle exprimée par une donnée quantitative (montant de la facture) influençant la performance et le patrimoine de l'entreprise à une date donnée (date de facturation) et justifiée par un document (facture). Même si cette opération réelle n'a pas donné lieu à un règlement, elle est enregistrée (comptabilité d'engagement).
3) Même si cette opération n'est pas directement nécessaire à l'exploitation de l'entreprise, elle s'inscrit dans les usages de certaines relations professionnelles et commerciales. Cet achat donne lieu à un enregistrement comptable (distinction travaux comptables et travaux fiscaux).
4) Cet événement concerne une opération future favorable pour l'entreprise Magnol. Les éléments susceptibles d'améliorer la situation de l'entreprise mais qui ne se sont pas encore réalisés ne sont pas anticipés dans les comptes de l'entreprise (principe de prudence).
5) Le règlement des salaires constitue une information comptable.
6) Quel que soit le mode de règlement, les frais de réception donnent lieu à une traduction comptable. L'administration fiscale juge du caractère professionnel de ces dépenses et apprécie si leur montant n'est pas exagéré par rapport à l'activité de l'entreprise. Néanmoins, quelles que soient les règles fiscales, ces frais constituent une information comptable. Il convient de bien distinguer les travaux comptables et fiscaux.
7) Même si le prêt est réalisé à titre gratuit, il donne lieu à un transfert de fonds. Ce dernier doit être traduit comptablement.
8) Même si la vente de marchandises n'est pas réglée, cette dernière a été facturée. Ainsi, dans une comptabilité d'engagement, la vente de marchandises est comptabilisée.
9) L'amende est un événement non courant dans l'activité de l'entreprise, néanmoins il donne lieu à une traduction comptable.
10) La production de biens influence le patrimoine et la performance de l'entreprise. Aussi, les biens produits doivent apparaître dans les comptes de l'entreprise.

APPLICATION 2

L'information comptable 2 : entreprise Badi

Renseignements donnés par les comptes de l'entreprise Badi sur les éléments suivants :

	OUI	NON
1) Le montant des factures non réglées par les clients de l'entreprise Badi	X	
2) Le coût d'acquisition des machines industrielles achetées pendant l'exercice précédent par l'entreprise Badi. Ces machines ont été conservées	X	
3) Le montant des salaires versés au cours de l'exercice par l'entreprise Badi	X	
4) Le nombre de marchandises vendues par l'entreprise Badi au cours de l'exercice		X
5) Le coût de fabrication des produits finis réalisés par l'entreprise Badi au cours de l'exercice		X
6) Le chiffre d'affaires réalisé par l'entreprise Badi au cours de l'exercice	X	
7) Le résultat réalisé sur la vente d'un des produits de la toute la gamme vendue au cours de l'exercice par l'entreprise Badi		X
8) La baisse de la valeur des stocks occasionnée par une inondation dans les entrepôts de l'entreprise Badi	X	
9) Le montant prévisionnel des futurs contrats de l'entreprise Badi		X
10) Le montant du prêt à taux zéro souscrit pour un nouvel investissement de l'entreprise Badi. Ce prêt n'a pas encore été remboursé.	X	

1) Le montant des créances clients correspond au montant des ventes et prestations réalisées par l'entreprise Badi qui n'ont pas encore été réglées par les clients de l'entreprise. Les créances constituent un élément du patrimoine de l'entreprise et apparaissent de ce fait dans les comptes de l'entreprise Badi.
2) C'est une information historique conservée dans les comptes de l'entreprise. Le montant est exprimé net de la constatation de son utilisation et des pertes de valeur subies par les machines (voir chapitres suivants).
3) Le montant des salaires est enregistré dans les comptes de l'entreprise.
4) Le nombre de marchandises est une information quantitative mais pas monétaire. Cette information n'est donc pas une information comptable.
5) Le coût de fabrication est une donnée calculée alors que l'information comptable est une information brute traduisant les opérations de l'entreprise. Le coût de fabrication est calculé à partir des données comptables mais ce n'est pas une information comptable en soi.
6) Le chiffre d'affaires est une information comptable. Il correspond au montant des affaires réalisées par l'entité avec des tiers dans le cadre de son activité professionnelle normale et courante.
7) La comptabilité financière retrace les factures de vente mais ne définit pas le résultat réalisé sur chacune des ventes. La comptabilité financière est un système d'information permettant de retracer les opérations réalisées par l'entreprise. C'est la comptabilité de gestion qui, à partir des informations comptables, définit et calcule des indicateurs de performance de l'entreprise. Éventuellement, selon le niveau d'information comptable

divulgué, le chiffre d'affaires peut être présenté par secteurs d'activités ou secteurs géographiques de l'entreprise.

8) La baisse de la valeur des stocks occasionnée par une inondation est un élément affectant un élément du patrimoine de l'entreprise Badi, c'est donc un élément comptabilisé (principe de prudence).
9) Le montant prévisionnel des futurs contrats correspond à un événement futur favorable qui n'a pas encore eu lieu. De par le principe de prudence, la comptabilité financière ne tient pas compte des éléments susceptibles d'améliorer la situation patrimoniale de l'entreprise qui ne se sont pas encore réalisés.
10) C'est une information comptable ; même si le prêt est à taux zéro (pas de charge d'intérêt), il correspond à une mise à disposition de fonds qu'il convient de constater dans les comptes de l'entreprise.

• • • • •

CAS 1

Une lecture comptable des réalités de l'entreprise : entreprise Schembri

Une information comptable est une donnée quantitative monétaire retraçant un événement affectant la situation financière ou la performance d'une entreprise à une date donnée et justifiée par un document.

Données	Informations comptables		Justification
	Oui	Non	
1	X		Le résultat est une donnée quantitative monétaire traduisant la performance d'une entreprise à une date donnée. Ce résultat doit néanmoins résulter de la constatation d'événements justifiés par des documents comptables.
2		X	Le compte de résultat informe le chiffre d'affaires réalisé, mais les états financiers ne fournissent pas le détail du chiffre d'affaires (prix, volume, mix).
3		X	La comptabilité générale n'a pas vocation d'analyser et de décomposer le résultat global de l'entreprise par biens ou services développés par l'entreprise. Ceci est davantage l'objet de la comptabilité de gestion. Cependant, l'entreprise peut être amenée à fournir des informations complémentaires en annexes (voir chapitres suivants) au sein de son rapport annuel sur ce type d'informations.
4		X	La comptabilité constate les achats réalisés auprès des fournisseurs et les dettes restant dues auprès de ses fournisseurs. Elle n'a cependant pas pour vocation de classer ses fournisseurs. Cependant une analyse de données comptables peut permettre de définir le fournisseur avec lequel l'entreprise a le plus d'échange (étude de factures) et l'entreprise peut choisir de préciser les noms des comptes fournisseurs.

☞

Données	Informations comptables		Justification
	Oui	Non	
5		X	La comptabilité enregistre les charges de personnels et les dettes envers le personnel mais ne constate pas la qualité et la performance des salariées (sauf développement de documents complémentaires).
6		X	La comptabilité ne fournit pas de données qualitatives.
7		X	Ce coût de revient peut être déterminé grâce aux informations comptables. La comptabilité ne fournit pas directement cette information.
8		X	Ceci n'est pas spécifié dans les comptes de l'entreprise.
9		X	La comptabilité fournit des informations sur les relations de l'entreprise avec son environnement. La part de marché est une information relative à ses concurrents et n'est donc pas constatée dans les comptes de l'entreprise.
10		X	La comptabilité doit être tenue dans la devise du pays d'origine de l'entreprise.
11		X	Cette information ne se traduit pas par une transaction réelle ou financière quantifiable monétairement au jour de l'embauche. Même si l'entreprise compte un salarié supplémentaire, comptablement sa situation patrimoniale n'est pas affectée.
12		X	*Idem* à l'opération 11.
13		X	C'est dès l'établissement de la facture par l'entreprise que celle-ci constate la transaction auprès de son client.
14		X	Le solde du compte bancaire de l'associé principal concerne son propre patrimoine. La comptabilité de l'entreprise considère les comptes bancaires au nom de l'entreprise.
15		X	La comptabilité constate certes une entrée d'argent réalisée par l'exploitant mais la dette que l'exploitant a contractée auprès de sa famille concerne sa situation personnelle et non celle de l'entreprise.
16	X		Les stocks constituent un élément du patrimoine de l'entreprise. Lors de l'inventaire, la comptabilité constate la valeur des stocks.
17	X		Cet apport augmente le patrimoine de l'entreprise. Il convient néanmoins d'estimer la valeur de cet apport.
18	X		Que cette mise à disposition soit réalisée à titre gratuit ou payant, la comptabilité doit faire état de l'utilisation du patrimoine de l'entreprise.

Données	Informations comptables		Justification
	Oui	Non	
19	X		Que cette prestation de service soit réalisée à titre gratuit ou payant, la comptabilité doit faire état de l'utilisation du patrimoine de l'entreprise. Même si l'opération a été effectuée gracieusement (facture à zéro euros...), il convient de constater l'activité de l'entreprise. La question sous-jacente est le souhait ou non de l'entreprise d'établir un document comptable (facture).
20	X		Indépendamment du mode de règlement et de la déductibilité fiscale, l'entreprise enregistre ses achats.

CAS 2

Le déclenchement de la comptabilisation

La comptabilité d'une entreprise traduit sa réalité, soit des événements passés, des événements présents et des événements futurs sous certaines conditions.

Données	Comptabilisation		Moment d'enregistrement
	Oui	Non	
1	X		L'achat est enregistré lors de la réception de la facture d'achat (et non lors de la livraison de la marchandise s'il y a un décalage). Le règlement est comptabilisé lorsqu'il se réalise.
2	X		L'achat est enregistré grâce aux informations fournies par la facture d'achat même si le règlement n'a pas eu lieu.
3	X		La vente est constatée par l'entreprise vendeuse dès qu'elle a émis la facture (ceci indépendamment de la réception de la facture ou de la marchandise par le client).
4	X		La vente est constatée car réalisée et donne lieu à facturation. Les réclamations du client pourront donner lieu à une facture d'avoir si l'entreprise choisit de donner suite aux plaintes du client. Quoi qu'il en soit, le refus de payer du client concerne le règlement de la vente. Indépendamment de celui-ci, la vente est à constater dans la comptabilité de l'entreprise.
5	X		L'entreprise a réalisé une transaction commerciale. Ainsi, même si cette transaction est facturée à zéro euro en compensation de défauts antérieurs de l'entreprise, cette dernière doit la constater.
6	X		Lorsque l'entreprise accorde un crédit à ses clients, elle constate dans ses livres les créances clients correspondantes dès la réalisation de ces ventes (facturation).

☞

Données	Comptabilisation		Moment d'enregistrement
	Oui	Non	
7	X		Lorsque les clients honorent leurs dettes, l'entreprise constate l'entrée de trésorerie correspondante et le recouvrement total ou partiel des créances clients correspondantes à chaque date de règlement.
8	X		Les règlements des clients sont constatés lorsqu'ils se réalisent. Néanmoins, dans une comptabilité d'engagement, les ventes sont constatées indépendamment des règlements. De ce fait, suite aux divers règlements, les comptes des entreprises informent sur les règlements restants dus (*id.* 6).
9	X		Cette information constitue la constatation d'un événement futur défavorable à comptabiliser à l'inventaire à travers une dépréciation des créances clients (voir les chapitres sur les opérations d'inventaire).
10	X		La comptabilité fait état des montants des dettes restant à honorer auprès des institutions financières ou autres créditeurs.
11		X	La comptabilité fait état des montants restant à honorer auprès des institutions financières ou autres créditeurs. L'information communiquée correspondant aux montants des dettes initiales moins les remboursements réalisés.
12		X	Cette information peut être fournie en annexe ou doit être retrouvée dans les pièces comptables ou doit être recalculée à partir des informations comptables.
13	X		Même si cette information a été constatée lors de l'acquisition des machines, elle apparaît par la suite dans les comptes de l'entreprise tant que la machine est susceptible de générer un avantage économique pour l'entreprise, car la comptabilité informe sur le coût historique des investissements réalisés.
14	X		En plus d'informer sur le coût historique des investissements, la comptabilité considère la perte de valeur de ces investissements induite par leur utilisation.
15		X	La comptabilité ne tient pas compte de ce type d'informations prévisionnelles.
16	X		Même si l'apport a eu lieu lors d'années antérieures, tant que celui-ci n'est pas retiré de l'entreprise, il apparaît dans ses comptes (représente les droits des apporteurs de capitaux, un gage envers les créanciers...).
17		X	Les événements futurs favorables ne sont pas considérés dans les comptes de l'entreprise tant qu'ils ne se sont pas réalisés.

☞

Données	Comptabilisation		Moment d'enregistrement
	Oui	Non	
18		X	Les événements futurs favorables ne sont pas considérés dans les comptes de l'entreprise tant qu'ils ne se sont pas réalisés.
19	X		Les comptes de l'entreprise enregistrent les dépréciations des éléments d'actifs. Ces dépréciations sont constatées en comparant la valeur comptable de ces éléments et leur valeur actuelle (voir le chapitre sur la dépréciation).
20		X	Les événements futurs favorables ne sont pas considérés dans les comptes de l'entreprise tant qu'ils ne se sont pas réalisés (comptabilité en coût historique).

CAS 3

La comptabilité en action : qui fait quoi ?

A. Actions des hommes clés

Actions	Hommes clés	Missions
1	Expert-comptable Directeur comptable Assistant comptable	Production et tenu des comptes (opérations courantes).
2	Expert-comptable Directeur comptable Assistant comptable	Production et tenu des comptes (opérations d'inventaire).
3	Expert-comptable Directeur comptable Assistant comptable Auditeur interne Analyste financier Experts immobiliers	Production et tenu des comptes si l'expertise est réalisée pour l'inventaire (opérations d'inventaire). Travail d'expertise dans le cadre d'une mission spécifique.
4	Expert-comptable Directeur comptable Assistant comptable	Production et tenu des comptes (opérations courantes).
5	Expert-comptable Directeur comptable Assistant comptable Auditeur interne Analyste financier	Production et tenu des comptes (opérations courantes). Travail d'expertise dans le cadre d'une mission spécifique. (Exemple : Étude du poids des dettes d'exploitation)

☞ Actions	Hommes clés	Missions
6	Expert-comptable Directeur comptable Assistant comptable	Production et tenu des comptes : réalisation des documents de synthèse.
7	Expert-comptable Directeur comptable Assistant comptable Auditeur interne	Missions de conseil.
8	Expert-comptable Directeur comptable Assistant comptable	Établissement des déclarations et liasses fiscales.
9	Expert-comptable Directeur comptable Assistant comptable Auditeur interne Analyste financier	Missions d'analyse et de conseil.
10	Expert-comptable Directeur comptable Assistant comptable Auditeur interne	Missions d'analyse et de conseil.
11	Commissaire aux comptes	Missions de certification.
12	Expert-comptable Directeur comptable Assistant comptable Auditeur interne	Missions d'analyse et de conseil. Missions spécifiques de conseil.
13	Contrôleur de gestion	Analyse prospective.
14	Expert-comptable Directeur comptable Assistant comptable Auditeur interne	Tenue des comptes. Missions spécifiques de consolidation.
15	Expert-comptable Directeur comptable Assistant comptable Auditeur interne Analyste financier	Missions d'analyse et de conseil.

B. Utilisateurs de la comptabilité

Utilisateurs des informations comptables	Informations utiles
1. Investisseur potentiel	Éléments permettant un jugement éclairé sur l'ensemble de l'entreprise. *Exemples : résultat de l'entreprise, résultat par action, valeur de l'apport des associés, dividendes, poids de la dette.*
2. Dirigeants	Éléments de mesure et de contrôle de la performance de l'entreprise. *Exemples : résultat de l'entreprise, investissements, charges, portefeuille d'activité.*
3. Salariés	Éléments sur la continuité d'exploitation de l'entreprise et éléments de rémunération. *Exemples : résultat de l'entreprise, charges du personnel, intéressement, participation, recouvrement des dettes.*
4. Banquier	Éléments sur la stabilité financière de l'entreprise. *Exemples : résultat de l'entreprise, montant des dettes, échéance des dettes, montant des apports des associés.*
5. Administration fiscale	Éléments de calcul de l'assiette des différents impôts et taxes. *Exemples : résultat à déclarer, TVA à déclarer, taxe professionnelle, droits d'enregistrements, plus-value...*

CHAPITRE 4

L'écriture comptable

APPLICATION 1

Les fondamentaux de l'écriture comptable

1. Opérations réalisées par l'entreprise Andres, l'entreprise Enri et l'entreprise Jules

Entreprise Andres

L'entreprise Andres a vendu des marchandises à l'entreprise Enri pour un montant de 300 €. L'entreprise Andres a reçu en retour un chèque de l'entreprise Enri de 300 €.

Entreprise Enri

L'entreprise Enri a acheté des marchandises à l'entreprise Andres pour un montant de 300 €. L'entreprise Enri a réglé cet achat par chèque auprès de l'entreprise Andres.
L'entreprise Enri a vendu des marchandises à l'entreprise Jules pour un montant de 500 €. L'entreprise Enri a reçu en retour un chèque de l'entreprise Jules de 500 €.

Entreprise Jules

L'entreprise Jules a acheté des marchandises à l'entreprise Enri pour un montant de 500 €. L'entreprise Jules a réglé cet achat par chèque auprès de l'entreprise Enri.

2. Emplois et ressources à comptabiliser par l'entreprise Enri

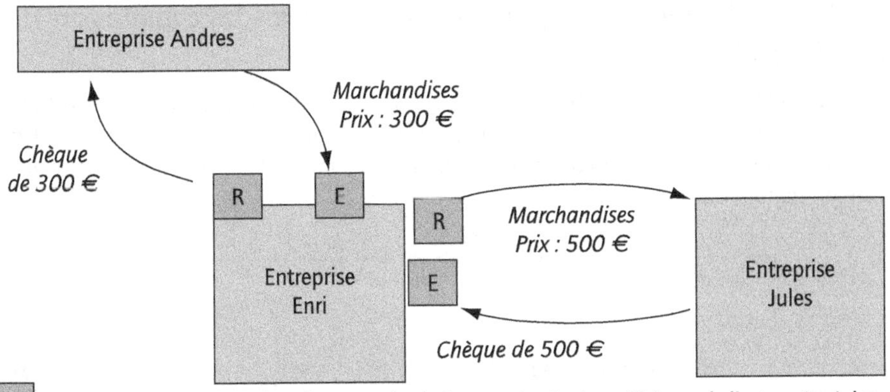

E **Emploi** : Achats de marchandises auprès de l'entreprise Andres ; Chèque de l'entreprise Jules

R **Ressource** : Chèque pour l'entreprise Andres ; Ventes de marchandises auprès de l'entreprise Jules

3. Enregistrement des opérations dans la comptabilité d'Enri à l'aide de comptes en T

6070 – Achats de marchandises

300	
	Solde débiteur : 300

7070 – Ventes de marchandises

	500
Solde créditeur : 500	

5120 – Banques

500	300
	Solde débiteur : 200

4011 Fournisseur Andres

300	300

Solde = 0

4111 Client Jules

500	500

Solde = 0

4. Enregistrement des opérations dans la comptabilité d'Enri à l'aide d'un journal

6070 4011	Achats de marchandises Fournisseur Andres *Facture n°...*	300,00	 300,00
4011 5120	Fournisseur Andres Banques *Chèque n°...*	300,00	 300,00
4111 7070	Client Jules Ventes de marchandises *Facture n°...*	500,00	 500,00
5120 4111	Banques Client Jules *Chèque n°...*	500,00	 500,00

5. Contenus informationnels communiqués à travers les comptes en T et le journal

Chaque opération est enregistrée dans la comptabilité de l'entreprise Enri à la fois dans le grand livre et dans le livre journal. Le livre journal ou journal enregistre de façon chronologique les opérations. Les emplois et ressources correspondants à l'opération sont enregistrés conjointement dans le journal :

	Date de l'opération		
N° de compte débité N° de compte crédité	Nom du compte débité Nom du compte crédité *Pièce comptable justificative*	Montant du débit	Montant du crédit

Le grand livre se compose de l'ensemble des comptes mouvementés lors de l'enregistrement des opérations. Le grand livre informe sur les mouvements affectant un compte et permet de connaître directement le solde de ce compte. Néanmoins, le grand livre ne permet pas de vérifier la bonne application du principe de la partie double et de connaître directement la contrepartie des mouvements affectant le compte.

6. Impact de l'enregistrement des écritures sur la balance, le bilan et le compte de résultat

Balance (extrait)

Numéro du compte	Nom du compte	Mouvements au débit	Mouvements au crédit	Solde débiteur	Solde créditeur
...	...	...	...	...	...
4011	Fournisseur Andres	300,00	300,00		
4111	Client Jules	500,00	500,00		
512	Banques	500,00	300,00	200,00	
607	Achats de marchandises	300,00		300,00	
707	Ventes de marchandises		500,00		500,00
...	...	...	...	...	...

Bilan (extrait)

Actif		Passif	
...	...	...	...
Banques	200,00	Résultat	200,00
...	...	...	...
Total	200,00	Total	200,00

Compte de résultat (extrait)

Charges		Produits	
...	...	...	...
Achats de marchandises	300,00	Ventes de marchandises	500,00
...	...	...	...
Résultat : bénéfice	200,00		
Total	500,00	Total	500,00

APPLICATION 2

D'une information à un enregistrement comptable

L'ensemble des réponses aux quatre questions est présenté dans le tableau suivant :

Données	Flux	Emploi	Ressource	Compte débité		Compte crédité	
				Compte de bilan	Compte de gestion	Compte de bilan	Compte de gestion
1	Flux externe financier	Obtention de matériels informatiques	Apport de l'associé	218 – Matériel informatique		101 – Capital	
2	Flux externe réel et monétaire	Achat de marchandises	Banque et dettes fournisseurs		607 – Achat de marchandises	512 – Banques 401 – Fournisseurs	
3	Flux externe réel et monétaire	Client	Ventes de marchandises	411 – Clients			707 – Ventes de marchandises
		Paiement du client	Recouvrement d'une créance client	512 – Banques		411 – Clients	
4	Flux externe réel	Imposition	Dette auprès de l'État		631 – Impôts et taxes	44 – État	
5	Flux externe monétaire	Recouvrement de la dette fournisseur	Banque	401 – Fournisseurs		512 – Banque	
6	Flux réel externe	Obtention d'une créance client	Vente de marchandises	411 – Créance clients			707 – Vente de marchandises
7	Flux monétaire externe	Règlement d'une créance client	Recouvrement d'une créance client	512 – Banques		411 – Créance client	
8	Flux financier externe	Obtention de liquidités	Dette auprès d'une banque	512 – Banques		164 – Emprunt bancaire	

☞

☞

Données	Flux	Emploi	Ressource	Compte débité		Compte crédité	
				Compte de bilan	Compte de gestion	Compte de bilan	Compte de gestion
9	Flux financier interne	Obtention de liquidités	Compte bancaire	531 – Caisse		512 – Banques	
10	Flux réel et monétaire	Charge de communication	Dette envers l'opérateur de téléphonie		626 – Frais de télécommunication	401 – Fournisseurs	
		Recouvrement de la facture de téléphone	Compte bancaire	401 – Fournisseurs		512 – Banques	
11	Flux monétaire externe	Achat de timbres fiscaux	Espèces		635- Autres impôts	531 – Caisse	
12	Absence de pièces comptables permettant un enregistrement comptable						
13	Flux externe réel	Achat d'une camionnette	Dette auprès du fournisseur (la réception de la facture n'implique pas le règlement automatiquement)	218 – Véhicule de transport		404 – Fournisseur d'immobilisation	
14	Flux réel et monétaire	Frais de déplacement	Fournisseur		625 – Frais de déplacement	401 – Fournisseurs	
		Règlement des frais de déplacement	Compte bancaire	401 – Fournisseurs		512 – Banques	

☞

Données	Flux	Emploi	Ressource	Compte débité		Compte crédité	
				Compte de bilan	Compte de gestion	Compte de bilan	Compte de gestion
15	Aucun enregistrement comptable à effectuer						
16	Fluxexterne monétaire	Règlements salariés	Compte bancaire	421 – Dette envers personnel		512 – Banques	
17	Fluxexterne réel	Achat d'une photocopieuse	Dette auprès du fournisseur *	218 – Matériel informatique		404 – Dette fournisseur d'immobilisation	
18	Fluxexterne monétaire	Versement d'un pourboire	Espèce		622 – Rémunérations d'intermédiaires	531 – Caisse	
19	Aucun enregistrement comptable à effectuer						
20	Flux réel et monétaire	Frais de réception	Fournisseur	625 – Frais de réception		401 – Fournisseurs	
		Règlement du fournisseur	Espèce	401 – Fournisseurs		531 – Caisse	

** Attention : à crédit ne signifie pas appel à un crédit bancaire mais règlement non comptant du fournisseur.*

• • • • •

CAS 1

D'un document à un enregistrement comptable

Questions 1. et 2.

Chèque n°1234567890, le 01.12.N, 1 200 € pour le loyer du magasin

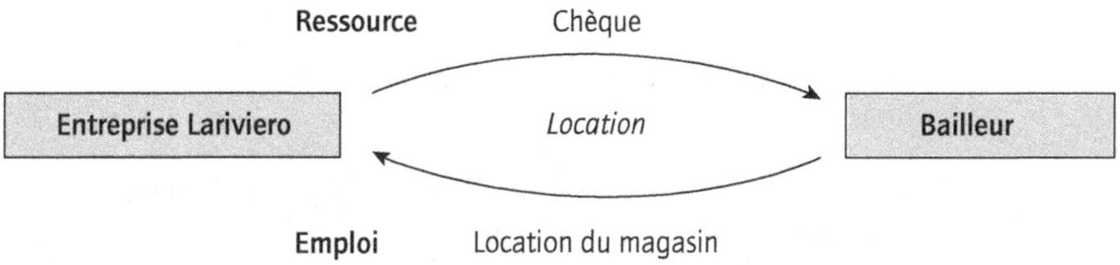

	613 Location		4011 Fournisseur bailleur		512 Banques		
01/12/N	1 200		1 200	1 200	1 200		01/12/N

Chèque n°1234567891, le 02.12.N, 18 000 € pour l'acquisition d'une camionnette

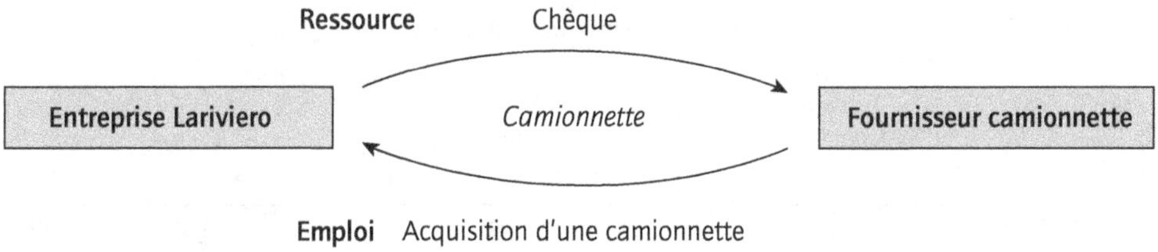

	218 Matériel de transport		404 Fournisseur d'immobilisation		512 Banques		
02/12/N	18 000		18 000	18 000		18 000	02/12/N

Chèque n°1234567892, le 02.12.N, 80 € pour le paiement d'un plein de gazole

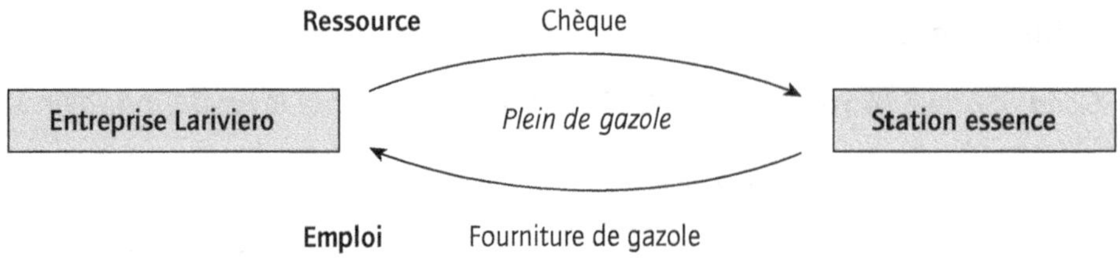

	606 Achats non stockés		4012 Fournisseur station essence		512 Banques		
02/12/N	80		80	80		80	02/12/N

Ticket de péage, le 02.12.N, 8 €

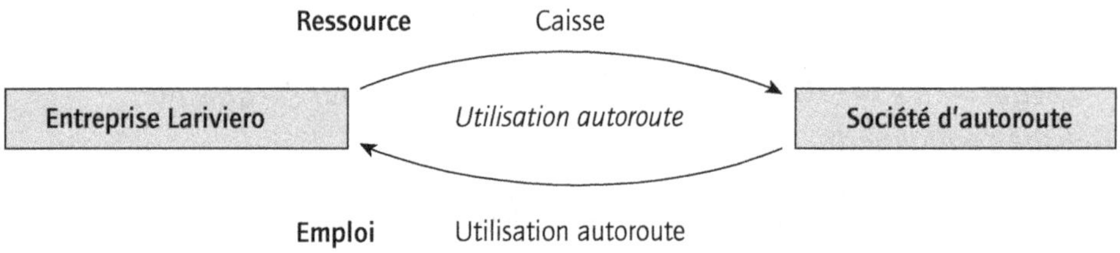

	625 Déplacements		4013 Fournisseur société autoroute		53 Caisse		
02/12/N	8		8	8		8	02/12/N

Ticket de caisse, le 03.12.N, 200 € pour l'achat de tuyaux de cuivre

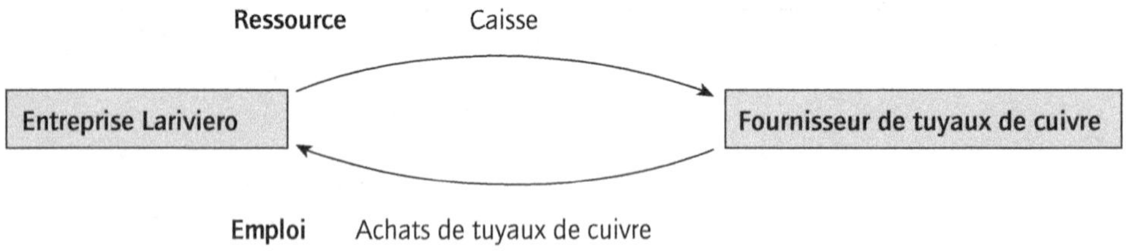

	601 Achats de fourniture		4014 Fournisseur de tuyaux de cuivre		53 Caisse		
03/12/N	200		200	200		200	03/12/N

Facture de l'établissement Dila

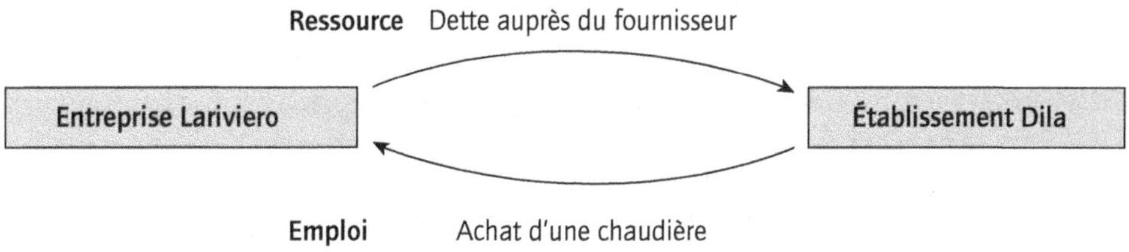

	601 Achats de fourniture		4015 Fournisseur Dila		
03/12/N	800			800	03/12/N

Facture à l'établissement Durinoi

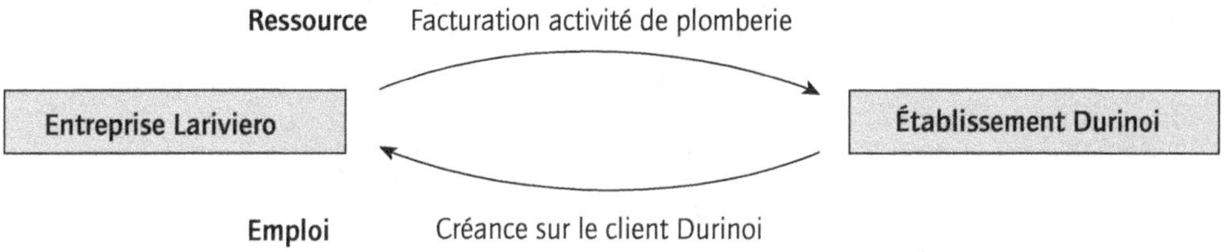

	4111 Client Durinoi		706 Prestations de services		
03/12/N	3 200			3 200	03/12/N

Question 3. Solde des comptes

Extraits du grand livre.

	218 Matériel de transport		4011 Fournisseur Bailleur		4012 Fournisseur station essence		
02/12/N	18 000		1 200	1 200	80	80	03/12/N
	Solde débiteur = 18 000 €		**Solde nul**		**Solde nul**		

4013 Fournisseur société autoroute		4014 Fournisseur de tuyaux de cuivre	
8	8	200	200
Solde nul		**Solde nul**	

	4015 Fournisseur Dila	
03/12/N		800
	Solde créditeur = 800 €	

404 Fournisseur d'immobilisation	
18 000	18 000
Solde nul	

	4111 Client Durinoi	
03/12/N	3 200	
	Solde débiteur = 3 200 €	

512 Banques		
	1 200	01/12/N
	18 000	02/12/N
	200	03/12/N
Solde créditeur = 19 400 €		

53 Caisse		
	80	02/12/N
	8	03/12/N
Solde créditeur = 88 €		

Remarque : Un compte caisse ne peut jamais être créditeur.

	613 Location	
01/12/N	1 200	
	Solde débiteur = 1 200 €	

	606 Achat non stocké	
02/12/N	80	
	Solde débiteur = 80 €	

	625 Déplacements	
02/12/N	8	
	Solde débiteur = 1 200 €	

	601 Achat de fournitures	
03/12/N	200	
03/12/N	800	
	Solde débiteur = 1 000 €	

706 Prestation de services		
	3 200	01/12/N
Solde créditeur = 3 200 €		

CAS 2

Principe de la partie double : entreprise Pijolat

1. Principe de la partie double

Le principe de la partie double indique que, pour chaque opération, il convient de définir et d'enregistrer le ou les emplois et la ou les ressources correspondants à cette opération.

Par exemple, pour une vente de marchandises au comptant, de par le principe de la partie double, il convient d'enregistrer la ressource de cette opération, soit l'activité de négoce (vente de marchandises) et l'impact de cette opération (un encaissement). Le principe de la partie double ne revient pas à enregistrer deux fois une opération mais à comptabiliser l'origine et l'effet d'une opération. Dans notre exemple, si on n'enregistre que l'impact de l'opération, soit l'encaissement, à la lecture des comptes on ne pourrait pas savoir l'origine de l'augmentation de trésorerie.

2. Informations manquantes dans l'extrait de journal de l'entreprise Pijolat

	30.10.N		
2182	Matériel de transport	15 200,00	
4041	Fournisseur d'immobilisations		15 200,00
	Facture n° A234		
	04.11.N		
6020	Achat de fournitures	1 200,00	
6010	Achat de matières premières	2 200,00	
4010	Fournisseurs		3 400,00
	Facture n° B345		
	06.11.N		
40410	Fournisseurs	3 400,00	
5120	Banques		3 400,00
	Règlement de la facture n° A234, chèque n° 1838672		
	06.11.N		
4041	Fournisseur d'immobilisation	15 200,00	
5120	Banque		
	Règlement de la facture n° B345, chèque n° 1838672		15 200,00

3. Présentation sous forme de comptes en T des comptes mobilisés

6010 – Achats de matières premières

Débit	Crédit
2 200,00	
	SD : 2 200,00

6020 – Achats de fournitures

Débit	Crédit
1 200,00	
	SD : 1 200,00

2182 – Matériel de transports

Débit	Crédit
15 200,00	
	SD : 15 200,00

4010 – Dettes fournisseurs

Débit	Crédit
3 400,00	3 400,00

Solde = 0

4041 – Dettes fournisseurs d'immobilisation	
15 200,00	15 200,00
	Solde = 0

5120 – Banques	
	18 600,00
SC : 18 600,00	

4. Extrait de balance

Balance de l'entreprise Pijolat								
N° de compte	Intitulé du compte	Solde au 01.01.N		Mouvements des comptes		Solde au 31.12.N	
		Débiteur	Créditeur	Au débit	Au crédit	Débiteur	Créditeur
2182	Matériel de transports	0	0	15 200,00		15 200,00	
4010	Dettes fournisseurs	0	0	3 400,00	3 400,00	0	0
4041	Dettes fournisseurs d'immobilisation	0	0	15 200,00	15 200,00	0	0
5120	Banques	0	0		18 600,00		18 600,00
6010	Achats de matières premières	0	0	2 200,00		2 200,00	
6020	Achats de fournitures	0	0	1 200,00		1 200,00	
					Total	18 600,00	18 600,00

5. Documents permettant de vérifier l'application du principe de la partie double

Les flux s'enregistrent dans les comptes dans l'ordre chronologique, au travers du journal. Tous les comptes sont également classés par nature dans le grand livre.

L'application du principe de la partie double peut être vérifiée au travers du journal ; pour chaque opération, le total du débit (avant-dernière colonne) et le total du crédit (dernière colonne) sont équivalents. De même, le total des mouvements de débit et le total des mouvements de crédit au journal sont égaux.

Le grand livre donne le suivi des comptes et l'établissement de la balance. Tout comme le journal, l'application du principe de la partie double peut être vérifiée ; on a :

- Total solde débiteur initial = Total solde créditeur initial
- Total mouvements au débit = Total mouvements au crédit
- Total solde débiteur final = Total solde créditeur final

CAS 3

Différents partenaires, différentes comptabilités

Question 1

Cinq comptabilités sont concernées par les transactions envisagées : l'entreprise de monsieur Rémi ; la Banque Populaire ; la Société Générale ; les comptes personnels de monsieur Rémi ; le fournisseur d'ordinateur.

Question 2

Les flux entre les différents organismes

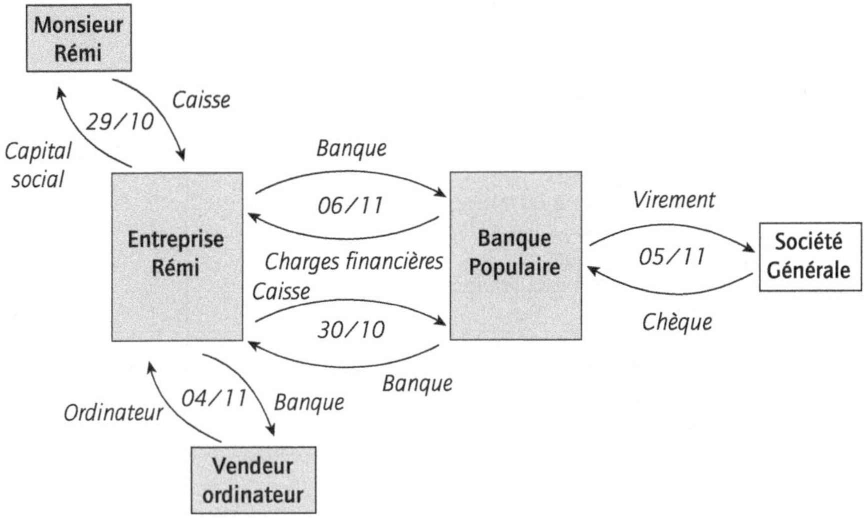

Question 3

Lorsque deux comptabilités enregistrent une même opération mais en sens contraire, on dit qu'il y a réciprocité des comptes. Les comptes réciproques enregistrent donc les mêmes opérations mais fonctionnent en sens contraire, leurs soldes sont d'un montant identique mais de sens opposé. Par exemple, Les comptes de l'entreprise Rémi et ceux de la Banque Populaire connaissent des mouvements réciproques. Il n'y a cependant pas de contradiction entre ces comptes mais juste une différence de point de vue : ce qui est un crédit pour l'entreprise est **un débit pour la banque et inversement**. Le schéma suivant présente les comptabilités de l'entreprise et de la banque qui fonctionne de manière réciproque (comptes en miroir) :

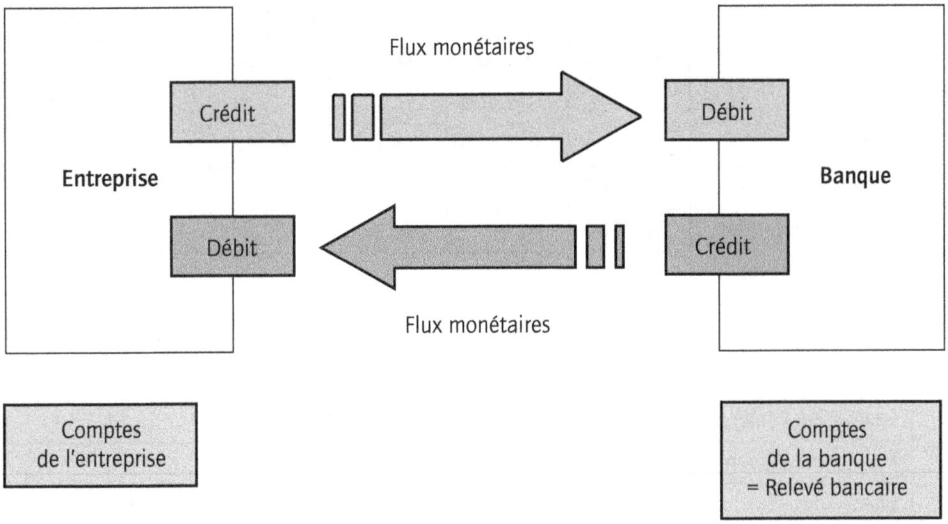

Question 4

Le journal de l'entreprise Rémi

	29.10.N		
53	Caisse	10 000,00	
101	Capital		10 000,00
	Versement de fonds à la création		
	30.10.N		
512	Banques	7 000,00	
53	Caisse		7 000,00
	Virement de caisse sur le compte bancaire de l'entreprise		
	04.11.N		
218	Matériel informatique	1 000,00	
407	Fournisseur d'immobilisations		1 000,00
	Facture n°...		
	04.11.N		
404	Fournisseur d'immobilisations	1 000,00	
512	Banques		1 000,00
	Chèque n°...		
	06.11.N		
627	Services bancaires	50,00	
512	Banques		50,00
	Avis n°...		

CAS 4

Des documents comptables à la réalité d'une entreprise

Question 1

BALANCE AU 31 JANVIER N						
Compte	Solde initial		Mouvement total		Solde final	
	Débiteur	Créditeur	Débit	Crédit	Débiteur	Créditeur
Capital		100 000				100 000
Emprunt		400 000	15 000	100 000		485 000
Fonds de commerce	50 000				50 000	
Machines industriels	100 000		20 000		120 000	
Stock de matières premières	120 000				120 000	
Stock de produits finis	200 000				200 000	
Fournisseur Emma		100 000	120 000	20 000		
Fournisseur Manon		150 000	50 000			100 000
Client Jules	80 000		100 000		180 000	

☞

☞

BALANCE AU 31 JANVIER N						
Compte	Solde initial		Mouvement total		Solde final	
	Débiteur	Créditeur	Débit	Crédit	Débiteur	Créditeur
Client Benoît	100 000		50 000	25 000	125 000	
Banques	70 000		120 000	186 000	4 000	
Caisse	30 000		5 000	20 000	15 000	
Achat matières premières			20 000		20 000	
Charges financières			1 000		1 000	
Vente de produits finis				150 000		150 000
Total	750 000	750 000	501 000	501 000	835 000	835 000

Question 2

Signification des soldes

• **Caisse :** solde débiteur de 15 000 €.

Cela signifie que l'entreprise dispose en caisse de 15 000 €. Ce compte ne peut jamais être créditeur (l'entreprise ne peut raisonnablement pas dépenser plus de liquidités que celles dont elle dispose).

• **Banque :** solde débiteur de 4 000 €.

Cela signifie que, suite aux mouvements du mois de janvier, il reste sur le compte bancaire 4 000 €.

• **Clients :**

- client Jules : solde débiteur de 180 000 € ;
- client Benoît : solde débiteur de 125 000 €.

Ces deux soldes débiteurs indiquent les montants restant dus par chaque client de l'entreprise. Le compte client est généralement débiteur.

• **Fournisseurs :**

- fournisseur Emma : solde nul. L'entreprise a recouvert sa dette auprès du fournisseur Emma ; elle ne lui doit plus rien ;
- fournisseur Manon : solde créditeur de 100 000 €. L'entreprise a une dette auprès du fournisseur Manon (montant restant dû : 100 000 €). Le compte fournisseur est généralement créditeur.

Question 3

Commentaire

L'activité de l'entreprise génère un besoin d'exploitation. Celui-ci s'est accentué au cours du mois. En effet, les besoins générés par les créances clients augmentent alors que parallèlement les ressources occasionnées par les dettes fournisseurs diminuent.

Attention, plus de créances clients ne signifie pas automatiquement une mauvaise gestion des comptes clients, mais peut aussi signifier, à délai de règlement identique, un plus grand volume d'activité. Les dettes fournisseurs diminuent non pas du fait d'un ralentissement des achats mais par le recouvrement d'une partie des dettes d'exploitation de l'entreprise.

Enfin, l'entreprise fait davantage appel aux institutions financières à travers la sollicitation d'emprunt financier à long terme. Par ailleurs, les liquidités disponibles ont diminué : solde débiteur de 15 000 € sur le compte caisse et 4 000 € sur le compte bancaire.

CHAPITRE 5

L'actif et le passif

APPLICATION 1

Reconnaissance d'un actif

Éléments	Actif		Justification	Catégorie d'actif	
	OUI	NON		Immobilisation	Actif circulant
1	X		Bien identifiable et contrôlé qui participe à l'activité du service administratif et destiné à subsister durablement dans le patrimoine.	X	
2	X		Bien identifiable et contrôlé nécessaire à l'activité du service de direction et destiné à subsister durablement dans le patrimoine.	X	
3		X	Emploi définitif. L'acquisition de papiers constitue une consommation à renouveler pour une nouvelle utilisation.		
4	X		Bien identifiable, contrôlé et susceptible d'être utilisé par l'entreprise soit commercialisé ultérieurement.	X	
5		X	La consommation d'électricité n'est bénéfique que lors du temps de la consommation et doit être renouvelée pour en bénéficier de nouveau.		
6	X		Le système électrique en permettant une économie d'énergie procure un avantage économique lors des utilisations ultérieures par l'entreprise du système.	X	

☞

☞

Éléments	Actif		Justification	Catégorie d'actif	
	OUI	NON		Immobilisation	Actif circulant
7	X		La nouvelle machine permet d'assurer le potentiel de production et/ou améliore la productivité de l'entreprise.	X	
8	X		Cet échange permet à l'entreprise de disposer d'un nouveau moyen de transport nécessaire à son activité.	X	
9	X		La mise en place du dispositif constitue une obligation légale, soit un emploi qui s'avère indispensable pour la réalisation de l'activité de l'entreprise. C'est un investissement obligatoire.	X	
10	X		Certes la machine ne sert plus à l'activité de l'entreprise mais c'est un bien identifiable, contrôlé et qui peut procurer une plus value lors de sa cession donc pourra apporter une ressource ultérieure.	X	
11	X		Bien contrôlé et identifiable participant à la production.		X
12	X		Droit identifiable, contrôlé, susceptible de se convertir en liquidité lors du paiement des clients.		X
13	X		Somme contrôlée, identifiable, sonnante et trébuchante !		X
14	X		Titres identifiables, contrôlés et apportant à l'entreprise une participation à la gestion et au résultat de la filiale.	X	
15	X		Titres identifiables et contrôlés permettant de faire fructifier des liquidités.		X
16	X		Les tableaux de peinture participent à l'agencement et la décoration de la salle d'attente.	X	

☞

☞

Éléments	Actif		Justification	Catégorie d'actif	
	OUI	NON		Immobilisation	Actif circulant
17		X	Ces frais sont des emplois définitifs, c'est-à-dire des emplois consommés. Un nouvel exercice d'exploitation de la machine industrielle implique pour l'entreprise de supporter à nouveau ces frais.		
18		X	Il n'est pas certain que ces frais permettent de générer des avantages économiques pour l'entreprise.		
19		X	Il n'est pas certain que ces frais permettent de générer des ressources futures pour l'entreprise. De plus, ces frais ne peuvent être aliénés à une machine et à une entreprise.		
20		X	Il n'est pas certain que ces frais permettent de générer des avantages économiques pour l'entreprise.		

APPLICATION 2

Reconnaissance du passif

Élé-ments	Passif		Justification	Catégorie de passif				
	OUI	NON		Dette	Provi-sion	Charges à payer	Passif éventuel	Fonds propres
1	X		Le délai de règlement constitue une ressource car l'entreprise n'est pas contrainte de régler comptant l'administration fiscale. L'entreprise a cependant une obligation d'éteindre cette dette.	X				
2	X		Le règlement à réaliser auprès du fournisseur constitue une obligation et une sortie de ressources à l'égard de celui-ci. Le recouvrement ne donne pas lieu à une contrepartie.	X				

☞

☞

Éléments	Passif		Justification	Catégorie de passif				
	OUI	NON		Dette	Provision	Charges à payer	Passif éventuel	Fonds propres
3		X	Ressource interne = produits.					
4	X		Ressource apportée par les propriétaires de l'entreprise.					X
5	X		Le montant restant à rembourser constitue une obligation à l'égard de la banque assortie d'une sortie de ressources (mensualité).	X				
6		X	Il n'y a pour l'entreprise aucune transaction et obligation à l'égard du nouveau salarié à constater (son travail n'est pas encore réalisé).					
7	X		Ressource à disposition de l'entreprise.					X
8	X		Le délai de règlement fournisseur constitue une ressource. Cette ressource induit une obligatoire, soit le recouvrement de cette dette.	X				
9		X	Il n'y a pas d'obligation d'achat.					
10	X		L'indemnité forfaitaire (si elle n'est pas payée directement) augmente la dette fournisseur.	X				

• • • • •

CAS 1

Construction d'un bilan initial

Bilan au 1er octobre N, date de création de l'entreprise :

Actif		Passif	
Constructions	60 000	Capital	40 000
Fonds commercial	15 000		
Matériel informatique	10 000	Emprunt	90 000
Mobilier	8 000		
Stocks de marchandises	28 000		
Banques	8 000		
Caisse	1 000		
Total	130 000	Total	130 000

CAS 2

Bilan évolutif d'une entreprise individuelle : entreprise Junior

1. Bilan d'ouverture de l'entreprise Junior en date du 1er janvier N+1

Actif		Passif	
Terrain	60 000	Capital	100 000
Constructions	80 000		
Matériel d'injection	90 000	Dettes financières	182 000
Matériel informatique	10 000		
Stock de matières premières	60 000	Dettes fournisseurs	30 000
Banques	12 000		
Total	312 000	Total	312 000

2. Bilan de l'entreprise Junior suite à l'achat à crédit à Palermo

Actif		Passif	
Terrain	60 000	Capital	100 000
Constructions	80 000		
Matériel d'injection	90 000	Dettes financières	182 000
Matériel informatique	10 000		
Stock de matières premières	150 000	Fournisseurs	120 000
Banque	12 000		
Total	402 000	Total	402 000

3. Actif et passif de l'entreprise Junior

Pour lancer son activité, l'entreprise Junior a besoin de faire de lourds investissements, aussi bien pour l'acquisition des biens productifs (constructions, matériel d'injection..) que pour la constitution d'un stock de matières premières. De plus, afin de financer ses investissements, l'entreprise Junior fait grandement appel à des financements externes : financement auprès de la banque et délais de paiement auprès des fournisseurs. La situation financière de l'entreprise est fragile, l'apport de l'entrepreneur représentant simplement un quart des ressources mobilisées.

4. Bilan de l'entreprise Junior après versement de 60 000 € sur son compte

Actif		Passif	
Terrain	60 000	Capital	160 000
Constructions	80 000		
Matériel d'injection	90 000	Dettes financières	182 000
Matériel informatique	10 000		
Stock de matières premières	150 000	Fournisseurs	120 000
Banques	72 000		
Total	462 000	Total	462 000

L'apport supplémentaire de l'entrepreneur Vincent Simon assainit la situation. L'entreprise est néanmoins encore dans une position fragile. Elle doit à l'avenir réduire ses dettes et créer de la richesse par son activité grâce à ses investissements.

CHAPITRE

6

Charges et produits

APPLICATION 1

Reconnaissance d'une charge

Données	Charges	Actif	Passif	Justification
1		X		Bien identifiable contrôlé permettant de maintenir ou développer la production ou performance de l'entreprise = investissement.
2		X		Le distributeur d'eau est un bien identifiable et contrôlé qui peut servir à maintes reprises à l'accueil des visiteurs de l'entreprise = investissement.
3	X			À l'inverse de l'exemple précédent, l'achat de la recharge constitue un emploi définitif. Une fois consommée, il faudra en racheter une pour en bénéficier = consommation.
4		X		Même si l'autre entreprise bénéficie de l'éclairage, celui-ci est nécessaire à l'utilisation du parking donc à la fonctionnalité de l'entreprise.
5	X			Les ampoules sont « consommées » par l'exploitation du système d'éclairage (à nuancer selon la durée de vie des ampoules).
6			X	L'emprunt apporte une ressource externe à l'entreprise. Il induit une obligation de rembourser et de rémunérer l'institution financière.
7	X			Les charges d'intérêts correspondent à une rémunération du bailleur de fonds en contrepartie de l'octroi d'un emprunt. Du fait de la contrepartie, elles constituent une charge. C'est un emploi définitif sous-jacent à un choix financier.
8			X	La dette fournisseur constitue une obligation certaine à l'égard du tiers.

☞

☞

Données	Charges	Actif	Passif	Justification
9	X			Les dépenses de formation de personnel représentent une charge. C'est un emploi définitif qu'elle réalise au bénéfice de son personnel. La formation du personnel ne constitue pas un actif car le personnel et la formation ne sont pas aliénables à l'entreprise.
10	X			Les pénalités sont des charges exceptionnelles

APPLICATION 2

Reconnaissance d'un produit

Données	Produits	Actif	Passif	Justification
1	X			Fruit de l'activité de production et de négoce de l'entreprise.
2			X	La souscription d'un emprunt conduit à une dette envers l'institution financière.
3	X			Les rémunérations d'un prêt représentent un produit financier généré par l'activité financière de l'entreprise.
4			X	L'augmentation de capital est un apport d'un associé, actionnaire ou entreprise individuel constitutif des capitaux propres.
5	X			La cession est une activité exceptionnelle de l'entreprise lui procurant un enrichissement définitif.
6	X			C'est un produit généré par une opération de cession.
7	X			Le bénéfice de la subvention exceptionnelle représente un produit exceptionnel.
8	X			Le chiffre d'affaires représente le produit généré par l'activité d'exploitation de l'entreprise.
9	X			C'est un enrichissement généré par l'exploitation de l'entreprise.
10	X			Indépendamment des problèmes du client, l'entreprise a réalisé une activité commerciale qui doit être constatée au travers d'un produit d'exploitation (comptabilité d'engagement).

• • • • •

CAS 1

Calcul du résultat : entreprise Simon

1. Somme des produits de l'exercice N

• Ventes de marchandises :	75 600 €
• Ventes de produits finis :	+ 1 000 000 €
• Produits des activités annexes :	+ 15 170 €
• Produits financiers :	+ 18 500 €
Somme des produits :	1 109 270 €

2. Somme des charges de l'exercice N

• Charges exceptionnelles :	2 500 €
• Charges financières :	+ 12 800 €
• Achats de marchandises :	+ 65 250 €
• Achats de matières premières :	457 280 €
• Charges de personnel :	+ 385 000 €
• Impôts, taxes et ... :	+ 46 000 €
Somme des charges :	968 830 €

3. Résultat de l'exercice N

• Somme des produits :	1 109 270 €
• Somme des charges :	– 968 830 €
Résultat :	140 440 €

CAS 2

Les éléments du compte de résultat : entreprise Révil

COMPTE DE RÉSULTAT DE L'ENTREPRISE RÉVIL EN EUROS			
Charges		**Produits**	
Charges d'exploitation		Produits d'exploitation	
Achats de matériaux	3 000 000	Ventes de produits finis	6 000 000
Charges de personnel	3 200 000	Prestations de services	1 800 000
Charges externes	1 650 000		
		Produits financiers	40 000
Charges financières		Dividendes perçus	
Intérêts payés sur emprunts	45 000		
		Résultat : Perte	55 000
Total	7 895 000	Total	7 895 000

CAS 3

Construction d'un compte de résultat : entreprise Nérot

COMPTE DE RÉSULTAT DE L'ENTREPRISE NÉROT N			
Charges		**Produits**	
Achats de marchandises	248	Ventes de marchandises	360
Achats d'approvisionnements	381	Production vendue	530
Charges externes : 20 + 46	66	Produits financiers	31
Impôts et taxes	12	Produits exceptionnels	6
Charges de personnel	219		
Charges financières	24	**Résultat : perte**	23
Résultat			
Total	950	Total	950

CAS 4

Formation de la création de valeur

Les différents résultats sont déterminés à l'aide de la réalisation d'un compte de résultat qui représente les charges et les produits selon leur nature : exploitation, financier et exceptionnel.

Attention, tous les éléments de l'énoncé ne constituent pas des charges ou des produits.

COMPTE DE RÉSULTAT KRUGER EN EUROS		
Produits d'exploitation		
Prestation de service		13 500
	Total	**13 500**
Charges d'exploitation		
Achat fournitures		1 000
Achat consommable		1 500
Carburants		115
Assurance		700
Télécommunication		55
	Total	**3 370**
Résultat d'exploitation		**10 130**
Produits financier		0
	Total	**0**
Charges financières		
Charges d'intérêts		200
	Total	**200**
Résultat financier		**< 200 >**

☞

☞

Produits exceptionnels		0
	Total	**0**
Charges exceptionnelles		
Amendes		45
	Total	**45**
Résultat exceptionnel		< 45 >
Résultat		**9 885**

L'entreprise Kruger crée l'essentiel de sa valeur par son activité d'exploitation.
NB : Les montants entre < > sont négatifs.

3

PARTIE

L'analyse comptable des opérations courantes

CHAPITRE

7

La taxe sur la valeur ajoutée

APPLICATION 1

Enregistrement d'opérations courantes

Livre-journal de l'entreprise Duralp

	8 mars N		
6070	Achats de marchandises	1 250	
44566	État, TVA déductible sur autres biens et services	250	
	1 250 € × 20 %		
401	Fournisseurs		1 500
	Facture n°...		
	9 mars N		
2182	Matériel de transport *20 000 € × 1,20*	24 000	
404	Fournisseurs d'immobilisations		24 000
	Facture n°... – TVA non déductible		
	11 mars N		
4110	Clients	660	
7070	Ventes de marchandises		550
44571	État, TVA collectée *550 € × 20 %*		110
	Facture n°...		
	15 mars N		
60702	Achats de marchandises – UE	600	
445662	État, TVA déductible sur autres biens et services – intracommunautaire *600 € × 20 %*	120	
40102	Fournisseurs – UE		600
4452	État, TVA due intracommunautaire		120
	Facture n°...		
	18 mars N		
6070	Achat de marchandises	1 350	
401	Fournisseurs		1 350
	Facture n°...		

	20 mars N		
41102	Clients-UE	650	
70702	Ventes de marchandises-UE		650
	Facture n°... ; livraison intracommunautaire		
	21 mars N		
6070	Achats de marchandises	150	
44566	État, TVA déductible sur autres biens et services	300	
401	Fournisseurs		450
	Facture transitaire		
	25 mars N		
411	Clients	780	
7070	Ventes de marchandises		780
	Facture n°... ; exportation		

APPLICATION 2

Liquidation et paiement de la TVA (opérations internes)

1. Décompte de la TVA nette pour le mois de septembre N (entreprise Choisy)

TVA collectée : 248 947 € × 20 % =	49 789,40 €
TVA déductible sur autres biens et services : 187 258 € × 20 % =	– 37 451,60 €
TVA déductible sur immobilisations : 45 635,20 € × 20 % =	– 9 127,04 €
TVA nette (TVA à décaisser) :	3 210,76 €

Montant figurant sur la déclaration CA3 : 49 789 – (37 452 + 9 127) = 3 210 €

2. Comptabilisation de la déclaration CA 3

	30 septembre N		
44571	État, TVA collectée	49 789,00	
44562	État, TVA déductible sur immobilisations		9 127,00
44566	État, TVA déductible sur autres biens et services		37 452,00
44551	État, TVA à décaisser		3 210,00
	Déclaration CA 3, septembre N		
	23 octobre N		
44551	État, TVA à décaisser	3 210,00	
512	Banque		3 210,00
	Virement bancaire		

APPLICATION 3

Liquidation de la TVA

1. Décompte de la TVA nette de l'entreprise Duchemin pour le mois d'avril N

TVA collectée : 148 977 € × 20 % =	29 795,40 €
TVA déductible sur autres biens et services : 135 484 € × 20 % =	– 27 096,80 €
TVA déductible sur immobilisations : 25 286 € × 20 % =	– 5 057,20 €
TVA nette (crédit de TVA) :	– 2 358,60 €

Montant figurant sur la déclaration CA3 : 29 795 – (27 097 + 5 057) = – 2 359 €.
(Chaque montant figurant sur la déclaration est arrondi à l'euro le plus proche.)

2. Comptabilisation de la déclaration CA 3

	30 avril N		
44571	État, TVA collectée	29 795,00	
44567	État, crédit de TVA à reporter	2 359,00	
44562	État, TVA déductible sur immobilisations		5 057,00
44566	État, TVA déductible sur autres biens et services		27 097,00
	Déclaration CA 3, avril N		

• • • • •

CAS

Liquidation et paiement de la TVA (avec opérations internationales)

1. Recherche du sens des soldes de comptes

Numéros de comptes	Noms des comptes	Soldes	
		Débiteurs	Créditeurs
------------	--	----------------	--------------
4452	État, TVA due intracommunautaire		4 462
44562	État, TVA déductible sur immobilisations	18 560	
445622	État, TVA déductible sur immobilisations – intracommunautaire	2 563	
44566	État, TVA déductible sur autres biens et services	36 875	
445662	État, TVA déductible sur autres biens et services – intracommunautaire	4 652	
44567	État, crédit de TVA à reporter	568	
44571	État, TVA collectée		69 874
-----------	--	----------------	--------------

2. Enregistrement de la liquidation et du paiement de la TVA due au titre du mois d'octobre N dans le livre-journal de l'entreprise Bérard

	31 octobre N		
44571	État, TVA collectée	69 874,00	
4452	État, TVA due intracommunautaire	4 462,00	
44562	État, TVA déductible sur immobilisations		18 560,00
445622	État, TVA déductible sur immobilisations – intracommunautaire		2 563,00
44566	État, TVA déductible sur autres biens et services		36 875,00
445662	État, TVA déductible sur autres biens et services – intracommunautaire		4 652,00
44567	État, crédit de TVA à reporter		568,00
44551	État, TVA à décaisser		11 118,00
	Déclaration CA 3, octobre N		
	21 novembre N		
44551	État, TVA à décaisser	11 118,00	
512	Banque		11 118,00
	CA 3 octobre, virement bancaire		

Remarque : La déclaration CA 3 du mois de septembre avait fait apparaître un crédit de TVA (568 €).

CHAPITRE 8

Les achats

APPLICATION 1

Achats d'approvisionnements dans une entreprise industrielle

1. Qualification des différents achats

L'entreprise Turboméca n'effectue pas de négoce (achat pour la revente) : il s'agit donc d'achats d'approvisionnements.

- 8 octobre : achats stockés de matière première car cette dernière est suivie sur des fiches de stocks.
- 13 octobre : achats non stockés (pas de suivi sur des fiches de stocks) de fournitures.
- 15 octobre : le carburant ne fait pas l'objet d'un stockage dans l'entreprise Turboméca, il s'agit donc d'un achat non stocké de matières.
- 16 octobre : la fabrication de certaines pièces a été sous-traitée ; elles sont ensuite directement intégrées au produit fini, ce sont des achats non stockés de matériels.
- 22 octobre : les lubrifiants suivis sur fiches de stocks sont consommés au premier usage et n'entrent pas dans la composition des produits finis ; ils correspondent à des achats stockés de matières consommables.
- 24 octobre : achats stockés de matières premières ; il s'agit d'un achat intracommunautaire assujetti à la TVA.
- 26 octobre : achat stocké de matières premières ; il s'agit d'une importation assujettie à la TVA. Cette dernière ainsi que les droits de douane sont facturés par le transitaire le 28 octobre.

2. Livre-journal de l'entreprise Turboméca

	8 octobre N		
601	Achat stockés – Matières premières	2 560,00	
44566	État, TVA déductible sur autres biens et services	512,00	
401	Fournisseurs		3 072,00
	Facture n° D-567		
	13 octobre N		
6061	Achats non stockés – Fournitures non stockables	168,00	
44566	État, TVA déductible sur autres biens et services		
	(10 € × 5,5 %) + (158 € × 20 %)	32,15	
401	Fournisseurs		200,15
	Facture n° 2653204104		

	15 octobre N		
606	Achats non stockés de matières et fournitures	595,00	
44566	État, TVA déductible sur autres biens et services	119,00	
401	Fournisseurs		714,00
	Facture n° 7687		
	16 octobre N		
605	Achats de matériel, équipements et travaux	1 523,00	
44566	État, TVA déductible sur autres biens et services	304,60	
401	Fournisseurs		1 827,60
	Facture n° 699		
	22 octobre N		
6021	Achat stockés – Matières consommables	850,00	
44566	État, TVA déductible sur autres biens et services	170,00	
401	Fournisseurs		1 020,00
	Facture n° A-420		
	24 octobre N		
60102	Achats stockés – Matières premières – UE	1 200,00	
445662	État, TVA déductible sur autres biens et services – intracommunautaire *1 200 € × 20 %*	240,00	
4012	Fournisseurs – UE		1 200,00
4452	État, TVA due intracommunautaire		240,00
	Facture n° 2426		
	26 octobre N		
601	Achats stockés – Matières premières	4 620,00	
401	Fournisseurs		4 620,00
	Facture n° V-304		
	28 octobre		
601	Achats stockés – matières premières	230,00	
44566	État, TVA déductible sur autres biens et services	970,00	
401	Fournisseurs		1 200,00
	Facture n° AX251		

APPLICATION 2

Achats de prestations de services

1. La société SPS n'exerce aucune option particulière

	10 juin N		
604	Achat d'études et prestations de services	4 500,00	
44564	État, TVA déductible sur encaissements	900,00	
4011	Fournisseur SPS		5 400,00
	Facture n° 287		
	15 juillet N		
4011	Fournisseur SPS	5 400,00	
512	Banque		5 400,00
	Chèque n°...		
	15 juillet N		
44566	État, TVA déductible sur autres biens et services	900,00	
44564	État, TVA déductible sur encaissements		900,00

2. La société SPS opte pour le régime de la TVA acquittée d'après les débits

	10 juin N		
604	Achat d'études et prestations de services	4 500,00	
44566	État, TVA déductible sur autres biens et services	900,00	
4011	Fournisseur SPS		5 400,00
	Facture n° 287		
	15 juillet N		
4011	Fournisseur SPS	5 400,00	
512	Banque		5 400,00
	Chèque n°...		

APPLICATION 3

Retours aux fournisseurs

Livre-journal de l'entreprise Paruit

	6 septembre N		
607	Achats de marchandises *400,00 × 5 €*	2 000,00	
44566	État, TVA déductible sur autres biens et services *2 000 € × 20 %*	400,00	
4011	Fournisseur Armen		2 400,00
	Facture n° 20-202		
	30 septembre N		
4011	Fournisseur Armen	480,00	
44566	État, TVA déductible sur autres biens et services *400 € × 20 %*		80,00
607	Achats de marchandises		400,00
	Facture n° AV 568		

APPLICATION 4

Achats de biens et de services dans une entreprise de réparation et de négoce

Livre-journal de l'entreprise Autosoudure

	3 mai N		
60710	Achats de postes de soudure	21 500,00	
44566	État, TVA déductible sur autres biens et services	4 300,00	
40110	Fournisseur ZAF		25 800,00
	Facture n° F-3987		
	5 mai N		
60720	Achats de torches	5 870,00	
44566	État, TVA déductible sur autres biens et services	1 174,00	
40101	Fournisseur Électro SA		7 044,00
	Facture n° 523 128		

	9 mai N		
60610	Achats non stockés – Fourniture non stockables	910,00	
44566	État, TVA déductible sur autres biens et services *(15 € × 5,5 %) + (895 € × 20 %)*	179,83	
40102	Fournisseur EDF		1 089,83
	Facture n° 1951103130		
	10 mai N		
40110	Fournisseur ZAF	1 320,00	
60710	Achats de postes de soudures		1 100,00
44566	État, TVA déductible sur autres biens et services		220,00
	Facture d'avoir n° AV-450		
	12 mai N		
60730	Achats de métaux pour soudure	4 560,00	
44566	État, TVA déductible sur autres biens et services	912,00	
40110	Fournisseur ZAF		5 472,00
	Facture n° M-N05256		
	13 mai N		
60220	Achats stockés – Fournitures consommables	325,00	
44566	État, TVA déductible sur autres biens et services	65,00	
40115	Fournisseur Buro +		390,00
	Facture n° 00287		
	18 mai N		
60740	Achats de produits abrasifs	2 560,00	
44566	État, TVA déductible sur autres biens et services	512,00	
40111	Fournisseur RBC		3 072,00
	Facture n° F-89723		
	20 mai N		
60410	Achats d'études et prestations de services – Réparations	420,00	
44566	État, TVA déductible sur autres biens et services	84,00	
40112	Fournisseur SoudPlus		504,00
	Facture n° 4230		
	27 mai N		
60750	Achats de baguettes soudure	1 680,00	
44566	État, TVA déductible sur autres biens et services	336,00	
40116	Fournisseur Soudure Automatique		2 016,00
	Facture n° 6523		
	28 mai N		
60500	Achats de matériel, équipements et travaux	186,00	
40120	Fournisseur Garage central		186,00
	Facture n° 9821 ; 155 € × 1,20		

• • • • •

CAS

Synthèse

Livre-journal de l'entreprise Storsud

	04.04.N		
60171	Achats stockés de stores	8 240,00	
44566	État, TVA déductible sur autres biens et services	1 648,00	
40101	Fournisseur Storalu		9 888,00
	Facture n°...		

Compte	Libellé	Débit	Crédit
	06.04.N		
60172	Achats stockés de caissons – UE	9 450,00	
445662	État, TVA déductible sur autres biens et services – intracommunautaire	1 890,00	
40102	Fournisseur Imposta – UE		9 450,00
44520	État – TVA due intracommunautaire		1 890,00
	Facture n°...		
	07.04.N		
60173	Achats stockés de volets roulants	1 400,00	
40104	Fournisseur Sunblind		1 400,00
	Facture n°...		
	09.04.N		
44566	État, TVA déductible sur autres biens et services	280,00	
51200	Banque		280,00
	TVA sur facture Sunblind		
	10.04.N		
60610	Achats non stockés – Fournitures non stockables	210,00	
44566	État, TVA déductible sur autres biens et services	37,65	
40110	Fournisseur GDF		247,65
	Facture n°...		
	13.04.N		
40101	Fournisseur Storalu	3 240,00	
60171	Achats stockés de stores		2 700,00
44566	État, TVA déductible sur autres biens et services		540,00
	Facture d'avoir n°...		
	14.04.N		
60610	Achats non stockés de matières et fournitures	520,00	
44566	État, TVA déductible sur autres biens et services	104,00	
40111	Fournisseur Station B		624,00
	Facture n°...		
	15.04.N		
60400	Achats d'études et de prestations de services	1 470,00	
44564	État, TVA déductible sur encaissements	294,00	
40115	Fournisseur Domotic		1 764,00
	Facture n°...		
	17.04.N		
60640	Achats non stockés – Fournitures administratives	180,00	
44566	État, TVA déductible sur autres biens et services	36,00	
40116	Fournisseur Duranton		216,00
	Facture n°...		
	18.04.N		
60400	Achats d'études et de prestations de services	220,00	
44566	État, TVA déductible sur autres biens et services	44,00	
40124	Fournisseur Martinez		264,00
	Facture n°...		
	20.04.N		
60174	Achats stockés de packs d'automatismes	1 200,00	
44566	État, TVA déductible sur autres biens et services	240,00	
40125	Fournisseur Equipoutl		1 440,00
	Facture n°...		
	23.04.N		
60220	Achats stockés – Fournitures consommables	180,00	
44566	État, TVA déductible sur autres biens et services	36,00	
40126	Fournisseur Bazin		216,00
	Facture n°...		

CHAPITRE

9 Les ventes

APPLICATION 1

Ventes de biens par une entreprise industrielle

1. Qualification des différentes ventes

Les ventes de plaques en aciers spéciaux correspondent à l'activité principale de la société : il s'agit de ventes de produits finis (compte 701).

Les ébauches constituent des produits intermédiaires (le client assurera la finition selon ses besoins). C'est le compte 702 qui enregistrera le produit de ces ventes.

Les chutes de fabrication sont des produits résiduels liés à la fabrication des plaques (compte 703).

L'opération du 26 novembre (livraison intracommunautaire) et celle du 28 novembre (exportation) sont exonérées de TVA.

2. Enregistrement des factures dans le livre-journal de l'entreprise Technimétal

	4 novembre N		
411	Clients *1 450 € × 1,20*	1 740,00	
701	Ventes de produits finis		1 450,00
44571	État, TVA collectée *1 450 € × 20 %*		290,00
	Facture n° N1104		
	10 novembre N		
411	Clients *870 € × 1,20*	1 044,00	
702	Ventes de produits intermédiaires		870,00
44571	État, TVA collectée *870 € × 20 %*		174,00
	Facture n° N1105		
	14 novembre N		
411	Clients *780 € × 1,20*	936,00	
701	Ventes de produits finis		780,00
44571	État, TVA collectée *780 € × 20 %*		156,00
	Facture n° N1106		
	16 novembre N		
411	Clients *400 € × 1,20*	480,00	
703	Ventes de produits résiduels		400,00
44571	État, TVA collectée *400 € × 20 %*		80,00
	Facture n° N1107		

	24 novembre N		
411	Clients *680 € × 1,20*	816,00	
701	Ventes de produits finis		680,00
44571	État, TVA collectée *680 € × 20 %*		136,00
	Facture n° N1108		
	26 novembre N		
4112	Clients UE	850,00	
701	Ventes de produits finis		850,00
	Facture n° N1109		
	28 novembre N		
411	Clients	1 420,00	
701	Ventes de produits finis		1 420,00
	Facture n° N1110		

APPLICATION 2

Ventes de prestations de services

1. L'entreprise Agrimat n'exerce aucune option en matière de TVA

	14 juin N		
4110	Client Avron *560 € + (560 € × 20 %)*	672,00	
706	Prestations de services		560,00
44572	État, TVA collectée – Exigibilité encaissements *560 € × 20 %*		112,00
	Facture n° 00654		
	31 juillet N		
512	Banque	672,00	
4110	Client Avron		672,00
	Chèque n°...		
	31 juillet N		
44572	État, TVA collectée – Exigibilité encaissements	112,00	
44571	État, TVA collectée		112,00

2. L'entreprise Agrimat opte pour le régime de la TVA acquittée d'après les débits

	14 juin N		
4110	Client Avron *560 € + (560 € × 20 %)*	672,00	
706	Prestations de services		560,00
44571	État, TVA collectée *560 € × 20 %*		112,00
	Facture n° 00654		
	31 juillet N		
512	Banque	672,00	
4110	Client Avron		672,00
	Chèque n°...		

APPLICATION 3

Entreprise de bâtiment travaux publics

Enregistrement des opérations dans le livre-journal de l'entreprise ENB

	28.05.N		
41100	Client Bérard	9 000,00	
70400	Travaux		7 500,00
44572	État, TVA collectée – Exigibilité encaissement		1 500,00
	Situation de travaux n° 1		
	31.05.N		
51200	Banque	9 000,00	
41100	Client Bérard		9 000,00
	Chèque n°...		
	31.05.N		
44572	État, TVA collectée – Exigibilité encaissement	1 500,00	
44570	État, TVA collectée		1 500,00
	TVA sur situation n° 1		
	30.06.N		
41100	Client Bérard	18 960,00	
70400	Travaux		15 800,00
44572	État, TVA collectée – Exigibilité encaissement		3 160,00
	Situation de travaux n° 2		
	31.07.N		
41100	Client Bérard	14 760,00	
70400	Travaux		12 300,00
44572	État, TVA collectée – Exigibilité encaissement		2 460,00
	Situation de travaux n° 3		
	10.08.N		
51200	Banque	33 720,00	
41100	Client Bérard		33 720,00
	Chèque n°...		
	10.08.N		
44572	État, TVA collectée – Exigibilité encaissement	5 620,00	
44571	État, TVA collectée		5 620,00
	TVA sur situations n° 2 et n° 3		

APPLICATION 4

Retours aux fournisseurs

Enregistrement des factures dans le livre-journal de la société Artus

	5 juillet N		
4110	Client Batidéco *6 420 € × 1,20*	7 704,00	
707	Ventes de marchandises		6 420,00
44571	État, TVA collectée *6 420 € × 20 %*		1 284,00
	Facture n° 07320		

		15 juillet N		
707		Ventes de marchandises	880,00	
44571		État, TVA collectée *880 € × 20 %*	176,00	
	4110	Client Batidéco *880 € × 1,20*		1 056,00
		Facture n° AV3601		

● ● ● ● ●

CAS

Ventes de biens et de services par une entreprise de réparation et de négoce

1. Imputation comptable de chaque vente

Numéro de facture	Date	Nom du client	Numéro de compte	Objet de la facture	Montant HT (en €)	Numéro Compte 70.
N05 001	4	Bertrand	41112	Réparation postes soudure	1 210	70610
N05 002	9	AcierTop	41110	Vente produits abrasifs	1 480	70740
N05 003	11	Recycl SA	41115	Matériaux au rebut	2 370	70300
N05 004	12	Mariani	41108	Vente torches	1 500	70720
N05 005	14	Bontoux	41111	Vente baguettes soudure	880	70750
N05 006	16	Benoît	41125	Vente postes soudure	1 300	70710
N05 007	19	SARL MSC	41108	Réparation postes soudure	590	70610
N05 008	21	Métallerie B	41182	Réparation postes soudure	220	70610
AV 05001	24	Acier Top	41110	Retour produits défectueux	1 480	70740
N05 009	26	Morat	41129	Vente métaux pour soudure	690	70730

2. Enregistrement des factures dans le livre-journal de l'entreprise Autosoudure

		4 mai N		
41112		Client Bertrand *1 210 € × 1,20*	1 452,00	
	70610	Prestations de services – Réparations		1 210,00
	44572	État, TVA collectée – Exigibilité encaissements *1 210 € × 20 %*		242,00
		Facture n° N05 001		
		9 mai N		
41110		Client Acier Top *1 480 € × 1,20*	1 776,00	
	70740	Ventes de produits abrasifs		1 480,00
	44571	État, TVA collectée *1 480 € × 20 %*		296,00
		Facture n° N05 002		

	11 mai N		
41115	Client Recycl SA *2 370 € × 1,20*	2 844,00	
70300	Ventes de produits résiduels		2 370,00
44571	État, TVA collectée *2 370 € × 20 %*		474,00
	Facture n° N05 003		
	12 mai N		
41108	Client Mariani *1 500 € × 1,20*	1 800,00	
70720	Ventes de torches		1 500,00
44571	État, TVA collectée *1 500 € × 20 %*		300,00
	Facture n° N05 004		
	14 mai N		
41111	Client Bontoux *880 € × 1,20*	1 056,00	
70750	Ventes de baguettes pour soudure		880,00
44571	État, TVA collectée *880 € × 20 %*		176,00
	Facture n° N05 005		
	16 mai N		
41125	Client Benoit *1 300 € × 1,20*	1 560,00	
70710	Ventes de postes de soudure		1 300,00
44571	État, TVA collectée *1 300 € × 20 %*		260,00
	Facture n° N05 006		
	19 mai N		
41108	Client SARL MSC *590 € × 1,20*	708,00	
70610	Prestations de services – Réparations		590,00
44572	État, TVA collectée – Exigibilité encaissements *590 € × 20 %*		118,00
	Facture n° N05 007		
	21 mai N		
41182	Client Métallerie B *220 € × 1,20*	264,00	
70610	Prestations de services – Réparations		220,00
44572	État, TVA collectée – Exigibilité encaissements *220 € × 20 %*		44,00
	Facture n° N05 008		
	24 mai N		
70740	Ventes de produits abrasifs	1 480,00	
44571	État, TVA collectée *1 480 € × 20 %*	296,00	
41110	Client AcierTop *1 480 € × 1,20*		1 776,00
	Facture n° AV05001		
	26 mai N		
41129	Client Morat 690 *€ × 1,20*	828,00	
70730	Ventes de métaux pour soudure		690,00
44571	État, TVA collectée *690 € × 20 %*		138,00
	Facture n° N05 009		

CHAPITRE

10 Les réductions sur achats et sur ventes

APPLICATION 1

Réductions à caractère commercial et retours de marchandises

1. Décompte des calculs figurant sur chaque facture

Duret Facture n° 4732 2 avril N	
Montant brut :	1 450,00
Remise 1,5 % :	– 21,75
1er net :	1 428,25
Rabais 0,5 % :	– 7,14
Net commercial :	1 421,11
TVA 20 % :	+ 284,22
Net à payer :	1 705,33

Duret Facture n° AV 128 12 avril N	
Montant brut :	290,00
Remise 1,5 % :	– 4,35
1er net :	285,65
Rabais 0,5 % :	– 1,43
Net commercial :	284,22
TVA 20 % :	+ 56,84
Net à votre crédit :	341,06

2. Enregistrement des factures

Dans le livre-journal de l'entreprise Soundsystem

	2 avril N		
607	Achats de marchandises	1 421,11	
44566	État, TVA déductible sur autres biens et services	284,22	
40101	Fournisseur Duret		1 705,33
	Facture n° 4732		
	12 avril N		
40101	Fournisseur Duret	341,06	
607	Achats de marchandises		284,22
44566	État, TVA déductible sur autres biens et services		56,84
	Facture n° AV 128		

Dans le livre-journal de l'entreprise Duret

	2 avril N		
41001	Client Soundsystem	1 705,33	
707	Ventes de marchandises		1 421,11
44571	État, TVA collectée		284,22
	Facture n° 4732		
	12 avril N		
707	Ventes de marchandises	284,22	
44571	État, TVA collectée	56,84	
41001	Client Soundsystem		341,06
	Facture n° AV 128		

APPLICATION 2

Réductions à caractère financier

1. Décompte des calculs figurant sur la facture

Société Distriviandes Facture n° R320 8 octobre N	
Montant brut :	650,00
Escompte 1,5 % :	– 9,75
Net financier :	640,25
TVA 5,5 % :	+ 35,21
Net à payer :	675,46

2. Enregistrement de la facture

Dans le livre-journal de M. Marc

	8 octobre N		
60110	Achats stockés – Matières premières	650,00	
44566	État, TVA déductible sur autres biens et services	35,21	
765	Escomptes obtenus		9,75
40101	Fournisseur Distriviandes		675,46
	Facture n° R320		

Dans le livre-journal de la société Distriviandes

	8 octobre N		
41101	Client Marc	675,46	
665	Escomptes accordés	9,75	
707	Ventes de marchandises		650,00
44571	État, TVA collectée		35,21
	Facture n° R320		

APPLICATION 3

Réductions à caractère commercial et à caractère financier

1. Décompte des calculs figurant sur la facture

Entreprise Élec Facture n° 4921 13 mars N	
Montant brut :	25 630,00
Remise 25 % :	– 6 407,50
Net commercial :	19 222,50
Escompte 2 % :	– 384,45
Net financier :	18 838,05
TVA 5,5 % :	+ 1 036,09
Net à payer :	19 874,14

2. Enregistrement de la facture

Dans le livre-journal de l'entreprise Edupec

	13 mars N		
60700	Achats de marchandises	19 222,50	
44566	État, TVA déductible sur autres biens et services	1 036,09	
765	Escomptes obtenus		384,45
40101	Fournisseur Élec		19 874,14
	Facture n° 4921		

Dans le livre-journal de l'entreprise Élec

	13 mars N		
41001	Client Edupec	19 874,14	
665	Escomptes accordés	384,45	
707	Ventes de marchandises		19 222,50
44571	État, TVA collectée		1 036,09
	Facture n° 4921		

APPLICATION 4

Escompte net de taxe

1. Livre-journal de l'entreprise ITB

	10.09.N		
4110	Client Agrimat	4 140,00	
701	Ventes de produits finis		3 450,00
44571	État, TVA collectée *3 450 € × 20 %*		690,00
	Facture n° B2421		
	12.09.N		
512	Banque *(3 450 € × 99 %) + 690,00 €*	4 105,50	
665	Escomptes accordés *3 450 € × 1 %*	34,50	
4110	Client Agrimat		4 140,00

2. Livre-journal de l'entreprise Agrimat

	10.09.N		
607	Achats de marchandises	3 450,00	
44566	État, TVA déductible sur autres biens et services	690,00	
4010	Fournisseurs ITB		4 140,00
	Facture n°B2421		
	12.09.N		
4010	Fournisseur ITB	4 140,00	
765	Escomptes obtenus *3 450 € × 1 %*		34,50
512	Banque *(3 450 € × 99 %) + 690,00 €*		4 105,50

• • • • •

CAS

Combinaison de différents types de réductions et retours

1. Décompte des factures du 5 juillet, du 7 juillet et du 25 juillet

Société SDB Facture n° N07002 5 juillet N	
Montant brut :	600,00
Remise 1 % :	– 6,00
Net commercial :	594,00
Escompte 0,5 % :	– 2,97
Net financier :	591,03
TVA 5,5 % :	+ 32,51
Net à payer :	623,54

Société SDB Facture n° N07003 7 juillet N	
Montant brut :	1 000,00
Remise 0,5 % :	– 5,00
1er net :	995,00
Rabais 0,8 % :	– 7,96
Net commercial :	987,04
TVA 5,5 % :	+ 54,29
Net à payer :	1 041,33

Société SDB Facture n° AV07002 25 juillet N	
Montant brut :	400,00
Remise 0,5 % :	– 2,00
1er net :	398,00
Rabais 0,8 % :	– 3,18
Net commercial :	394,82
TVA 5,5 % :	+ 21,72
Net à votre crédit :	416,54

2. Enregistrement de l'ensemble des factures dans le livre-journal de la société SDB

	3 juillet N		
411200	Client Duparc	668,64	
707100	Ventes de vin *560 € – (560 € × 0,5 %)*		557,20
445713	État, TVA collectée à 20 % *557,20 € × 20 %*		111,44
	Facture n° N07001		

	5 juillet N		
411010	Client Café des Sports	623,54	
665000	Escomptes accordés	2,97	
707200	Ventes de jus de fruit		594,00
445711	État, TVA collectée à 5,5 %		32,51
	Facture n° N07002		
	7 juillet N		
411150	Client Restaurant Pil	1 041,33	
707300	Ventes d'eaux minérales		987,04
445711	État, TVA collectée à 5,5 %		54,29
	Facture n° N07003		
	13 juillet N		
411260	Client Brasserie Taget	439,56	
707400	Ventes de bière *370 € – (370 € × 1 %)*		366,30
445713	État, TVA collectée à 20 % *366,30 € × 20 %*		73,26
	Facture n° N07004		
	15 juillet N		
665000	Escomptes accordés	5,60	
445713	État, TVA collectée à 20 %	1,12	
411200	Client Duparc		6,72
	Facture n° AV07001		
	25 juillet N		
707300	Ventes d'eaux minérales	394,82	
445711	État, TVA collectée à 5,5 %	21,72	
411150	Client Restaurant Pil		416,54
	Facture n° AV07002		

3. Enregistrement des factures dans la comptabilité de chaque entreprise cliente

Client Duparc

	3 juillet N		
607	Achats de marchandises	557,20	
44566	État, TVA déductible sur autres biens et services	111,44	
40100	Fournisseur SDB		668,64
	Facture n° N07001		
	15 juillet N		
40100	Fournisseur SDB	6,72	
765	Escomptes obtenus		5,60
44566	État, TVA déductible sur autres biens et services		1,12
	Facture n° AV07001		

Client Café des Sports

	5 juillet N		
601	Achats stockés – Matières et fournitures	594,00	
44566	État, TVA déductible sur autres biens et services	32,51	
40100	Fournisseur SDB		623,54
765	Escomptes obtenus		2,97
	Facture n° N07002		

Client Restaurant Pil

	7 juillet N		
601	Achats stockés – Matières et fournitures	987,04	
44566	État, TVA déductible sur autres biens et services	54,29	
40100	Fournisseur SDB		1 041,33
	Facture n° N07003		
	25 juillet N		
40100	Fournisseur SDB	416,54	
601	Achats stockés – Matières et fournitures		394,82
44566	État, TVA déductible sur autres biens et services		21,72
	Facture n° AV07002		

Client Brasserie Taget

	13 juillet N		
601	Achats stockés – Matières et fournitures	366,30	
44566	État, TVA déductible sur autres biens et services	73,26	
40100	Fournisseur SDB		439,56
	Facture n° N07004		

CHAPITRE

11 Les frais accessoires liés aux achats et aux ventes

APPLICATION 1

Frais accessoires liés aux achats et aux ventes

1. Décompte de la facture n° F 328

AMS Facture n° F 328 8 octobre N	
Montant brut :	1 560,00
Remise 1 % :	– 15,60
Net commercial :	1 544,40
Escompte 0,5 % :	– 7,72
Net financier :	1 536,68
TVA 20 % :	+ 307,34
Frais de port :	+ 125,00
TVA sur port :	+ 25,00
Net à payer :	1 994,02

2. Enregistrement de la facture dans le livre-journal de l'entreprise Bilia

	8 octobre N		
607	Achats de marchandises	1 544,40	
6241	Transports sur achats	125,00	
44566	État, TVA déductible sur autres biens et services	332,34	
765	Escomptes obtenus		7,72
40101	Fournisseur AMS		1 994,02
	Facture n° F 328		

3. Enregistrement de la facture dans le livre-journal de l'entreprise AMS

	8 octobre N		
41001	Client Bilia	1 994,02	
665	Escomptes accordés	7,72	
707	Ventes de marchandises		1 544,40
708	Produits des activités annexes		125,00
44571	État, TVA collectée		332,34
	Facture n° F 328		

APPLICATION 2

Frais accessoires liés aux achats

1. Hypothèse 1 : la société SNC inscrit les frais accessoires dans les comptes de charges par nature

	5 mai N		
60102	Achats stockés de briques *445 € – (445 € × 1 %)*	440,55	
6241	Transports sur achats	65,00	
44566	État, TVA déductible sur autres biens et services *505,55 € × 20 %*	101,11	
40101	Fournisseur Batigroup		606,66
	Facture n° D 430		
	9 mai N		
60104	Achats stockés de sable *560 € – (560 € × 0,8 %)*	555,52	
6241	Transports sur achats	90,00	
44566	État, TVA déductible sur autres biens et services *645,52 € × 20 %*	129,10	
40105	Fournisseur Carrières Réunis		774,62
	Facture n° 8901		
	15 mai N		
60105	Achats stockés de parpaings	890,00	
6241	Transports sur achats	75,00	
44566	État, TVA déductible sur autres biens et services *(890 € + 75 € – 8,90 €) × 20 %*	191,22	
765	Escomptes obtenus *890 € × 1 %*		8,90
40110	Fournisseur Perez		1 147,32
	Facture n° 0512		
	25 mai N		
60107	Achats stockés de marbre	1 200,00	
6241	Transports sur achats	115,00	
40104	Fournisseur Bonvin		1 315,00
	Facture n° 342		
	26 mai N		
60107	Achats stockés de marbre	110,00	
44566	État, TVA déductible sur autres biens et services *(1 315 € + 110 €) × 20 %*	285,00	
40115	Fournisseur APC		395,00
	Facture n° 0535		

2. Hypothèse 2 : la société SNC inscrit les frais accessoires dans les comptes d'achats

	5 mai N		
60102	Achats stockés de briques *445 € – (445 € × 1 %) + 65 €*	505,55	
44566	État, TVA déductible sur autres biens et services *505,55 € × 20 %*	101,11	
40101	Fournisseur Batigroup		606,66
	Facture n° D 430		

	9 mai N		
60104	Achats stockés de sable *560 € – (560 € × 0,8 %) + 90 €*	645,52	
44566	État, TVA déductible sur autres biens et services *645,52 € × 20 %*	129,10	
40105	Fournisseur Carrières Réunis *Facture n° 8901*		774,62
	15 mai N		
60105	Achats stockés de parpaings *890 € + 75 €*	965,00	
44566	État, TVA déductible sur autres biens et services *(890 € + 75 € – 8,90 €) × 20 %*	191,22	
765	Escomptes obtenus *890 € × 1 %*		8,90
40110	Fournisseur Perez *Facture n° 0512*		1 147,32
	25 mai N		
60107	Achats stockés de marbre *1 200 € + 115 €*	1 315,00	
40104	Fournisseur Bonvin *Facture n° 342*		1 315,00
	26 mai N		
60107	Achats stockés de marbre	110,00	
44566	État, TVA déductible sur autres biens et services *(1 315 € + 110 €) × 20 %*	285,00	
40115	Fournisseur APC *Facture n° 0535*		395,00

APPLICATION 3

Frais accessoires liés aux achats et aux ventes

1. Décompte de la facture du 20 décembre

Société SAT Facture n° 12005 20 décembre N	
Montant brut :	10 050,00
TVA 20 % :	+ 2 010,00
Frais de port :	+ 125,00
TVA sur port :	+ 25,00
Commission :	+ 1 900,00
(dont TVA : 316,67)	
Net à payer :	14 110,00

2. Enregistrement des opérations dans le livre-journal de la société SAT

	9 décembre N		
607	Achats de marchandises 2 *450 € + 50 €*	2 500,00	
44566	État, TVA déductible sur autres biens et services *2 500 € × 20 %*	500,00	
401	Fournisseurs *Facture n° 4326*		3 000,00

	10 décembre N		
411	Clients	2 220,00	
707	Ventes de marchandises		1 850,00
44571	État, TVA collectée *1 850 € × 20 %*		370,00
	Facture n° 12003		
	12 décembre N		
411	Clients	4 416,00	
707	Ventes de marchandises		3 560,00
708	Produits des activités annexes		120,00
44571	État, TVA collectée *(3 560 € + 120 €) × 20 %*		736,00
	Facture n° 12004		
	15 décembre N		
4670	Débiteurs divers – Mandataire	1 900,00	
512	Banque		1 900,00
	Avance commissionnaire		
	20 décembre N		
411	Clients	14 110,00	
707	Ventes de marchandises		10 050,00
6242	Transports sur ventes(1)		125,00
44566	État, TVA déductible sur autres biens et services(2)		25,00
4670	Débiteurs divers – Mandataire		1 900,00
44571	État, TVA collectée		2 010,00
	Facture n° 12005		

(1) Ou bien : Produits des activités annexes.
(2) Ou bien : État, TVA collectée.

3. Enregistrement de l'opération du 20 décembre dans le livre-journal du client Pierre

	20 décembre N		
607	Achats de marchandises	10 050,00	
6241	Transports sur achats	125,00	
6221	Commissions et courtages sur achats *1 900 € – 316,67 €*	1 583,33	
44566	État, TVA déductible sur autres biens et services	2 351,67	
	2 010,00 € + 25,00 € + 316,67 €		
401	Fournisseurs		14 110,00
	Facture n° 12005		

APPLICATION 4

Retour avec frais de port

1. Décompte des factures

Entreprise Buromat Facture n° 4562 22 septembre N	
Fauteuils, HT	1 550,00
Remise 1 %	15,50
Net commercial	1 534,50
Escompte 0,5 %	7,67
Net financier	1 526,83
TVA 20 %	305,37
Net à payer	1 832,20

Entreprise Buromat Facture avoir n°AV 256 6 octobre N	
Fauteuils, HT	465,00
Remise 1 %	4,65
Net commercial	460,35
Escompte 0,5 %	2,30
Net financier	458,05
TVA 20 %	91,61
Débours port HT	85,00
Net à votre crédit	634,66

2. Enregistrement des opérations dans le livre-journal

a) Livre-journal de la société ARSI

		Débit	Crédit
	22.09.N		
607	Achats de marchandises	1 534,50	
44566	État, TVA déductible sur autres biens et services	305,37	
765	Escomptes obtenus		7,67
40110	Fournisseur Buromat		1 832,20
	Facture n° 4562		
	30.09.N		
6241	Transports sur achats	85,00	
44566	État, TVA déductible sur autres biens et services	17,00	
40111	Fournisseur Bérard		102,00
	Frais de port sur retour, facture n°...		
	6.10.N		
40110	Fournisseur Buromat	634,66	
765	Escomptes obtenus	2,30	
6241	Transports sur achats		85,00
607	Achats de marchandises		460,35
44566	État, TVA déductible sur autres biens et services		91,61
	Facture avoir n° AV 256		

b) Livre-journal de l'entreprise Buromat

		Débit	Crédit
	22.09.N		
41110	Client ARSI	1 832,20	
665	Escomptes accordés	7,67	
707	Ventes de marchandises		1 534,50
44571	État, TVA collectée		305,37
	Facture n° 4562		

	6.10.N		
707	Ventes de marchandises	460,35	
6242	Transports sur ventes	85,00	
44571	État, TVA collectée	91,61	
41110	Client ARSI		634,66
665	Escomptes accordés		2,30
	Facture avoir n° AV 256		

• • • • •

CAS

Synthèse

1. Enregistrement des opérations dans le livre-journal de la société Jarditech

	5.04.N		
607021	Achats de coupe-bordures – UE *940 – 4,70 + 80*	1 015,30	
445662	État, TVA déductible sur autres biens et services – intracommunautaire	203,06	
401032	Fournisseur Verlag – UE		1 015,30
4452	État, TVA due intracommunautaire		203,06
	7.04.N		
607025	Achats de tronçonneuses thermiques – UE *5 000 – 50,00 + 75 + 170*	5 195,00	
445662	État, TVA déductible sur autres biens et services – intracommunautaire	1 039,00	
401022	Fournisseur ETI – UE		5 195,00
4452	État, TVA due intracommunautaire		1 039,00
	9.04.N		
411300	Client Gruber 3 *250 + 160*	3 410,00	
707002	Ventes de débroussailleuses thermiques		3 410,00
	11.04.N		
411190	Client Coopérative du Sud-Est *[(290 – 2,90 – 1,44) + 25] × 1,20*	372,79	
665	Escomptes accordés	1,44	
707001	Ventes de coupe-bordures		287,10
44571	État, TVA collectée *285,66 × 20 %*		57,13
6242	Transports sur ventes		25,00
44566	État, TVA déductible sur autres biens et services *25 × 20 %*		5,00
	15.04.N		
411222	Client Franken *1 800 + 110*	1 910,00	
707025	Ventes de tronçonneuses thermiques – UE		1 800,00
7085	Ports et frais accessoires facturés		110,00
	17.04.N		
411010	Client Agrimat	555,48	
707003	Ventes de sécateurs *420 – 2,10*		417,90
7085	Ports et frais accessoires facturés		45,00
44571	État, TVA collectée		92,58

2. Enregistrement des opérations du 11 et du 17 avril dans la comptabilité des clients

a) Client Coopérative du Sud-Est

	11.04.N		
607	Achats de marchandises	287,10	
6241	Transports sur achats	25,00	
44566	État, TVA déductible sur autres biens et services	62,13	
40100	Fournisseur Jarditech		372,79
765	Escomptes obtenus		1,44

b) Client Agrimat

	17.04.N		
607	Achats de marchandises	417,90	
6241	Transports sur achats	45,00	
44566	État, TVA déductible sur autres biens et services	92,58	
40100	Fournisseur Jarditech		555,48

CHAPITRE

12

Les autres charges et les autres produits

APPLICATION 1

Codification des services extérieurs

Entreprise Dorel – Imputation comptable des opérations

Opération	Imputation comptable
1. Frais de participation à une foire	6233 – Foires et expositions
2. Réparation d'un véhicule	6155 – Entretien et réparations sur biens mobiliers
3. Abonnement à une revue technique	6183 – Documentation technique
4. Versement d'une commission bancaire à l'occasion d'un emprunt	6272 – Commissions et frais sur émission d'emprunts
5. Versement d'honoraires à une agence d'intérim pour mise à disposition de personnel	6211 – Personnel intérimaire
6. Versement d'une redevance de crédit-bail portant sur une machine	6122 – Redevances de crédit-bail mobilier
7. Frais de confection du catalogue remis aux clients	6236 – Catalogues et imprimés
8. Paiement d'une prime d'assurance pour se protéger contre l'insolvabilité des clients	6165 – Assurance insolvabilité clients
9. Versement d'une redevance de crédit-bail portant sur un immeuble	6125 – Redevances de crédit-bail immobilier
10. Versement des honoraires à l'avocat de l'entreprise	6226 – Honoraires

APPLICATION 2

Codification des impôts, taxes et versements assimilés

Société Industrielle des Métaux – Imputation comptable des opérations

Opération	Imputation comptable
1. Participation obligatoire de l'employeur à l'effort de construction	6334 – Participation des employeurs à l'effort de construction
2. Taxe foncière liée à un bâtiment	63512 – Taxes foncières
3. Taxe sur les salaires versée au Trésor public	6311 – Taxe sur les salaires
4. Contribution économique territoriale (CET)	63511 – Contribution économique territoriale
5. Participation obligatoire de l'employeur au financement de la formation continue	6313 – Participation des employeurs à la formation professionnelle continue
6. Taxe due suite à l'utilisation d'une voiture de tourisme dans le cadre de la société	63514 – Taxe sur les véhicules des sociétés
7. Droits d'enregistrement versés à l'occasion de l'achat d'un fonds de commerce	63541 – Droits de mutation
8. Taxe d'apprentissage versée au Trésor public	6312 – Taxe d'apprentissage
9. Contribution sociale de solidarité	6371 – Contribution sociale de solidarité à la charge des sociétés
10. Constatation de l'impôt sur le bénéfice de l'année	695 – Impôts sur les bénéfices

APPLICATION 3

Codification des autres produits

Société Gemap – Imputation comptable des opérations

Opération	Imputation comptable
1. Obtention d'escomptes de la part des fournisseurs	765 – Escomptes obtenus
2. Les services de recherche ont mis au point un brevet dont l'exploitation est concédée à une autre entreprise en échange de redevances	7511 – Redevances pour concessions, brevets, licences, marques, procédés, logiciels
3. La société Gemap dispose d'un siège d'administrateur au sein du conseil d'administration d'une société filiale ; elle perçoit à ce titre des jetons de présence	753 – Jetons de présence et rémunérations d'administrateurs

☞

Opération	Imputation comptable
4. La filiale lui verse des dividendes (les titres détenus sont des titres de participation)	7611 – Revenus des titres de participation
5. La société Gemap a accordé des prêts à une autre société avec laquelle elle entretient une relation commerciale ; elle perçoit à ce titre des intérêts	7631 – Revenus des créances commerciales
6. La société Gemap a réalisé des gains de change lors d'opérations avec l'étranger	756 – Gains de change sur créances et dettes commerciales
7. La société est propriétaire d'immeubles d'habitation qu'elle donne en location	752 – Revenus des immeubles non affectés aux activités professionnelles
8. La société Gemap a vendu des matières premières	707 – Ventes de marchandises
9. La société Gemap a perçu des commissions car elle a servi d'intermédiaire dans certaines transactions commerciales	7082 – Commissions et courtages
10. Accessoirement, la société Gemap donne en location certains de ses entrepôts et perçoit en échange des loyers.	7083 – Locations diverses

APPLICATION 4

Comptabilisation des autres charges et des autres produits

Enregistrement des opérations dans le livre-journal de la société SRTC

	5 mars N		
512	Banque *800 € × 1,20*	960,00	
7714	Rentrées sur créances amorties		800,00
44571	État, TVA collectée *800 € × 20 %*		160,00
	Avis de crédit n°...		
	8 mars N		
447	État – Autres impôts, taxes et versements assimilés	250,00	
7717	Dégrèvements d'impôts (autres qu'impôts sur les bénéfices)		250,00
	Avis de dégrèvement n°...		
	10 mars N		
6156	Maintenance	4 600,00	
44566	État, TVA déductible sur autres biens et services *4 600 € × 20 %*	920,00	
401	Fournisseurs		5 520,00
	Facture n° ...		
	12 mars N		
6275	Frais sur effets	120,00	
44566	État, TVA déductible sur autres biens et services *120 € × 20 %*	24,00	
512	Banque		144,00
	Avis d'impayé n° ...		

	15 mars N		
654	Pertes sur créances irrécouvrables	560,00	
44572	État, TVA collectée – Exigibilité encaissements	112,00	
41001	Client Duparc		672,00
	Créance irrécouvrable		
	20 mars N		
6122	Redevances de crédit-bail mobilier	890,00	
44566	État, TVA déductible sur autres biens et services		
	890 € × 20 %	178,00	
401	Fournisseurs		1 068,00
	Facture n° ...		
	25 mars N		
6155	Entretien et réparations sur biens mobiliers		
	320 € × 1,20	384,00	
401	Fournisseurs		384,00
	Facture n°... , TVA non récupérable		

● ● ● ● ●

CAS

Synthèse

Enregistrement des opérations dans le livre-journal de la société Airsol

	2.10.N		
6226	Honoraires	3 200,00	
44566	État, TVA déductible sur autres biens et services	640,00	
40110	Fournisseur Duret		3 840,00
	Facture n°...		
	5.10.N		
6354	Droits d'enregistrement et de timbre	622,00	
40111	Fournisseur INPI		622,00
	Facture n°...		
	7.10.N		
41111	Client EGP	18 900,00	
7511	Redevances pour concessions, brevets...		15 750,00
44571	État, TVA collectée		3 150,00
	Facture n°...		
	9.10.N		
6155	Entretien et réparations sur biens mobiliers	320,00	
44564	État, TVA déductible sur encaissements	64,00	
40112	Fournisseur Portet		384,00
	Facture n°...		
	11.10.N		
63512	Taxes foncières	4 800,00	
4470	État, autres impôts, taxes et versements assimilés		4 800,00
	Avis d'imposition n°...		
	13.10.N		
6226	Honoraires	1 100,00	
44566	État, TVA déductible sur autres biens et services	220,00	
40113	Fournisseur Audiplus		1 320,00
	Facture n°...		

	15.10.N		
41112	Client Plomberie Artisanale	6 350,40	
701	Ventes de produits finis *5 400 × 98 %*		5 292,00
44571	État, TVA collectée		1 058,40
	Facture n°...		
	18.10.N		
40114	Fournisseur Tuyauteurs Réunis	640,00	
6091	Rabais, remises et ristournes obtenus sur achats de mat. prem. et fournitures		640,00
	Facture d'avoir n°...		
	20.10.N		
6234	Cadeaux à la clientèle *2 000 × 1,20*	2 400,00	
40115	Fournisseur Artdéco		2 400,00
	Facture n°...		
	21.10.N		
6282	Autres services extérieurs – Divers – Formation	6 200,00	
44566	État, TVA déductible sur autres biens et services	1 240,00	
40116	Fournisseur Formaplus		7 440,00
	Facture n°...		
	21.10.N		
6256	Missions	145,00	
44566	État, TVA déductible sur autres biens et services	14,50	
40117	Fournisseur Auberge de l'Avenue		159,50
	Facture n°...		

CHAPITRE 13

La paie

Rappel : tableau de calcul des cotisations sociales

TABLEAU DE CALCUL DES COTISATIONS SOCIALES (À JOUR AU 1er JANVIER 2017)				
Cotisations	Taux global (%)	Répartition		Base de calcul (en euros)
		Employeur (%)	Salarié (%)	
URSSAF				
Assurance maladie, maternité, invalidité, décès	13,64	12,89	0,75	Salaire brut
Allocations familiales	5,25(1)	5,25(1)		
Aide au logement (si plus de 20 salariés)	0,5	0,5		
Assurance vieillesse	2,30	1,90	0,40	
Accidents du travail (taux minimum)	1	1		
Contribution solidarité autonomie	0,3	0,3		
Contribution sociale généralisée déductible	5,1		5,1	Gain total après abatt. de 1,75 %
Contribution sociale généralisée non déductible	2,4		2,4	
CRDS	0,5		0,5	
Assurance vieillesse (cotisation plafonnée)	15,45	8,55	6,90	Tranche A
Aide au logement (entreprises de moins de 20 salariés)	0,1	0,1		Tranche A
Versement de transport (si plus de 9 salariés)	variable	variable		
Assurance chômage	6,40	4,00	2,40	Tranche A

(1) 3,45 % pour les salariés dont la rémunération n'excède pas 3,5 SMIC sur l'année.

☞

☞

Cotisations		Taux global (%)	Répartition		Base de calcul (en euros)
			Employeur (%)	Salarié (%)	
Assurance chômage		6,40	4,00	2,40	Tranche B
Association pour la Garantie des Salaires		0,20	0,20		Jusqu'à plafond × 4
Contribution au dialogue social		0,016	0,016		Salaire brut
CAISSES DE RETRAITE COMPLÉMENTAIRE					
Cadres	ARRCO	9,75	5,85	3,90	Tranche A
	Prévoyance décès	1,50	1,50		Tranche A
	AGIRC	22,75	14,05	8,70	Tranche B
	APEC	0,06	0,036	0,024	Tranche A et B
	CET	0,35	0,22	0,13	Jusqu'à plafond × 8
	AGIRC	20,55	Répartition libre	Répartition libre	Tranche C
	AGFF	2,20	1,30	0,90	
Non-cadres	ARRCO	9,75	5,85	3,90	Tranche A
	ARRCO	22,45	13,45	9,00	Entre plafond et plafond x 3

Remarque : Dans les entreprises de plus de 9 salariés, la cotisation Prévoyance décès (cadres) est soumise à la CSG et à la CRDS sans abattement. Elle est également assujettie au forfait social au taux de 8 %, à la charge de l'employeur et versé à l'URSSAF.

APPLICATION 1

Décompte des retenues sociales – Bulletin de paie

1. Décompte des retenues sociales

M. BENOÎT					
Retenues sociales	Base de calcul	Cotisations employeur		Cotisations salariés	
		Taux %	Montant	Taux %	Montant
URSSAF					
Assurance maladie, maternité, invalidité, décès	1 600	12,89	206,24	0,75	12,00
Allocations familiales	1 600	3,45	55,20		

☞

☞

Retenues sociales	Base de calcul	Cotisations employeur		Cotisations salariés	
		Taux %	Montant	Taux %	Montant
Assurance vieillesse	1 600	1,90	30,40	0,40	6,40
Accidents du travail	1 600	1,00	16,00		
CSG et CRDS non déductibles	1 572			2,90	45,59
CSG déductible	1 572			5,10	80,17
Assurance vieillesse (plafonnée)	1 600	8,55	136,80	6,90	110,40
Aide au logement (plafonnée)	1 600	0,10	1,60		
Contribution solidarité	1 600	0,30	4,80		
Assurance chômage	1 600	4,00	64,00	2,40	38,40
AGS	1 600	0,20	3,20		
Contribution au dialogue social	1 600	0,016	0,26		
CAISSES DE RETRAITE					
ARRCO (plafonnée)	1 600	5,85	93,60	3,90	62,40
Totaux			**612,10**		**355,36**

M. LOPEZ					
Retenues sociales	Base de calcul	Cotisations employeur		Cotisations salariés	
		Taux %	Montant	Taux %	Montant
URSSAF					
Assurances maladie	3 400	12,89	438,26	0,75	25,50
Allocations familiales	3 400	5,25	178,50		
Assurance vieillesse	3 400	1,90	64,60	0,40	13,60
Accidents du travail	3 400	1,00	34,00		
CSG et CRDS non déductibles	3 340,50			2,90	96,87
CSG déductible	3 340,50			5,10	170,37
Assurance vieillesse (plafonnée)	3 269	8,55	279,50	6,90	225,56
Aide au logement (plafonnée)	3 269	0,10	3,27		
Contribution solidarité autonomie	3 400	0,30	10,20		
Assurance chômage	3 400	4,00	136,00	2,40	81,60
AGS	3 400	0,20	6,80		
Contribution au dialogue social	3 400	0,016	0,54		
CAISSES DE RETRAITE					
ARRCO (plafonnée)	3 269	5,85	191,24	3,90	127,49
Prévoyance décès (plafonnée)	3 269	1,50	49,04		
AGIRC	131	14,05	18,41	8,70	11,40
APEC	3 400	0,036	1,22	0,024	0,82
CET-AGIRC	3 400	0,22	7,48	0,13	4,42
Totaux			**1 419,06**		**757,63**

2. Bulletin de paie de M. Benoit (présentation détaillée)

INFOREP

BULLETIN DE PAIE N°

SIRET — Période : du 1er au 31 mars

APE/NAF — Paiement le 2 avril par virement bancaire

URSSAF

Convention collective :

M. BENOIT

Emploi occupé : opérateur

Qualification : non-cadre

Éléments du salaire	Nombre	Taux	Montant
Salaire de base			1 600,00
Salaire brut total			**1 600,00**

Retenues sociales	Base de calcul	Cotisations employeur		Cotisations salarié	
		Taux	Montant	Taux	Montant
URSSAF					
Assurance maladie	1 600	12,89	206,24	0,75	12,00
Allocations familiales	1 600	3,45	55,20		
Assurance vieillesse	1 600	1,90	30,40	0,40	6,40
Accidents du travail	1 600	1,00	16,00		
CSG et CRDS non déductibles	1 572			2,90	45,59
CSG déductible	1 572			5,10	80,17
Assurance vieillesse (plafonnée)	1 600	8,55	136,80	6,90	110,40
Aide au logement (plafonnée)	1 600	0,10	1,60		
Contribution solidarité	1 600	0,30	4,80		
Assurance chômage	1 600	4,00	64,00	2,40	38,40
AGS	1 600	0,20	3,20		
Contribution au dialogue social	1 600	0,016	0,26		
CAISSES DE RETRAITE					
ARRCO (plafonnée)	1 600	5,85	93,60	3,90	62,40
TOTAUX			**612,10**		**355,36**

Net à payer : 1 244,64

Net imposable :

1 244,64 + 45,59 1 290,23

Ce bulletin de paie doit être conservé sans limitation de durée

APPLICATION 2

Comptabilisation

	31 mars		
641	Rémunération du personnel	5 000,00	
421	Personnel – Rémunérations dues		5 000,00
	Livre de paie, mars		
	31 mars		
421	Personnel – Rémunérations dues	1 112,99	
431	Sécurité sociale (URSSAF)		906,46
4371	ARRCO		189,89
4372	AGIRC		16,64
	Cotisations sociales, livre de paie, mars		
	31 mars		
645	Charges de sécurité sociale et de prévoyance	2 031,16	
431	Sécurité sociale (URSSAF)		1 670,17
4371	ARRCO		333,88
4372	AGIRC		27,11
	Cotisations patronales, livre de paie, mars		
	2 avril		
421	Personnel – Rémunérations dues	3 887,01	
512	Banque		3 887,01
	Paie de mars, avis de débit n° ...		

APPLICATION 3

Comptabilisation des charges fiscales liées à la paie

1. Enregistrement des versements relatifs à la taxe d'apprentissage dans le livre-journal de la société SHBR

	15.02.N		
6335	Versements libératoires ouvrant droit à l'exonération de la taxe d'apprentissage	1 225,00	
512	Banque		1 225,00
	FNDMA, avis de débit n°		
	10.03.N		
6335	Versements libératoires ouvrant droit à l'exonération de la taxe d'apprentissage	2 426,00	
512	Banque		2 426,00
	CFA, avis de débit n°		
	20.04.N		
6312	Taxe d'apprentissage	870,00	
512	Banque		870,00
	Trésor public, avis de débit n°		

	25.06.N		
6335	Versements libératoires ouvrant droit à l'exonération de la taxe d'apprentissage	1 480,00	
512	Banque		1 480,00
	LGT, avis de débit n°		
	30.09.N		
6335	Versements libératoires ouvrant droit à l'exonération de la taxe d'apprentissage	1 720,00	
512	Banque		1 720
	Laboratoire, avis de débit n°		
	5.10.N		
6282	Autres services extérieurs – Divers – Formation	590,00	
44566	État, TVA déductible sur autres biens et services	118,00	
512	Banque		708,00
	Formation, avis de débit n°		

2. Enregistrement des versements relatifs à la participation à l'effort de construction dans le livre-journal de la société SHBR

	2.05.N		
6314	Cotisation pour défaut d'investissement obligatoire dans la construction	225,00	
512	Banque		225,00
	Trésor public, avis de débit n°		
	10.11.N		
2743	Prêts au personnel	2 000,00	
512	Banque		2 000,00
	Salarié X..., avis de débit n°		
	15.12.N		
6334	Participation des employeurs à l'effort de construction	1 870,00	
512	Banque		1 870,00
	Office HLM, avis de débit n°		

• • • • •

CAS 1

Enregistrement comptable de la paie

Enregistrement des opérations relatives à la paie dans le livre-journal de l'entreprise Cordouan

	27.02.N		
641	Rémunérations du personnel	21 000,00	
421	Personnel – Rémunérations dues		21 000,00
	Livre de paie, février N ; 18 000 + 1 500 + 500 + 1 000		

	27.02.N		
421	Personnel – Rémunérations dues	7 300,00	
425	Personnel – Avances et acomptes		2 000,00
427	Personnel – Oppositions		300,00
431	Sécurité sociale (URSSAF)		4 000,00
4371	Caisse de retraite non-cadres		600,00
4372	Caisse de retraite cadres		400,00
	Cotisations sociales, livre de paie, février N		
	28.02.N		
421	Personnel – Rémunérations dues	13 700,00	
512	Banque		13 700,00
	Paie de février N, avis de débit n°		

CAS 2

Enregistrement comptable de la paie

Entreprise Cofitrans

	31 mars N		
641	Rémunération du personnel	45 000,00	
421	Personnel – Rémunérations dues		45 000,00
	Livre de paie, mars N		
	31 mars N		
421	Personnel – Rémunérations dues	14 977,91	
431	Sécurité sociale (URSSAF)		7 781,10
4371	ARRCO		945,00
4372	AGIRC		1 476,81
4373	Mutuelle		350,00
425	Personnel – Avances et acomptes		4 125,00
427	Personnel – Oppositions		300,00
	Cotisations sociales, livre de paie, mars N		
	31 mars N		
645	Charges de sécurité sociale et de prévoyance	20 373,20	
431	Sécurité sociale (URSSAF)		16 193,48
4371	ARRCO		1 417,50
4372	AGIRC		2 412,22
4373	Mutuelle		350,00
	Cotisations patronales, livre de paie, mars N		
	31 mars N		
421	Personnel – Rémunérations dues	30 022,09	
512	Banque		30 022,09
	Paie de mars, avis de débit n° ...		
	15 avril N		
431	Sécurité sociale (URSSAF)	23 974,58	
4371	ARRCO	2 362,50	
4372	AGIRC	3 889,03	
4373	Mutuelle	700,00	
512	Banque		30 926,11
	Paie de mars, charges sociales, avis de débit n° ...		

CHAPITRE

14 Les immobilisations incorporelles et corporelles

APPLICATION 1

Acquisition d'une voiture de tourisme

1. Calcul de la valeur d'entrée du véhicule

Il s'agit du coût d'acquisition, qui comprend ici :

– le prix d'achat net de la remise mais en incluant la TVA, qui n'est pas récupérable ;

– les coûts engagés pour mettre l'actif en place et en état de fonctionner.

Les frais de préparation du véhicule constituent des coûts engagés pour mettre l'actif en état de fonctionner. Ils sont un élément du coût d'acquisition (pour leur montant TVA comprise).

Les frais de carburant ne sont pas liés à la mise en place du véhicule, mais à son utilisation ultérieure ; à ce titre, ils sont à comptabiliser dans un compte de charges (606 – Achats non stockés de matières et fournitures) pour leur montant TVA comprise.

L'obtention du certificat d'immatriculation (carte grise) relève d'une contrainte légale posée par le Code de la route (art. R. 322-1) : « Tout propriétaire d'un véhicule à moteur [...] qui souhaite le mettre en circulation pour la première fois doit faire une demande de certificat d'immatriculation en justifiant de son identité et de son domicile. Cette demande est adressée au ministre de l'Intérieur, soit par l'intermédiaire du préfet du département choisi par le propriétaire du véhicule, soit par l'intermédiaire d'un professionnel de l'automobile habilité par le ministre de l'Intérieur. »

Le droit perçu à cette occasion n'est pas un droit de mutation. C'est un coût engagé pour mettre l'actif en état de fonctionner à inclure dans le coût d'acquisition. Cependant, l'administration fiscale admet la déduction immédiate de ce droit. Aussi, en pratique, il est en général comptabilisé dans un compte de charges (6354 – Droits d'enregistrement et de timbre), condition de la déductibilité fiscale.

Nous retenons ici la position comptable en incluant le coût du certificat d'immatriculation dans le coût d'acquisition du véhicule.

Valeur d'entrée du véhicule :

15 582 € + 3 116,40 € + 25 € + 5,00 € + 180 € = 18 908,40 €

2. Enregistrement de la facture dans le livre-journal de l'entreprise Balart

Enregistrement de la facture Auto-Services :

	15 avril N		
2182	Matériel de transport	18 908,40	
606	Achats non stockés de matières et de fournitures *13,38 € + 2,68 €*	16,06	
404	Fournisseurs d'immobilisations *Facture n° 0452*		18 924,46

APPLICATION 2

Immobilisations incorporelles

Société Duluxe – Analyse des opérations

Les marques sont des actifs non monétaires sans substance physique.

La marque « Suave » est acquise par la société Duluxe. Il s'agit d'un droit légal d'utilisation d'un signe qui relève de la législation sur la propriété industrielle. Elle est clairement identifiable, à double titre : la société Duluxe peut la revendre et elle résulte d'un droit légal. À ce titre, la marque « Suave » est une immobilisation.

La marque « Soirée » est créée en interne par la société Duluxe. Elle relève de la réglementation concernant les frais de développement. Pour le plan comptable, les dépenses engagées pour créer des marques ne peuvent être distinguées de celles engagées pour développer l'activité dans son ensemble. Il est en effet impossible de déterminer isolément les avantages économiques futurs directement liés à de telles dépenses. En conséquence, ces dépenses sont à comptabiliser en charges.

L'acquisition de la marque « Suave » donne lieu à l'écriture comptable suivante :

	15 mars N		
205	Concessions et droits similaires, brevets, licences, marques, procédés, logiciels, droits et valeurs similaires	650 000,00	
44562	État, TVA déductible sur immobilisations	130 000,00	
404	Fournisseurs d'immobilisations *Facture n° ...*		780 000,00

APPLICATION 3

Logiciels

1. Conditions nécessaires à l'immobilisation d'un logiciel à usage interne

- Le projet a de sérieuses chances de réussite technique.
- L'entité doit manifester sa volonté de produire le logiciel, indiquer la durée d'utilisation minimale estimée et préciser l'impact attendu sur le compte de résultat.

2. Calcul du coût du logiciel d'optimisation des livraisons

Il comprend (montants en euros) :

• l'analyse organique :	2 500
• la programmation :	2 100
• les tests :	560
Total :	5 160

3. Enregistrement dans le livre-journal de la société Eurexport

Le logiciel de gestion des risques par pays ne peut pas bénéficier de la tolérance administrative (inscription en charges des logiciels d'une valeur unitaire hors taxe inférieure à 500 €).

	12 septembre N		
205	Concessions et droits similaires, brevets, licences, marques, procédés, logiciels, droits et valeurs similaires	4 800,00	
44562	État, TVA déductible sur immobilisations	960,00	
404	Fournisseurs d'immobilisations		5 760,00
	Logiciel gestion des risques		
	20 septembre N		
205	Concessions et droits similaires, brevets, licences, marques, procédés, logiciels, droits et valeurs similaires	5 160,00	
721	Production immobilisée – Immobilisations incorporelles		5 160,00
	Logiciel optimisation des livraisons		

APPLICATION 4

Acquisition d'un ensemble immobilier

Les droits d'enregistrement, les frais d'acte et les honoraires du notaire sont des frais accessoires d'achat. Ils peuvent être rattachés au coût de l'ensemble immobilier ou être comptabilisés en charges. C'est la dernière solution qui a été retenue ici. Cela permet de diminuer le résultat de l'exercice N et de diminuer la charge d'impôt sur le bénéfice.

	15 novembre N		
213	Constructions	100 000,00	
211	Terrains	30 000,00	
6354	Droits d'enregistrement et de timbre	6 000,00	
6227	Frais d'actes et de contentieux	600,00	
6226	Honoraires	800,00	
44566	État, TVA déductible sur autres biens et services	160,00	
467	Autres comptes créditeurs		137 560,00
	Selon décompte notaire		
	15 novembre N		
21301	Constructions – Structure et ouvrages assimilés	90 000,00	
21302	Constructions – Menuiseries extérieures	4 000,00	
21303	Constructions – Chauffage	3 000,00	
21304	Constructions – Étanchéité	1 000,00	
21305	Constructions – Ravalement	2 000,00	
213	Constructions		100 000,00
	Décomposition Constructions		

APPLICATION 5

Entrée de diverses immobilisations dans l'actif

3 mai : achat d'une machine de précision

La machine est évaluée au coût d'acquisition : ce dernier comprend le prix d'achat net des remises et escomptes, augmenté des frais de transport (nécessaires à la mise en place de la machine) ; par contre, les lubrifiants servant au fonctionnement ultérieur sont comptabilisés dans les comptes de charges.

Le bien n'est soumis à aucune restriction en matière de récupération de la TVA.

Les réductions de prix se calculent en cascade :

Prix d'achat :	14 600,00 €
Remise 1 % :	– 146,00 €
Net commercial :	14 454,00 €
Escompte 0,5 % :	– 72,27 €
Net financier :	14 381,73 €

	3 mai N		
2154	Matériel industriel *14 381,73 € + 250 €*	14 631,73	
6021	Achats stockés de matières consommables	1 260,00	
44562	État, TVA déductible sur immobilisations *14 631,73 € × 20 %*	2 926,35	
44566	État, TVA déductible sur autres biens et services *1 260 € × 20 %*	252,00	
404	Fournisseurs d'immobilisations		17 558,08
401	Fournisseurs		1 512,00
	Facture n° ...		
	3 mai N		
404	Fournisseurs d'immobilisations	17 558,08	
401	Fournisseurs	1 512,00	
512	Banque		19 070,08
	Ordre de virement n° ...		

6 mai : achat d'un camion

Il s'agit d'une acquisition intracommunautaire. La commission versée à un intermédiaire français relève du régime interne de TVA ; elle est à comptabiliser dans un compte de charges (sur option de l'entreprise Microprec). Le coût du certificat d'immatriculation, selon le choix de l'entreprise (opter pour la comptabilisation dans les comptes de charges lorsque c'est possible), est comptabilisé dans un compte de charges (voir application 1).

	6 mai N		
2182	Matériel de transport	31 000,00	
6221	Commissions et courtages sur achats	160,00	
6354	Droits d'enregistrement et de timbre	200,00	
445622	État, TVA déductible sur immobilisations – intracommunautaire *31 000 € × 20 %*	6 200,00	
44566	État, TVA déductible sur autres biens et services *160 € × 20 %*	32,00	
4452	État, TVA due intracommunautaire		6 200,00
404	Fournisseurs d'immobilisations		31 000,00
512	Banque		392,00
	Facture n° ...		

10 mai : achat d'un ordinateur

La valeur de l'imprimante laser est inférieure à 500 € hors taxe : sur option de l'entreprise Microprec elle sera comptabilisée dans un compte de charges (tolérance du Plan comptable général pour les matériels de bureau de faible valeur). Par contre le logiciel dissocié ayant une valeur supérieure à ce même montant sera enregistré au débit du compte 205.

	10 mai N		
2183	Matériel de bureau et matériel informatique	2 100,00	
205	Concessions et droits similaires, brevets, licences, marques, procédés, logiciels, droits et valeurs similaires	670,00	
602	Achats stockés – Autres approvisionnements	490,00	
606	Achats non stockés de matières et fournitures	140,00	
44562	État, TVA déductible sur immobilisations *(2 100 € + 670 €) × 20 %*	554,00	
44566	État, TVA déductible sur autres biens et services *(490 € + 140 €) × 20 %*	126,00	
404	Fournisseurs d'immobilisations		3 324,00
401	Fournisseurs		756,00
	Facture n° ...		

14 mai : achat d'un outillage industriel

Il s'agit d'une importation ; le montant dû au fournisseur suisse s'élève à 8 600 €. Les frais d'installation sont nécessaires à la mise en place de la machine et augmentent son coût d'acquisition. Les droits de douane également. La TVA payée lors du passage de la frontière (dédouanement) se calcule sur la totalité du coût d'acquisition (droits de douane inclus) :

$$(8\,400\text{ €} + 200\text{ €} + 820\text{ €}) \times 20\ \% = 1\,884{,}00\text{ €}$$

	14 mai N		
2155	Outillage industriel *8 400 € + 200 € + 820 €*	9 420,00	
44562	État, TVA déductible sur immobilisations	1 884,00	
404	Fournisseurs d'immobilisations		8 600,00
401	Fournisseurs *820 € + 1 884 €*		2 704,00
	Facture n° ...		

20 mai : achat d'une licence d'exploitation d'un brevet

Il s'agit de l'acquisition d'une immobilisation incorporelle (voir Application 2).

	20 mai N		
205	Concessions et droits similaires, brevets, licences, marques, procédés, logiciels, droits et valeurs similaires	1 400,00	
44562	État, TVA déductible sur immobilisations	280,00	
404	Fournisseurs d'immobilisations		1 680,00
	Facture n° ...		

25 mai : mise en service d'un matériel élaboré par les services techniques

Il s'agit d'une production par l'entreprise pour elle-même. Le matériel est comptabilisé à son coût de production, 2 000 €. Fiscalement, l'opération est une « livraison à soi-même » non taxable à la TVA car, en cas d'achat du bien, la TVA aurait été entièrement déductible.

	25 mai N		
2154	Matériel industriel	2 000,00	
722	Production immobilisée – Immobilisations corporelles		2 000,00
	Selon décompte		

• • • • •

CAS

Synthèse

1) Construction d'un entrepôt

	15.02.N		
211	Terrains	40 000,00	
44562	État, TVA déductible sur immobilisations	8 000,00	
404	Fournisseurs d'immobilisations		48 000,00
	Achat du terrain		
	22.02.N		
6226	Honoraires	1 600,00	
44566	État, TVA déductible sur autres biens et services	320,00	
401	Fournisseurs		1 920,00
	Décompte n°		
	10.08.N		
2313	Constructions en cours	5 000,00	
44562	TVA déductible sur immobilisations	1 000,00	
404	Fournisseurs d'immobilisations		6 000,00
	Note d'honoraires Arthur, architecte		
	20.08.N		
212	Agencements et aménagements des terrains	8 000,00	
44562	État, TVA déductible sur immobilisations	1 600,00	
404	Fournisseurs d'immobilisations		9 600,00
	Facture entreprise Ernest, travaux de viabilité		
	10.10.N		
2313	Constructions en cours	95 000,00	
44562	État, TVA déductible sur immobilisations	19 000,00	
404	Fournisseurs d'immobilisations		114 000,00
	Facture entreprise Ernest, nouvelle construction		
	15.10.N		
213	Constructions	100 000,00	
2313	Constructions en cours		100 000,00
	Mise en service		
	15.10.N		
21301	Constructions – Structure et ouvrages assimilés	85 000,00	
21302	Constructions – Menuiseries extérieures	6 000,00	
21303	Constructions – Étanchéité	2 000,00	
21304	Constructions – Ravalement	1 000,00	
21305	Constructions – Électricité	2 000,00	
21306	Constructions – Plomberie	4 000,00	
213	Constructions		100 000,00
	Ventilation		
	12.12.N		
212	Agencements et aménagements de terrains	1 400,00	
512	Banque		1 400,00
	Participation aux frais de voirie		
	15.12.N		
212	Agencements et aménagements de terrains	4 000,00	
44562	État, TVA déductible sur immobilisations	800,00	
512	Banque		4 800,00
	Facture travaux de clôture		

2) Achat d'un ordinateur

	25.06.N		
2183	Matériel de bureau et matériel informatique	8 000,00	
44562	État, TVA déductible sur immobilisations	1 600,00	
404	Fournisseurs d'immobilisations		9 600,00
	Facture société Infotique		
	26.06.N		
205	Concessions et droits similaires, brevets, licences, marques, procédés, logiciels, droits et valeurs similaires	12 000,00	
44562	État, TVA déductible sur immobilisations	2 400,00	
404	Fournisseurs d'immobilisations		14 400,00
	Facture logiciels spécialisés		
	28.06.N		
6064	Fournitures administratives	100,00	
44566	État, TVA déductible sur autres biens et services	20,00	
401	Fournisseurs		120,00
	Facture disquettes et papier		
	6.09.N		
6226	Honoraires	200,00	
44566	État, TVA déductible sur autres biens et services	40,00	
401	Fournisseurs		240,00
	Facture d'honoraires cabinet Thibault		

3) Matériel de transport

	1.08.N		
2182	Matériel de transport *(40100 × 1,20) + 735*	48 855,00	
404	Fournisseurs d'immobilisations		48 855,00
	Facture n° ; Garage du Rhône		

Remarque : La taxe additionnelle (« écotaxe ») est un élément du coût du certificat d'immatriculation. Compte tenu de la position de l'administration fiscale, il est possible aussi d'enregistrer le coût du certificat d'immatriculation dans un compte de charges (*6354 – Droits d'enregistrement et de timbre*). Le compte *2182 – Matériel de transport* serait alors débité pour un montant de 48 120 €.

4) Machine-outil

	1.07.N		
2154	Matériel industriel *(160 000 + 10 000 + 10 000 + 20 000)*	200 000,00	
44562	État, TVA déductible sur immobilisations	36 000,00	
4041	Fournisseurs d'immobilisations		162 000,00
4047	Fournisseurs d'immobilisations – Retenues de garantie		18 000,00
512	Banque *(20 000 + 36 000)*		56 000,00
	Acquisition machine-outil		

CHAPITRE 15 Les règlements

APPLICATION 1

Facturation et règlement

1. Analyse des deux documents

Le premier document est une facture adressée par SRD Équipements à l'entreprise Armaillet. Elle est datée du 15 mars N et concerne l'acquisition d'une immobilisation par l'entreprise Armaillet.

Pour SRD Équipements, il s'agit d'une vente de produits finis. Cette dernière est comptabilisée dans les comptes de produits pour un montant de 41 200 €, l'escompte figurant au débit du compte 665 – Escomptes accordés. Les frais de transport, d'installation et de montage apparaissent distinctement sur la facture et constituent des prestations de services facturées au client (produis des activités annexes).

Pour l'entreprise Armaillet, il s'agit d'un investissement. Il est comptabilisé au débit du compte d'immobilisations concerné pour un montant de 40 788 €.

Le deuxième document est un chèque établi par l'entreprise Armaillet, le tireur, qui donne l'ordre à son banquier, le tiré, de payer à vue une somme de 48 945,60 € au bénéficiaire, SRD Équipements. Le chèque est établi le 20 mars N ; il est remis à l'encaissement par SRD Équipements le 28 mars N et effectivement encaissé le 5 avril N.

2. Enregistrement des opérations

a) Dans la comptabilité de SRD Équipements

	15.03.N		
41110	Client Armaillet	48 945,60	
665	Escomptes accordés	412,00	
701	Ventes de produits finis		40 000,00
708	Produits des activités annexes		1 200,00
44571	État, TVA collectée		8 157,60
	Facture n° 45689		
	28.03.N		
5112	Chèques à encaisser	48 945,60	
41110	Client Armaillet		48 945,60
	Chèque BDV n° 450125		
	5.04.N		
512	Banque	48 945,60	
5112	Chèques à encaisser		48 945,60
	Avis de crédit n°		

b) Dans la comptabilité de l'entreprise Armaillet

	15.03.N		
2151	Installations complexes spécialisées	40 788,00	
44562	État, TVA déductible sur immobilisations	8 157,60	
40410	Fournisseur d'immobilisations SRD Équipements		48 945,60
	Facture n° 45689		
	20.03.N		
40410	Fournisseur d'immobilisations SRD Équipements	48 945,60	
512	Banque		48 945,60
	Chèque BDV n° 450125		

APPLICATION 2

Avances et acomptes sur commandes de biens

1. Enregistrement des opérations dans le livre-journal de l'entreprise Berson

	15 mai N		
238	Avances et acomptes versés sur commandes d'immobilisations corporelles	4 000,00	
512	Banque		4 000,00
	Avance STB, chèque n° ...		
	30 juin N		
2182	Matériel de transport	16 500,00	
44562	État, TVA déductible sur immobilisations	3 300,00	
404	Fournisseurs d'immobilisations		19 800,00
	Facture n° ...		
	15 juillet N		
404	Fournisseurs d'immobilisations	19 800,00	
238	Avances et acomptes versés sur commandes d'immobilisations corporelles		4 000,00
512	Banque *19 800 € – 4 000 €*		15 800,00
	Chèque n° ...		

2. Enregistrement des opérations dans le livre-journal de l'entreprise STB

	15 mai N		
512	Banque	4 000,00	
4191	Clients – Avances et acomptes reçus sur commandes		4 000,00
	Avances Berson, chèque n° ...		
	30 juin N		
4110	Client Berson	19 800,00	
707	Ventes de marchandises		16 500,00
44571	État, TVA collectée		3 300,00
	Facture n° ...		
	15 juillet N		
512	Banque	15 800,00	
4191	Clients – Avances et acomptes reçus sur commandes	4 000,00	
4110	Client Berson		19 800,00
	Chèque n° ...		

APPLICATION 3

Avances et acomptes sur commandes de biens

1. Enregistrement des opérations dans le livre-journal de l'entreprise Berson

	25 juin N		
4091	Fournisseurs – Avances et acomptes versés sur commandes	1 400,00	
512	Banque		1 400,00
	Avance Meublart, ordre de virement n° ...		
	12 juillet N		
607	Achats de marchandises	6 600,00	
44566	État, TVA déductible sur autres biens et services	1 320,00	
4010	Fournisseur Meublart		7 920,00
	Facture n° ...		
	31 juillet N		
4010	Fournisseur Meublart	7 920,00	
4091	Fournisseurs – Avances et acomptes versés sur commandes		1 400,00
512	Banque *7 920 € – 1 400 €*		6 520,00
	Ordre de virement n° ...		

2. Enregistrement des opérations dans le livre-journal de l'entreprise Meublart

	25 juin N		
512	Banque	1 400,00	
4191	Clients – Avances et acomptes reçus sur commandes		1 400,00
	Avance Berson, avis de crédit n° ...		
	12 juillet N		
4110	Client Berson	7 920,00	
707	Ventes de marchandises		6 600,00
44571	État, TVA collectée		1 320,00
	Facture n° ...		
	31 juillet N		
512	Banque	6 520,00	
4191	Clients – Avances et acomptes reçus sur commandes	1 400,00	
4110	Client Berson		7 920,00
	Avis de crédit n° ...		

APPLICATION 4

Avances et acomptes sur commandes de prestations de services

1. Enregistrement des opérations dans le livre-journal de l'entreprise Berson

	1er décembre N		
4091	Fournisseurs – Avances et acomptes versés sur commandes *2 000 € × 1,20*	2 400,00	
512	Banque		2 400,00
	Acompte Imagine, ordre de virement n° ...		

	1er décembre N		
44566	État, TVA déductible sur autres biens et services	400,00	
44585	État, TVA à régulariser sur acomptes		400,00
	TVA sur acompte Imagine		
	15 décembre N		
623	Publicité, publications, relations publiques	13 600,00	
44585	État, TVA à régulariser sur acomptes	400,00	
44564	État, TVA déductible sur encaissements	2 320,00	
	(13 600 € – 2 000 €) × 20 %		
4010	Fournisseur Imagine		16 320,00
	Facture n° ...		
	20 décembre N		
4010	Fournisseur Imagine *13 600 € × 1,20*	16 320,00	
512	Banque		13 920,00
4091	Fournisseurs – Avances et acomptes versés sur commandes		2 400,00
	Solde Imagine, ordre de virement n° ...		
	20 décembre N		
44566	État, TVA déductible sur autres biens et services	2 320,00	
44564	État, TVA déductible sur encaissements		2 320,00
	TVA sur solde Imagine		

2. Enregistrement des opérations dans le livre-journal de la société Imagine

	1er décembre N		
512	Banque	2 400,00	
4191	Clients – Avances et acomptes reçus sur commandes *2 000 € × 1,20*		2 400,00
	Acompte Berson, avis de crédit n° ...		
	1er décembre N		
44585	État, TVA à régulariser sur acomptes	400,00	
44571	État, TVA collectée		400,00
	TVA sur acompte Berson		
	15 décembre N		
4110	Client Berson	16 320,00	
44585	État, TVA à régulariser sur acomptes		400,00
44572	État, TVA collectée sur encaissements *(13 600 € – 2 000 €) × 20 %*		2 320,00
706	Prestations de services		13 600,00
	Facture n° ...		
	20 décembre N		
512	Banque	13 920,00	
4191	Clients – Avances et acomptes reçus sur commandes	2 400,00	
4110	Client Berson		16 320,00
	Solde Berson, ordre de virement n° ...		
	20 décembre N		
44572	État, TVA collectée sur encaissements	2 320,00	
44571	État, TVA collectée		2 320,00
	TVA sur solde Berson		

• • • • •

CAS

Suivi d'opérations courantes de trésorerie

1. Enregistrement des opérations dans le livre-journal de l'entreprise Berson

	2 mai		
5112	Chèques à encaisser	3 061,76	
5115	Cartes de crédit à encaisser	6 183,32	
530	Caisse	299,00	
707	Ventes de marchandises		7 953,40
	(3 061,76 € + 6 183,32 € + 299 €)/1,20		
44571	État, TVA collectée		1 590,68
	(3 061,76 € + 6 183,32 € + 299 €)/1,20 × 20 %		
	Ventes comptant		
	2 mai		
40100	Fournisseur Meublart	4 963,40	
40101	Fournisseur Equipbur	4 209,92	
512	Banque		9 173,32
	Chèques n° ...		
	2 mai		
41000	Client Arnaud	225,00	
627	Services bancaires et assimilés	8,60	
5112	Chèques à encaisser		225,00
512	Banque		8,60
	Avis d'impayé Arnaud		
	3 mai		
512	Banque	2 550,00	
41001	Client Bérard		2 550,00
	Avis de crédit n° ..., virement		
	3 mai		
512	Banque	9 215,40	
627	Services bancaires et assimilés *6 183,32 € × 0,48 %*	29,68	
5112	Chèques à encaisser		3 061,76
5115	Cartes de crédit à encaisser		6 183,32
	Avis de crédit n° ...		
	4 mai		
626	Frais postaux et frais de télécommunication	38,00	
530	Caisse		38,00
	Note de caisse n° ...		
	5 mai		
530	Caisse	110,00	
512	Banque		110,00
	Retrait espèces		
	5 mai		
40102	Fournisseur MBC	22 511,16	
512	Banque		22 511,16
	Ordre de virement n° 564		
	5 mai		
40103	Fournisseur Artis	669,76	
512	Banque		669,76
	Chèque n° ...		

2. Reports dans les comptes de trésorerie concernés

51200 – BANQUE					
Dates	Libellés	Mouvements		Solde	
		Débit	Crédit	Débiteur	Créditeur
30-04	A nouveau	238 401,25	199 564,76	38 836,49	
02-05	Chèques fournisseurs		9 173,32	29 663,17	
02-05	Frais sur impayé Arnaud		8,60	29 654,57	
03-05	Virement Bérard	2 550,00		32 204,57	
03-05	Avis de crédit recettes	9 215,40		41 419,97	
05-05	Retrait espèces		110,00	41 309,97	
05-05	Ordre de virement MBC		22 511,16	18 798,81	
05-05	Chèque fournisseur Artis		669,76	18 129,05	

53000 – CAISSE					
Dates	Libellés	Mouvements		Solde	
		Débit	Crédit	Débiteur	Créditeur
30-04	A nouveau	2 561,30	1 956,50	604,80	
02-05	Recettes 2 mai	299,00		903,80	
04-05	Frais postaux		38,00	865,80	
05-05	Retrait banque	110,00		975,80	

3. Commentaire sur la situation partielle de trésorerie

La situation de trésorerie n'est que partielle car les données comptables concernant la première semaine du mois de mai ne sont pas exhaustives.

Évolution de cette situation de trésorerie :

Postes	Situation initiale	Situation finale
Banque	38 836,49	18 129,05
Caisse	604,80	975,80
Total	39 441,29	19 104,85

La situation de la trésorerie s'est dégradée, avec une diminution de :

$$[(39\ 441{,}29\ € - 19\ 104{,}85\ €)/39\ 441{,}29\ €] \times 100 = -\ 51{,}56\ \%$$

Cela est dû principalement au virement effectué à l'ordre du fournisseur MBC le 5 mai.

CHAPITRE 16

Les opérations sur titres

APPLICATION 1

Classement comptable des titres

Société Divertis : tableau complété

Désignation du titre	Motivation de l'achat	Classement comptable (numéro et nom du compte)
1. Actions Bolloré	Spéculation à court terme sur des titres cotés	5031 – Actions – Titres cotés
2. Parts SARL Brand	Création d'une filiale de distribution avec contrôle des organes de gestion	2618 – Titres de participation – Autres titres
3. Sicav Euroland	Placement de trésorerie en actions cotées	5031 – Actions – Titres cotés
4. Obligations Cointreau 3,5 %	Titres acquis en vue d'une détention durable dans le cadre d'une stratégie de gestion du portefeuille	273 – Titres immobilisés de l'activité de portefeuille
5. Actions SAPV	Titres cotés acquis dans le cadre d'une prise de contrôle	2611 – Titres de participation – Actions
6. Parts Crédit Agricole	Acquisition liée à un prêt accordé par la même banque	2718 – Titres immobilisés autres que les TIAP (droit de propriété) – Autres titres
7. Bons du Trésor	Placement de trésorerie à court terme	507 – Bons du Trésor et bons de caisse à court terme
8. Actions Boulard S.A.	Contrôle de 20 % du capital d'une société non cotée	2611 – Titres de participations – Actions
9. Obligations Districash	Obligations non cotées émises par une filiale pour soutenir durablement sa trésorerie	2721 – Titres immobilisés (droit de créance) – Obligations

☞

Désignation du titre	Motivation de l'achat	Classement comptable (numéro et nom du compte)
10. Actions Agroalim	Titres non cotés, participation de 3 % dans le capital de l'émettrice dans le cadre d'une détention durable	2711 – Titres immobilisés autres que les TIAP (droit de propriété) – Actions

APPLICATION 2

Acquisition de titres

Enregistrement des opérations dans le livre-journal de la société Portis

	3 mai N		
5031	Actions – Titres cotées *245 € × 100*	24 500,00	
6271	Frais sur titres *24 500 € × 1 %*	245,00	
44566	État, TVA déductible sur autres biens et services *245 € × 20 %*	49,00	
512	Banque		24 794,00
	Actions SICAV Slivafrance		
	7 mai N		
2611	Titres de participation – Actions *320 € × 500*	160 000,00	
6271	Frais sur titres *160 000 € × 1 %*	1 600,00	
44566	État, TVA déductible sur autres biens et services *1 600 € × 20 %*	320,00	
512	Banque		161 920,00
	Actions Société Anonyme des Métaux		
	9 mai N		
5061	Obligations – Titres cotés *110 € × 150*	16 500,00	
5088	Intérêts courus sur obligations *1,75 € × 150*	262,50	
6271	Frais sur titres *(16 500 € + 262,50 €) × 1 %*	167,63	
44566	État, TVA déductible sur autres biens et services *167,63 € × 20 %*	33,53	
512	Banque		16 963,66
	Obligations Accor 3,5 %		
	11 mai N		
272	Titres immobilisés (droit de créance) *200 € × 200*	40 000,00	
6271	Frais sur titres *40 000 € × 1 %*	400,00	
44566	État, TVA déductible sur autres biens et services *400 € × 20 %*	80,00	
512	Banque		40 480,00
	Obligations filiale		
	14 mai N		
273	Titres immobilisés de l'activité de portefeuille *41 € × 1 500*	61 500,00	
6271	Frais sur titres *61 500 € × 1 %*	615,00	
44566	État, TVA déductible sur autres biens et services *615 € × 20 %*	123,00	
512	Banque		62 238,00
	Actions Total		

	20 mai N		
2618	Titres de participation – Autres titres *50 € × 100*	5 000,00	
6271	Frais sur titres *5 000,00 € × 1 %*	50,00	
44566	État, TVA déductible sur autres biens et services *50 € × 20 %*	10,00	
512	Banque		2 560,00
269	Versements restants à effectuer sur titres de participation non libérés		2 500,00
	Parts sociales SARL Dupraz		
	22 mai N		
507	Bons du trésor et bons de caisse à court terme	6 000,00	
6271	Frais sur titres *6 000,00 € × 1 %*	60,00	
44566	État, TVA déductible sur autres biens et services *60 € × 20 %*	12,00	
512	Banque		6 072,00
	Bons du Trésor		
	25 mai N		
5031	Actions – Titres cotées *65 € × 120*	7 800,00	
6271	Frais sur titres *7 800 € × 1 %*	78,00	
44566	État, TVA déductible sur autres biens et services *78 € × 20 %*	15,60	
512	Banque		7 893,60
	Actions LVMH		

APPLICATION 3

Revenus des titres

Enregistrement des opérations dans le livre-journal de la société Portis

	2 janvier N+1		
512	Banque	525,00	
764	Revenus des valeurs mobilières de placement		525,00
	Intérêts obligations Accor		
	5 février N+1		
512	Banque	1 525,00	
761	Produits de participations		1 525,00
	Dividendes actions Société Anonyme des Métaux		
	14 mars N+1		
512	Banque	2 680,00	
764	Revenus des valeurs mobilières de placement		2 680,00
	Dividendes actions Total		
	20 juin N+1		
512	Banque	300,00	
761	Produits de participations		300,00
	Dividendes parts SARL Dupraz		
	15 novembre N+1		
512	Banque	256,00	
764	Revenus des valeurs mobilières de placement		256,00
	Dividendes bons du Trésor		

APPLICATION 4

Cession de titres

1. Calcul du résultat dégagé par chaque cession

SICAV Slivafrance :

La cession dégage une perte de :

(245 € × 100) – (235 € × 100) = 1 000 €

Actions LVMH :

La cession dégage un profit de :

(85 € × 120) – (65 € × 120) = 2 400 €

2. Enregistrement des opérations dans le livre-journal de la société Portis

	3 juillet N		
512	Banque	33 700,00	
667	Charges nettes sur cessions de valeurs mobilières de placement *235 € × 100*		23 500,00
767	Produits nets sur cessions de valeurs mobilières de placement *85 € × 120*		10 200,00
	Avis de crédit n° ..., Prix de vente des titres		
	3 juillet N		
667	Charges nettes sur cessions de valeurs mobilières de placement *245 € × 100*	24 500,00	
767	Produits nets sur cessions de valeurs mobilières de placement *65 € × 120*	7 800,00	
5035	Actions – Titres cotés		32 300,00
	Prix d'achat des titres		

APPLICATION 5

Acquisition et cession d'obligations cotées

1. Analyse des conditions financières de l'achat et de la cession

a) Achat des obligations cotées

Le prix payé (25 125 €) se décompose en deux éléments :

- la valeur cotée : 20 € × 1 000 × 125 % = 25 000 €
- la valeur du coupon couru : 20 € × 1 000 × 0,625 % = 125 €

b) Vente des obligations cotées

La cession rapporte 24 184 €, ainsi obtenus :

- vente des titres : 20 € × 1 000 × × 120 % = 24 000 €
- cession du coupon couru : 20 € × 1 000 × 0,92 % = 184 €

On réalise une moins-value sur la vente des titres.

2. Enregistrement des opérations dans le livre-journal de la société Colas

	1.02.N		
5061	Obligations cotées	25 000,00	
5088	Intérêts courus sur obligations	125,00	
512	Banque		25 125,00
	Achat obligations Air France		
	1.06.N		
512	Banque *20 € × 1 000 × 2,75 %*	550,00	
784	Revenus des valeurs mobilières de placement		425,00
5088	Intérêts courus sur obligations		125,00
	Perception du coupon obligations Air France		
	1.10.N		
512	Banque	24 184,00	
667	Charges nettes sur cessions de valeurs mobilières de placement	1 000,00	
5061	Obligations cotées		25 000,00
764	Revenus des valeurs mobilières de placement		184,00
	Cession obligations Air France		

• • • • •

CAS

Synthèse

Enregistrement des opérations dans le livre-journal de la SA Fromager

	10.01.N		
273	Titres immobilisés de l'activité de portefeuille *(17 € × 1 500) + (25 500 × 0,2 %)*	25 551,00	
44562	État, TVA déductible sur immobilisations	10,20	
512	Banque		25 561,20
	Titres Eutelsat Communications		
	15.01.N		
273	Titres immobilisés de l'activité de portefeuille *(30 € × 1 000) + (30 000 × 0,1 %)*	30 030,00	
44562	État, TVA déductible sur immobilisations	6,00	
512	Banque		30 036,00
	Titres Ipsen		
	23.01.N		
273	Titres immobilisés de l'activité de portefeuille *(20 € × 500) + (10 000 × 0,5 %)*	10 050,00	
44562	État, TVA déductible sur immobilisations	10,00	
512	Banque		10 060,00
	Titres Orange		

	2.02.N		
2611	Titres de participation – Actions	28 000,00	
512	Banque		28 000,00
	Titres Peritel		
	10.02.N		
5031	Actions – Titres cotés *35 000 + (35 000 × 0,2 %)*	35 070,00	
44566	État, TVA déductible sur autres biens et services	14,00	
512	Banque		35 084,00
	Actions Sodexo		
	20.02.N		
271	Titres immobilisés (droit de propriété)	25 000,00	
512	Banque		12 500,00
2971	Versements restant à effectuer sur titres immobilisés non libérés		12 500,00
	Titres SA STRB		
	25.02.N		
512	Banque	2 200,00	
762	Produits des autres immobilisations financières		2 200,00
	Dividendes actions Ipsen		
	10.03.N		
5065	Obligations – Titres non cotés	36 000,00	
512	Banque		36 000,00
	25.03.N		
512	Banque	38 000,00	
767	Produits nets sur cessions de valeurs mobilières de placement		2 930,00
5031	Actions — Titres cotés		35 070,00
	Cessions actions Sodexo		
	25.03.N		
6271	Frais sur titres *(38 000 × 0,2 %)*	76,00	
44566	État, TVA déductible sur autres biens et services	15,20	
512	Banque		91,20
	Frais sur actions Sodexo		

CHAPITRE

17 Les opérations de financement

APPLICATION 1

Financement des investissements par apport personnel et par emprunt

1. Tableau d'amortissement de l'emprunt

a) 1re hypothèse : Remboursement de l'emprunt par amortissements constants

Échéances	Capital restant dû en début de période	Intérêts	Amortissements	Annuités	Capital restant dû en fin de période
1er juin N +1	50 000	2 500	12 500	15 000	37 500
1er juin N +2	37 500	1 875	12 500	14 375	25 000
1er juin N +3	25 000	1 250	12 500	13 750	12 500
1er juin N +4	12 500	625	12 500	13 125	0
Totaux		6 250	50 000	56 250	

2e hypothèse : Remboursement de l'emprunt par annuités constantes

Montant de l'annuité :

$$A = 50\ 000\ € \times \frac{0{,}05}{1-(1{,}05)^{-4}} = 50\ 000\ € \times 0{,}282\ 011\ 8 = 14\ 100{,}59\ €$$

Le tableau d'amortissement de l'emprunt se présente ainsi :

Échéances	Capital restant dû en début de période	Intérêts	Amortissements	Annuités	Capital restant dû en fin de période
1.06.N+1	50 000,00	2 500,00	11 600,59	14 100,59	38 399,41
1.06.N+2	38 399,41	1 919,97	12 180,62	14 100,59	26 218,79
1.06.N+3	26 218,79	1 310,94	12 789,65	14 100,59	13 429,14
1.06.N+4	13 429,14	671,45	13 429,14	14 100,59	0
Totaux		6 402,36	50 000,00	56 402,36	

2. Enregistrement des opérations dans le livre-journal de l'entreprise Servier

	15 mai N		
512	Banque	10 000,00	
101	Capital		10 000,00
	Avis de crédit n° ...		
	1er juin N		
512	Banque	50 000,00	
164	Emprunts auprès des établissements de crédit		50 000,00
	Avis de crédit n° ...		
	1er juin N+1		
164	Emprunts auprès des établissements de crédit	11 600,59	
6611	Intérêts des emprunts et dettes	2 500,00	
512	Banque		14 100,59
	Avis de débit n° ...		

APPLICATION 2

Financement des investissements par crédit-bail

Comptabilisation des opérations dans les livres de l'entreprise Cardon

	30 avril N		
275	Dépôts et cautionnements versés	3 000,00	
512	Banque		3 000,00
	Avis de débit n°...		
	31 juillet N		
612	Redevances de crédit-bail	1 900,00	
44566	État, TVA déductible sur autres biens et services	380,00	
401	Fournisseurs		2 280,00
	Facture n°...		
	31 juillet N		
401	Fournisseurs	2 280,00	
512	Banque		2 280,00
	Avis de débit n°...		
	30 avril N+5		
2154	Matériel industriel	3 500,00	
44562	État, TVA déductible sur immobilisations	700,00	
404	Fournisseurs d'immobilisations		4 200,00
	Facture n°...		
	30 avril N+5		
404	Fournisseurs d'immobilisations	4 200,00	
512	Banque		4 200,00
	Avis de débit n°...		
	30 avril N+5		
512	Banque	3 000,00	
275	Dépôts et cautionnements versés		3 000,00
	Avis de crédit n°....		

APPLICATION 3

Utilisation des effets de commerce

1. Analyse des deux documents

Le premier document est une facture adressée par la SA Mobilier Rustique à son client M. Artel. Elle est datée du 20 avril N et concerne l'achat de meubles par M. Artel. Il s'agit d'une vente de produits finis pour la SA Mobilier Rustique et d'un achat de marchandises pour M. Artel.

Le deuxième document, établi le même jour que la facture, est une LCR (lettre de change-relevé) établie par le président du conseil d'administration de la SA Mobilier Rustique, M. Bernard, en règlement de la facture. La LCR a été ensuite acceptée par M. Artel et retournée au fournisseur. Ce dernier la remet à sa banque pour encaissement le 18 mai N, la LCR étant acquittée à l'échéance le 20 mai N.

2. Enregistrement des opérations

a) Dans la comptabilité de Mobilier Rustique

	20.04.N		
41110	Client Artel	2 128,56	
701	Ventes de produits finis		1 773,80
44571	État, TVA collectée		354,76
	Facture n° 2569		
	20.04.N		
41310	Client Artel – Effets à recevoir	2 128,56	
41110	Client Artel		2 128,56
	LCR du 20 mai N		
	18.05.N		
5113	Effets à l'encaissement	2 128,56	
41310	Client Artel – Effets à recevoir		2 128,56
	Remise à l'encaissement LCR Artel		
	20.05.N		
512	Banque	2 098,56	
6275	Frais sur effet	25,00	
44566	État, TVA déductible sur autres biens et services	5,00	
5113	Effets à l'encaissement		2 128,56
	Avis de crédit n°		

b) Dans la comptabilité de M. Artel

	20.04.N		
607	Achats de marchandises	1 773,80	
44566	État, TVA déductible sur autres biens et services	354,76	
40110	Fournisseur SA Mobilier Rustique		2 128,56
	Facture n° 2569		
	25.04.N		
40110	Fournisseur SA Mobilier Rustique	2 128,56	
40310	Fournisseur SA Mobilier Rustique – Effets à payer		2 128,56
	Acceptation LCR		

	20.05.N		
40310	Fournisseur SA Mobilier Rustique – Effets à payer	2 128,56	
512	Banque		2 128,56
	Avis de débit n°		

APPLICATION 4

Utilisation des effets de commerce

Enregistrement des opérations dans le livre-journal de l'entreprise Jolibois

	25 mai N		
5113	Effets à l'encaissement	200,00	
413	Clients – Effets à recevoir		200,00
	Effet n° 156		
	31 mai N		
5114	Effets à l'escompte	360,00	
413	Clients – Effets à recevoir		360,00
	Effet n° 158		
	3 juin N		
512	Banque	190,40	
6275	Frais sur effets	8,00	
44566	État, TVA déductible sur autres biens et services	1,60	
5113	Effets à l'encaissement		200,00
	Effet n° 156, avis de crédit		
	4 juin N		
512	Banque	347,30	
6275	Frais sur effets	6,00	
44566	État, TVA déductible sur autres biens et services	1,20	
6616	Intérêts bancaires et sur opérations de financement	5,50	
5114	Effets à l'escompte		360,00
	Effet n° 158, avis de crédit		

• • • • •

CAS

Financement de l'exploitation

Enregistrement des opérations dans le livre-journal de l'entreprise Bertier

	15 janvier N		
4118	Clients – Créances cédées – Loi Dailly	12 000,00	
411	Clients		12 000,00
	Cession de créances bordereau Dailly		
	17 janvier N		
512	Banque	11 766,00	
6616	Intérêts bancaires et sur opérations de financement	180,00	
627	Services bancaires et assimilés	45,00	
44566	État, TVA déductible sur autres biens et services	9,00	
519	Concours bancaires courants		12 000,00
	Bordereaux Dailly, ouverture du crédit		

		Débit	Crédit
	28 février N		
512	Banque	12 000,00	
4118	Clients – Créances cédées – Loi Dailly		12 000,00
	Recouvrement des créances		
	28 février N		
519	Concours bancaires courants	12 000,00	
512	Banque		12 000,00
	Remboursement du crédit		
	31 mars N		
512	Banque	9 556,50	
6616	Intérêts bancaires et sur opérations de financement	97,50	
627	Services bancaires et assimilés	80,00	
44566	État, TVA déductible sur autres biens et services	16,00	
519	Concours bancaires courants		9 750,00
	Crédit direct sur LCR magnétique		
	31 mai N		
512	Banque	9 750,00	
411	Clients		9 750,00
	Encaissements sur LCR, avis de crédit n° ...		
	31 mai N		
519	Concours bancaires courants	9 750,00	
512	Banque		9 750,00
	Annulation du découvert		
	15 juin N		
467	Autres comptes débiteurs	12 500,00	
411	Clients		12 500,00
	18 juin N		
512	Banque	12 105,00	
6225	Rémunérations d'affacturage	225,00	
44566	État, TVA déductible sur autres biens et services	45,00	
668	Autres charges financières	125,00	
467	Autres comptes débiteurs		12 500,00
	Bordereau d'affacturage n° 03560		

CHAPITRE 18 Le financement par subventions

APPLICATION 1

Subventions d'investissement – Immobilisation non amortissable

1. Écritures à enregistrer pendant l'année N

	15 octobre N		
4432	Collectivités locales, subventions à recevoir	30 000,00	
131	Subventions d'équipement		30 000,00
	Décision d'octroi		
	31 octobre N		
211	Terrains	50 000,00	
44562	État, TVA déductible sur immobilisations	10 000,00	
512	Banque		60 000,00
	Selon acte notarié		
	15 décembre N		
512	Banque	30 000,00	
4432	Collectivités locales, subventions à recevoir		30 000,00
	Perception de la subvention, avis de crédit n° ...		
	31 décembre N		
139	Subventions d'investissement inscrites au compte de résultat	5 000,00	
777	Quote-part des subventions d'investissement virée au résultat de l'exercice		5 000,00
	Report de la subvention ; 30 000 € × 1/6		

2. Écritures à enregistrer lors du dernier exercice du report de la subvention au résultat

	31 décembre N+5		
139	Subventions d'investissement inscrites au compte de résultat	5 000,00	
777	Quote-part des subventions d'investissement virée au résultat de l'exercice		5 000,00
	Report au résultat ; 30 000 € × 1/6		
	31 décembre N+5		
131	Subventions d'équipement	30 000,00	
139	Subventions d'investissement inscrites au compte de résultat		30 000,00
	Pour solde		

APPLICATION 2

Subventions d'investissement – Immobilisation amortissable

1. Modalités de report de la subvention au résultat

Années	Report au résultat
N	35 000 × 1/5 = 7 000
N+1	35 000 × 1/5 = 7 000
N+2	35 000 × 1/5 = 7 000
N+3	35 000 × 1/5 = 7 000
N+4	35 000 × 1/5 = 7 000

2. Enregistrements comptables dans les livres de la société Filia

			Débit	Crédit
		15.12.N–1		
441		État – Subventions à recevoir	35 000	
	131	Subventions d'équipement		35 000
		Décision d'octroi		
		1.01.N		
512		Banque	35 000	
	441	État – Subventions à recevoir		35 000
		Perception de la subvention, avis de crédit n°		
		31.12.N		
139		Subventions d'investissement inscrites au compte de résultat	7 000	
	777	Quote-part des subventions d'investissement virée au résultat de l'exercice		7 000
		Report de la subvention ; 35 000 € × 1/5		
		31.12.N+4		
139		Subventions d'investissement inscrites au compte de résultat	7 000	
	777	Quote-part des subventions d'investissement virée au résultat de l'exercice		7 000
		Report de la subvention ; 35 000 € × 1/5		
		31.12.N+4		
131		Subventions d'équipement	35 000	
	139	Subventions d'investissement inscrites au compte de résultat		35 000
		Pour solde		

APPLICATION 3

Subventions d'exploitation

Écritures à enregistrer dans le livre-journal de la société Altéa

	25 mai N		
4432	Collectivités locales, subventions à recevoir	60 000,00	
44572	État, TVA collectée – Exigibilité encaissements *60 000 € × 1/1,20 × 20 %*		10 000,00
740	Subventions d'exploitation *60 000 € – 10 000*		50 000,00
	Décision d'octroi		
	15 juin N		
512	Banque	60 000,00	
44572	État, TVA collectée – Exigibilité encaissements	10 000,00	
4432	Collectivités locales, subventions à recevoir		60 000,00
44571	État, TVA collectée		10 000,00
	Subvention Conseil général, avis de crédit n° ...		

APPLICATION 4

Subventions d'équilibre

Écritures à enregistrer dans le livre-journal de la société Finasol

	10 février N		
4511	Groupe – Société mère *65 000 € × 1,20*	78 000,00	
44572	État, TVA collectée – Exigibilité encaissements *65 000 € × 20 %*		13 000,00
7715	Subventions d'équilibre		65 000,00
	Décision d'octroi		
	28 février N		
512	Banque	78 000,00	
44572	État, TVA collectée – Exigibilité encaissements	13 000,00	
4511	Groupe – Société mère		78 000,00
44571	État, TVA collectée		13 000,00
	Subvention société-mère, avis de crédit n° ...		

• • • • •

CAS

Synthèse

1. Qualification comptable de chacune des subventions

Prime régionale

C'est une subvention d'investissement exonérée de TVA. Elle finance l'achat d'un terrain avec clause d'inaliénabilité, elle est donc rapportée au résultat de façon échelonnée sur 5 ans.

Aide financière du conseil régional

C'est une subvention d'exploitation ; elle est exonérée de TVA car elle ne comporte pas de contrepartie.

Subvention compensatoire

C'est une subvention d'exploitation qui représente la contrepartie d'un avantage ; elle est soumise à la TVA.

Subvention pour combler un déficit

C'est une subvention d'équilibre sans contrepartie, donc exonérée de TVA.

Subvention servant à financer l'achat d'un terrain

C'est une subvention d'équipement exonérée de TVA et dont le report au résultat peut être échelonné sur huit ans.

2. Écritures à enregistrer dans le livre-journal de la société Serac

	15.01.N		
4432	Collectivités locales, subventions à recevoir	25 000	
131	Subventions d'équipement		25 000
	31.01.N		
512	Banque	25 000	
4432	Collectivités locales, subventions à recevoir		25 000
	10.02.N		
4432	Collectivités locales, subventions à recevoir	8 000	
740	Subventions d'exploitation		8 000
	25.02.N		
512	Banque	8 000	
4432	Collectivités locales, subventions à recevoir		8 000
	Aide à l'export		
	15.03.N		
512	Banque *45 000 × 1,20*	54 000	
740	Subventions d'exploitation		45 000
44571	État, TVA collectée		9 000
	Subvention compensatoire		
	12.04.N		
512	Banque	15 000	
7715	Subventions d'équilibre		15 000
	18.04.N		
4432	Collectivités locales, subventions à recevoir	60 000	
131	Subventions d'équipement		60 000
	Conseil général		
	15.05.N		
512	Banque	60 000	
4432	Collectivités locales, subventions à recevoir		60 000
	31.12.N		
139	Subventions d'investissement inscrites au compte de résultat	5 000	
777	Quote-part des subventions d'investissement virée au résultat de l'exercice *25 000 × 1/5*		5 000
	31.12.N		
139	Subventions d'investissement inscrites au compte de résultat	7 500	
777	Quote-part des subventions d'investissement virée au résultat de l'exercice		7 500
	60 000 × 1/8		

CHAPITRE
19 Les opérations en devises

APPLICATION 1

Exportation

1. Analyse de l'écart de change

ANALYSE DE L'OPÉRATION		
Facturation	**Règlement**	**Traitement de l'écart**
Compte Clients débité de : 650 000 JPY/104,75 = 6 205,25 EUR Compte Ventes crédité pour le même montant	Compte Banque débité de : 650 000 JPY/101,25 = 6 419,75 EUR Compte Clients crédité de 6 205,25 EUR, pour solde	Gain de change : 214,50 EUR, porté au crédit du compte 756 – Gains de change sur créances et dettes commerciales

2. Enregistrement dans le livre-journal de la société Japneg

	10 septembre N		
411	Clients	6 205,25	
707	Ventes de marchandises		6 205,25
	Facture n° X 564		
	15 octobre N		
5124	Banque – Comptes en devises	6 419,75	
411	Clients		6 205,25
756	Gains de change sur créances et dettes commerciales		214,50
	Règlement de la facture n° X 564		

APPLICATION 2

Importation avec acompte

1. Analyse de la facture du transitaire

L'opération est une importation. Elle est soumise ici à des droits de douane qui seront comptabilisés au débit du compte d'achats concerné. La TVA, acquittée par le transitaire pour notre compte lors du passage en douane, s'applique au montant total, au cours du jour du dédouanement. Cette TVA est récupérable. Enfin, le transitaire prélève sa commission, elle-même assujettie à la TVA. Elle constitue aussi un élément du coût d'achat des marchandises. Le recours aux services d'un transitaire n'est pas une obligation : les entreprises de taille importante disposent de leur propre service pour ce type d'opérations.

2. Analyse de l'écart de change au moment du règlement final

Versement de l'acompte (15 avril N)

L'acompte est comptabilisé au débit du compte *4091 – Fournisseurs – Avances et acomptes versés sur commandes* pour la somme de 100 000 JPY/107,35 JPY = 931,53 EUR ; lors du versement final, une perte de change sera dégagée car le cours du yen est monté dans l'intervalle.

Facturation (15 mai N)

Le compte Fournisseurs est crédité pour la somme de 931,53 EUR + (450 200 JPY/ 106,25 JPY) = 5 168,71 EUR

Règlement final (31 mai N)

Le compte banque est crédité de : (550 200 JPY – 100 000 JPY)/ 104,28 JPY = 4 317,22 EUR

En additionnant le montant de l'acompte (931,53 EUR) on obtient : 5 248,75 EUR

Le règlement dégage donc au total une perte de change de : 5 248,75 EUR – 5 168,71 EUR = 80,04 EUR ; le versement d'un acompte a limité la perte de change. Sinon, elle aurait été égale à :

(550 200 JPY/106,25) – (550 200 JPY/104,28) = 97,83 EUR

3. Enregistrement des opérations dans le livre-journal de la société Japneg

	15 avril		
4091	Fournisseurs – Avances et acomptes versés sur commandes	931,53	
5124	Banque – Comptes en devises		931,53
	15 mai N		
607	Achats de marchandises	5 168,71	
401	Fournisseurs		5 168,71
	Facture n° 4512		
	20 mai N		
607	Achats de marchandises *291,00 € + 140 €*	431,00	
44566	État, TVA déductible sur autres biens et services	1 121,87	
	1 035,67 € + 58,20 € + 28,00 €		
401	Fournisseurs		1 552,87
	Facture n° D 154		
	31 mai N		
401	Fournisseurs	5 168,71	
656	Pertes de change sur créances et dettes commerciales	80,04	
4091	Fournisseurs – Avances et acomptes versés		931,53
5124	Banque – Comptes en devises		4 317,22
	Règlement de la facture n° 4512		

APPLICATION 3

Acquisition d'une immobilisation à l'étranger – Prêt en devises

1. Analyse des écarts de change

a) Achat de l'immobilisation

ANALYSE DE L'OPÉRATION		
Facturation	**Règlement**	**Traitement de l'écart**
Compte Fournisseurs d'immob. crédité de : 45 000 USD/1,210 = 37 190,08 EUR Compte d'immobilisation débité pour le même montant augmenté des droits de douane : 743 €	Compte Banque crédité de : 45 000 USD/1,164 = 38 659,79 EUR Compte Fournisseurs d'immob. débité de 37 190,08 EUR, pour solde	Perte de change : 1 469,71 EUR, portée au débit du compte 656 – Pertes de change sur créances et dettes commerciales

b) Prêt en devises

ANALYSE DE L'OPÉRATION		
Prêt	**Remboursement**	**Traitement de l'écart**
Compte de prêt débité de : 45 000 USD/1,205 = 37 344,40 EUR Compte Banque crédité pour le même montant	Compte Banque débité de : 45 000 USD/1,159 = 38 826,57 EUR Compte de prêt crédité de 37 344,40 EUR	Gain de change : 1 482,17 EUR, porté au crédit du compte 766 – Gains de change financiers

Commentaire : Le cours du dollar augmente sur l'ensemble de la période. Le paiement de l'immobilisation dégage une perte de change de 1 469,71 €. Au contraire, le remboursement du prêt procure à la société BMG un gain de change de 1 482,17 €. Il y a ainsi compensation des gains et des pertes entre les deux opérations, qui sont de sens contraire.

2. Enregistrement dans le livre-journal de la société BMG

	4 mars N		
2155	Outillage industriel *37 190,08 + 743*	37 933,08	
44562	État, TVA déductible sur immobilisations	7 500,00	
404	Fournisseurs d'immobilisations		37 190,08
512	Banque *7 500 € + 743 €*		8 243,00
	Facture n° W542		
	15 avril N		
274	Prêts	37 344,40	
512	Banque		37 344,40
	Virement Washington Bank		

	30 avril		
404	Fournisseurs d'immobilisations	37 190,08	
656	Pertes de change sur créances et dettes commerciales	1 469,71	
512	Banque		38 659,79
	15 juin N		
512	Banque	38 826,57	
274	Prêts		37 344,40
766	Gains de change financiers		1 482,17

APPLICATION 4

Opérations diverses

1. Analyse des opérations

10 septembre N : importation assujettie à la TVA, qui est acquittée lors du passage en douane

La facture est libellée en devises. Elle est comptabilisée pour le montant suivant :

24 650 CAD/1,520 CAD = 16 217,11 EUR

Le 10 octobre N, lors du paiement, la somme acquittée en euros s'élève à :

24 650 CAD/1,489 CAD = 16 554,73 EUR

Perte de change : 337,62 EUR.

Le cours de la devise augmente et il s'agit d'une dette en devises.

20 septembre N : exportation exonérée de TVA

Un acompte a été perçu le 1er septembre N, pour :

6 000 CAD/1,585 CAD = 3 785,49 EUR

Le montant de la créance est de :

3 785,49 EUR + (59 450 CAD/1,516 CAD) = 43 000,53 EUR

Le 15 octobre, lors de l'encaissement de la créance, la somme suivante est perçue :

65 450 CAD – 6 000 CAD/1,484 CAD = 40 060,65 EUR

Gain de change réalisé : (40 060,65 EUR + 3 785,49 EUR) – 43 000,53 EUR = 845,61 EUR

1er octobre N : achat de titres de participation

Valeur des titres :

50 000 CAD/1,498 CAD = 33 377,84 EUR

La moitié est payée au comptant. Le reste fait l'objet d'une libération au 15 novembre N. Sur cette partie, on déboursera :

50 000 CAD/2/1,462 CAD = 17 099,86 EUR

En comparant ce montant à 33 377,84 EUR/2 = 16 688,92 EUR on constate une perte de change de 410,94 EUR.

10 octobre N : il s'agit d'une importation libellée en devises

La dette initiale exprimée en CAD est de : 85 240 CAD + 680 CAD = 85 920 CAD. Elle est enregistrée en comptabilité pour 85 920 CAD/1,489 CAD = 57 703,16 EUR. C'est aussi la valeur de l'immobilisation, les frais de transport étant inclus dans le coût d'acquisition. Lors du paiement de la dette, le 31 octobre N, on déboursera, en euros :

85 920 CAD/1,470 CAD = 58 448,98 EUR, d'où une perte de change de 745,82 EUR.

2. Enregistrement des opérations dans le livre-journal de la société Student

	1er septembre N		
512	Banque	3 785,49	
4191	Clients – Avances et acomptes reçus sur commandes		3 785,49
	Acompte client Bombardier		
	10 septembre N		
601	Achats stockés de matières et de fournitures	16 217,11	
401	Fournisseurs		16 217,11
	Maurois, facture n° 986		
	15 septembre N		
44566	État, TVA déductible sur autres biens et services	3 200,00	
512	Banque		3 200,00
	TVA facture Maurois		
	20 septembre N		
411	Clients	43 000,53	
701	Ventes de produits finis		43 000,53
	Bombardier, facture n° CA 1228		
	1er octobre N		
261	Titres de participation	33 377,84	
512	Banque		16 688,92
2691	Versements restant à effectuer sur titres de participation non libérés		16 688,92
	10 octobre N		
401	Fournisseurs	16 217,11	
656	Pertes de change sur créances et dettes commerciales	337,62	
512	Banque		16 554,73
	Règlement Maurois		
	10 octobre N		
2155	Outillage industriel	57 703,16	
404	Fournisseurs d'immobilisations		57 703,16
	Facture n° 65897		
	15 octobre N		
512	Banque	40 060,65	
4191	Clients – Avances et acomptes reçus sur commandes	3 785,49	
411	Clients		43 000,53
756	Gains de change sur créances et dettes commerciales		845,61
	Encaissement solde Bombardier		
	15 octobre N		
2155	Outillage industriel	4 250,00	
44562	État, TVA déductible sur immobilisations	12 500,00	
512	Banque		16 750,00
	Chèque n°...		
	31 octobre N		
404	Fournisseurs d'immobilisations	57 703,16	
656	Pertes de change sur créances et dettes commerciales	745,82	
512	Banque		58 448,98
	Paiement machine-outil		

	15 novembre N		
2691	Versements restant à effectuer sur titres de participation non libérés	16 688,92	
666	Pertes de change financières	410,94	
512	Banque		17 099,86

• • • • •

CAS

Synthèse

1. Opérations réalisées à crédit : analyse de l'écart de change et commentaire

Achat à crédit de pièces détachées au fournisseur Proser

Conversion en euros :

- Facturation : 4 200 CHF/1,222 = 3 436,99 EUR
- Paiement : 4 200 CHF/1,280 = 3 281,25 EUR

Gain de change : 155,74 EUR

Le cours du franc suisse s'est déprécié par rapport à l'euro. La valeur des dettes exprimées en CHF diminue.

Vente à crédit de composants au client Schaeffer

Conversion en euros :

- Facturation : 18 840 CHF/1,235 = 15 255,06 EUR
- Encaissement : 18 840 CHF/1,332 = 14 144,14 EUR

Perte de change : 1 110,92 EUR

La valeur des créances diminue également, ce qui est dommageable pour la société Walter.

Emprunt auprès du Crédit Suisse

Conversion en euros :

- Emprunt : 18 840 CHF/1,235 = 15 255,06 EUR
- Remboursement : 18 840 CHF/1,332 = 14 144,14 EUR

Gain de change : 1 110,92 EUR

Le gain de change réalisé sur l'emprunt compense la perte de change supportée lors de la vente au client Schaeffer.

Achat à crédit au fournisseur SMC

- Facturation : 11 500 CHF/1,292 = 8 900,93 EUR
- Paiement : 11 500 CHF/1,325 = 8 679,25 EUR

Gain de change : 221,68 EUR

2. Enregistrement des opérations dans le livre-journal de la société Walter

Compte	Libellé	Débit	Crédit
	5.04.N		
601	Achats stockés de matières et de fournitures	3 436,99	
40110	Fournisseur Proser		3 436,99
	Facture n°2415		
	8.04.N		
601	Achats stockés de matières et de fournitures	225,00	
44566	État, TVA déductible sur autres biens et services	732,40	
512	Banque		957,40
	10.04.N		
41111	Client Schaeffer	15 255,06	
701	Vente de produits finis		15 255,06
	Facture n°45621		
	10.04.N		
512	Banque	15 255,06	
164	Emprunts auprès des établissements de crédit		15 255,06
	5.05.N		
40110	Fournisseur Proser	3 436,99	
512	Banque		3 281,25
756	Gains de change sur créances et dettes commerciales		155,74
	10.05.N		
2155	Outillage industriel	8 900,93	
40410	Fournisseur d'immobilisations SMC		8 900,93
	Facture n° F9845		
	12.05.N		
2155	Outillage industriel	850,00	
44562	État, TVA déductible sur immobilisations	1 950,00	
512	Banque		2 800,00
	25.05.N		
512	Banque	14 144,14	
656	Pertes de change sur créances et dettes commerciales	1 110,92	
41111	Client Schaeffer		15 255,06
	25.05.N		
164	Emprunts auprès des établissements de crédit	15 255,06	
512	Banque		14 144,14
766	Gains de change financiers		1 110,92
	25.05.N		
6611	Intérêts des emprunts et dettes	106,08	
512	Banque		106,08
	18 840 CHF × 6 % × 45/360 / 1,332		
	31.05.N		
40410	Fournisseur d'immobilisations SMC	8 900,93	
512	Banque		8 679,25
756	Gains de change sur créances et dettes commerciales		221,68

CHAPITRE 20 Les emballages

APPLICATION 1

Achats d'emballages

1. Classification comptable de chaque type d'emballage

Caisses américaines : elles sont facturées au client en même temps que la marchandise qu'elles contiennent. Il s'agit d'emballages perdus classés en approvisionnements.

Les caisses-palettes sont des emballages récupérables identifiables assimilés à des immobilisations.

Les palettes en plastique sont des emballages récupérables non identifiables assimilés à des approvisionnements.

Les bacs isothermes sont des emballages récupérables identifiables et donc des immobilisations au sens comptable.

Les caissons isothermiques sont des matériels destinés à une utilisation interne en tant qu'immobilisations.

2. Enregistrement des acquisitions dans le livre-journal de la société Colver

	2 février N		
60261	Achats d'emballages perdus	2 400,00	
44566	État, TVA déductible sur autres biens et services	480,00	
401	Fournisseurs		2 880,00
	5 février N		
2186	Emballages récupérables	2 000,00	
44562	État, TVA déductible sur immobilisations	400,00	
404	Fournisseurs d'immobilisations		2 400,00
	8 février N		
60265	Achats d'emballages récupérables non identifiables	3 200,00	
44566	État, TVA déductible sur autres biens et services	640,00	
401	Fournisseurs		3 840,00
	14 février N		
2186	Emballages récupérables	3 600,00	
44562	État, TVA déductible sur immobilisations	720,00	
404	Fournisseurs d'immobilisations		4 320,00
	20 février N		
2154	Matériel industriel	4 800,00	
44562	État, TVA déductible sur immobilisations	960,00	
404	Fournisseurs d'immobilisations		5 760,00

APPLICATION 2

Consignation d'emballages

1. Décompte des deux factures

Société Colver Facture n° 455 15 avril N	
Colle AX :	9 650,00
Montant HT :	9 650,00
TVA 20 % :	1 930,00
Consignation bacs :	1 000,00
Net à payer :	12 580,00

Société Colver Facture n° AV251 25 avril N	
Avoir	
Retour 2 bacs :	900,00
TVA collectée sur boni : (500 – 450) × 2 × 20 %	– 20,00
Net à votre crédit :	880,00

2. Enregistrement des opérations

a) Dans le livre-journal de la société Colver

	15 avril N		
411	Clients	12 580,00	
4196	Clients – Dettes pour emballages et matériels consignés		1 000,00
707	Ventes de marchandises		9 650,00
44571	État, TVA collectée		1 930,00
	Facture n° 455		
	25 avril N		
4196	Clients – Dettes pour emballages et matériels consignés	1 000,00	
411	Clients		880,00
44571	État, TVA collectée		20,00
7086	Bonis sur reprise d'emballages consignés		100,00
	Facture n° AV251		

b) Dans le livre-journal du client SRL

	15 avril N		
6021	Achats stockés de matières consommables	9 650,00	
4096	Fournisseurs – Créances pour emballages et matériels à rendre	1 000,00	
44566	État, TVA déductible sur autres biens et services	1 930,00	
401	Fournisseurs		12 580,00
	Facture n° 455		
	25 avril N		
401	Fournisseurs	880,00	
44566	État, TVA déductible sur autres biens et services	20,00	
6136	Malis sur emballages	100,00	
4096	Fournisseurs – Créances pour emballages et matériels à rendre		1 000,00
	Facture n° AV251		

APPLICATION 3

Opérations diverses sur emballages

1. Enregistrement des opérations dans le livre-journal de la société Colver

	3 juin N		
4196	Clients – Dettes pour emballages et matériels consignés	450,00	
411	Clients		450,00
	Bord, facture n° AV 286		
	5 juin N		
411	Clients	7 040,00	
4196	Clients – Dettes pour emballages et matériels consignés		500,00
707	Ventes de marchandises		5 450,00
44571	État, TVA collectée *5 450 × 20 %*		1 090,00
	Polistyle, facture n° 689		
	10 juin N		
4196	Clients – Dettes pour emballages et matériels consignés	500,00	
411	Clients *500 – 50 – 10*		440,00
7086	Bonis sur reprises d'emballages consignés		50,00
44571	État, TVA collectée		10,00
	Polistyle, facture n° AV287		
	15 juin N		
4196	Clients – Dettes pour emballages et matériels consignés	180,00	
411	Clients	36,00	
44571	État, TVA collectée		36,00
7088	Autres produits d'activités annexes		180,00
	Astro, facture n° 701		

2. Enregistrement des opérations des 5 et 10 juin dans le livre-journal du client Polistyle

	5 juin N		
6021	Achats stockés de matières consommables	5 450,00	
4096	Fournisseurs – Créances pour emballages et matériels à rendre	500,00	
44566	État, TVA déductible sur autres biens et services	1 090,00	
401	Fournisseurs		7 040,00
	Colver, facture n° 689		
	10 Juin N		
401	Fournisseurs	440,00	
44566	État, TVA déductible sur autres biens et services	10,00	
6136	Malis sur emballages	50,00	
4096	Fournisseurs – Créances pour emballages et matériels à rendre		500,00
	Colver, facture n° AV287		

APPLICATION 4

Vente avec consignation d'emballages

1. Décompte des factures du 7 octobre N et du 18 octobre N

ERPP Facture n°452 Le 7 octobre N	
Lubrifiants HT :	5 750,00
TVA à 20 % :	1 150,00
Montant TTC	6 900,00
Consignation :	
– citerne :	120,00
– fûts : 20 € × 8 =	160,00
Net à payer	7 180,00
Paiement à 30 jours	

ERPP Facture n°AV 117 Le 18 octobre N	
Retour emballages :	
– 1 citerne :	100,00
– 5 fûts : 15 € × 5 =	75,00
TVA collectée sur boni :	
– 1 citerne : 20 € × 20 % =	– 4,00
– 5 fûts : 5 € × 5 × 20 % =	– 5,00
Avoir à votre crédit :	166,00
Facturation 3 fûts :	
TVA collectée : 20 € × 3 × 20 % =	– 12,00
Net à votre crédit :	154,00

2. Enregistrements de l'ensemble des opérations dans les livre-journal de la société ERPP

	3.10.N		
2186	Emballages récupérables	950,00	
44562	État, TVA déductible sur immobilisations	190,00	
404	Fournisseurs d'immobilisations		1 140,00
	Facture Métalleries Réunies		
	7.10.N		
41110	Client Ateliers du Lyonnais	7 180,00	
707	Ventes de marchandises		5 750,00
44571	État, TVA collectée		1 150,00
41961	Client Ateliers du Lyonnais – Dettes pour emballages et matériels consignés		280,00
	Facture n° 452		
	18.10.N		
41961	Client Ateliers du Lyonnais – Dettes pour emballages et matériels consignés	280,00	
41110	Client Ateliers du Lyonnais		154,00
7088	Autres produits d'activités annexes		60,00
7086	Bonis sur reprise d'emballages consignés		45,00
44571	État, TVA collectée		21,00
	Facture n° AV 117		

3. Enregistrement des factures du 7 octobre N et du 18 octobre N dans le livre-journal de l'entreprise Ateliers du Lyonnais

	7.10.N		
602	Achats stockés – Autres approvisionnements	5 750,00	
44566	État, TVA déductible sur autres biens et services	1 150,00	
40961	Fournisseur ERPP – Créances pour emballages et matériels à rendre	280,00	
40110	Fournisseur ERPP		7 180,00
	Facture n° 452		
	18.10.N		
40110	Fournisseur ERPP	154,00	
6136	Malis sur emballages	45,00	
44566	État, TVA déductible sur autres biens et services	9,00	
40961	Fournisseur ERPP – Créances pour emballages et matériels à rendre		208,00
	Facture n° AV 117		
	18.10.N		
2154	Matériel industriel	60,00	
44562	État, TVA déductible sur immobilisations	12,00	
40961	Fournisseur ERPP – Créances pour emballages et matériels à rendre		72,00
	Facture n° AV 117		

• • • • •

CAS

Vente avec consignation d'emballages

Enregistrement des opérations dans le livre-journal de la SARL Aux Bons Vins de France

	7.09.N		
607	Achats de marchandises *250 × 288 × 95 %*	68 400,00	
6241	Transports sur achats	1 600,00	
44566	État, TVA déductible sur autres biens et services	14 000,00	
4096	Fournisseurs – Créances pour emballages et matériels à rendre	15 000,00	
401	Fournisseurs		99 000,00
	Facture n° V2725		
	10.09.N		
4091	Fournisseurs – Avances et acomptes sur commandes	2 000,00	
512	Banque		2 000,00
	12.09.N		
6241	Transports sur achats	1 250,00	
44566	État, TVA déductible sur autres biens et services	250,00	
512	Banque		1 500,00
	17.09.N		
401	Fournisseurs	13 800,00	
6136	Malis sur emballages	1 000,00	
44566	État, TVA déductible sur autres biens et services	200,00	
4096	Fournisseurs – Créances pour emballages et matériels à rendre		15 000,00
	19.09.N		
401	Fournisseurs	85 200,00	
765	Escomptes obtenus		1 368,00
44566	État, TVA déductible sur autres biens et services		273,60
512	Banque		83 558,40

Remarque : En système développé, on aurait débité le compte 607 – Achats de marchandises, ou bien le compte 60872 – Transports sur achats de marchandises, au lieu du compte 6241 – Transports sur achats.

4

PARTIE

Les travaux d'inventaire

CHAPITRE 21

La notion d'inventaire

APPLICATION 1

Inventaire intermittent – Différence d'inventaire

Question 1

Les entreprises sont tenues d'effectuer un inventaire de leurs éléments actifs et passifs au moins une fois par an, à la clôture de l'exercice en général.

L'inventaire intermittent des stocks consiste en un recensement physique de tous les éléments constitutifs de stocks et à leur évaluation au moins une fois par an, à la clôture de l'exercice en règle générale ; par opposition à **l'inventaire permanent** qui consiste à enregistrer les entrées et les sorties de stocks au fur et à mesure qu'elles se réalisent.

Question 2

D'après le tableau des mouvements du produit D pendant le mois de décembre, le stock théorique en quantités à la fin du mois est obtenu en retranchant les sorties de la somme : stock initial + entrées.

Stock final théorique = 50 – 30 + 100 + 40 – 130 = 30 unités.

Or le stock final réel est de 32 unités ; il y a donc une **différence d'inventaire** de 2 unités qui apparaissent en plus de ce que l'on aurait dû normalement avoir.

Cela peut s'expliquer par des quantités supplémentaires qui ont été livrées par rapport à ce qui a été facturé (erreur du fournisseur). Ou inversement, des livraisons par l'entreprise inférieures à ce que celle-ci a facturé (erreur de l'entreprise au détriment du client).

Cette situation constatant des excédents est plus rare que la situation inverse constatant des manquants.

APPLICATION 2

Stock d'emballages consignés

Fiche de stock d'emballages consignés en quantités								
Mouvements		Dates	Opérations	Magasin			Chez les clients	Appartenant à Alice
Achats	Ventes			Entrées	Sorties	Stocks		
		01/12	Stock initial			150	300	450
		06/12	Consignation Romain		30	120	330	450
		09/12	Retour Manon	120		240	210	450
180		14/12	Achats	180		420	210	630
	15	21/12	Ventes Néo			420	195	615
		23/12	Consignation Elora		45	375	240	615
		27/12	Retour Romain	75		450	165	615
		31/12	Stock final			450	165	615

• • • • •

CAS 1

Les enjeux de l'inventaire physique

(D'après sujet d'examen.)

1. Obligations légales en matière d'inventaire

Le Code de commerce indique dans l'article L. 123-12 : tout commerçant, personne physique ou morale, contrôle l'existence et la valeur des éléments actifs et passifs du patrimoine par inventaire au moins tous les 12 mois et établit des comptes annuels au vu de l'inventaire.

L'existence passe par le recensement exhaustif des éléments actifs ou passifs :

- recensement, comptage des quantités : soit par observation physique, soit à partir des comptes, soit par confirmation auprès de tiers ;
- estimation des éléments actifs ou passifs selon leur valeur d'inventaire, égale à la valeur actuelle qui s'apprécie en fonction du marché (valeur vénale) et/ou de l'utilité du bien pour l'entreprise (valeur d'usage).

Ces différentes opérations de recensement et d'estimation permettent d'établir le document d'inventaire, puis les comptes annuels et enfin le livre d'inventaire.

Pour les stocks (cas qui est proposé dans cet exercice), l'inventaire extra-comptable comprend les deux opérations suivantes :

- l'établissement de la liste complète, par groupe de marchandises, matières et produits correspondant à la classification des comptes, des divers éléments composant les stocks ;
- et l'évaluation des existants réels ainsi constatés.

2. Définitions des notions d'inventaire

L'inventaire physique (appelé aussi inventaire extra-comptable) peut être défini comme le recensement matériel (dénombrement détaillé article par article) des existants du patrimoine de l'entreprise. Il doit concerner, non seulement les stocks, mais aussi les immobilisations, les effets, les titres, les espèces.

L'inventaire permanent est une organisation des comptes de stocks qui, par l'enregistrement des mouvements, permet de connaître de façon constante, en cours d'exercice, les existants chiffrés en quantités et en valeurs.

Dans les cas où l'entreprise n'a pas mis en place un système d'inventaire permanent, l'inventaire physique doit normalement être réalisé au moins une fois par an, à la date de clôture de l'exercice, en principe. On parle à ce moment-là d'inventaire intermittent.

3. Enjeux de l'inventaire physique

Le recensement dans l'entreprise « Les Rubans » semble être une phase très longue : il y a 32 000 références différentes, ce qui demande une durée de travail équivalente à 6 jours pour 20 personnes, soit environ 1 000 heures de travail.

Un travail de pointage très strict est à accomplir, car des écarts importants entre les quantités théoriques en stock et les quantités réellement présentes en stock ont été relevés lors de sondages effectués en cours d'année. Si on laisse de tels écarts, l'évaluation du stock ne reflétera pas l'image fidèle du patrimoine.

D'autre part, il faut repérer à qui appartiennent les tissus et rubans en stock : en effet, certains rouleaux de tissus sont présents mais appartiennent en réalité à des clients « confection », alors que des pièces de tissu achetées par la société « Les Rubans » sont livrées directement par les fournisseurs chez les teinturiers ; ces pièces de tissu ne sont donc pas physiquement présentes dans les entrepôts de stockage. Il est également indiqué dans l'annexe 1 que des rubans sont confiés à des sous-traitants pour être tissés.

Des procédures sont donc à mettre en œuvre pour les stocks présents dans l'entreprise, mais aussi pour les stocks présents chez les sous-traitants.

Pour les stocks présents dans l'entreprise, il convient de :

- repérer et délimiter les zones de comptage, en isolant en particulier toutes les références présentes appartenant à des tiers à l'entreprise (exemple : clients confection) ;
- composer et affecter des équipes à chaque zone de comptage ainsi délimitée, de manière à ce qu'il y ait responsabilisation du comptage ; ces équipes de deux personnes pourront être constituées d'une personne connaissant bien les caractéristiques des articles stockés (connaissance des unités de mesure particulières : métrage, surface, etc.) et une personne étrangère aux services magasins ou achats, cette dernière personne jouant le rôle de questionneur neutre ;
- concevoir des tickets de comptage : clarté des rubriques, indication de l'unité de mesure, noms des personnes composant l'équipe, signature de ces personnes attestant que le comptage a bien été effectué ;

- s'assurer de la sécurité du comptage : un des problèmes relevés étant les écarts entre quantités théoriques et quantités réelles, il faut immédiatement après le comptage, vérifier la concordance ou non avec les données de l'inventaire permanent théorique, et éventuellement recompter (d'où l'utilité du deuxième comptage) ;
- prévoir les modalités du traitement des mouvements de stock pendant les travaux d'inventaire : en effet, pendant les 6 jours de l'inventaire, l'activité de l'entreprise se poursuit : des entrées et des sorties vont se produire ; il convient par conséquent de mettre au point un mécanisme permettant de noter tous les mouvements de stock ayant eu lieu pendant la période d'inventaire ;
- tenir compte des en-cours de production éventuels le dernier jour de l'inventaire : nature et quantité des produits en cours de fabrication dans les trois ateliers : couture, coupe et biaisage : ces produits en cours ne figurent pas dans les magasins, mais ils font partie des stocks ;
- de la même manière, s'intéresser aux articles présents dans la zone expédition le jour de l'inventaire : sont-ils déjà facturés aux clients, et par conséquent peut-être déjà livrés, donc ne faisant plus partie des stocks, ou sont-ils encore la propriété de la société, donc à comprendre dans les stocks, du fait des conditions de livraison ?

Pour les stocks présents chez les sous-traitants, le problème qui se pose est celui de l'obtention de l'information concernant la nature, les références et les quantités des articles : il est difficile d'envisager d'envoyer une équipe de comptage chez chacun des sous-traitants ; deux modalités semblent possibles :
- pour les stocks importants, envoyer une équipe, du fait des enjeux importants au niveau de l'évaluation par la suite ;
- pour les autres cas, procéder à un contrôle de vraisemblance : s'assurer de la fiabilité des informations transmises par les sous-traitants au niveau des quantités annoncées par ceux-ci : recoupement avec les achats directement livrés chez les teinturiers et les livraisons des sous-traitants.

Une fois que les quantités auront été déterminées, se pose la question de la valeur d'inventaire et de l'éventuelle dépréciation à constater. Deux catégories d'articles peuvent être distinguées :
- les références dites « inactives » : sur les 32 000 références, seules 2 000 sont dites « actives » par les commerciaux ; il y a lieu de relever les mouvements de stocks pour ces références inactives et éventuellement de les déprécier totalement pour les références qui n'ont pas connu de sorties depuis plus d'un an, sauf indication contraire des personnes intéressées ;
- les références dites « à épuisement » par suite d'une obsolescence ou d'un déclassement parce qu'elles ne correspondent plus à la mode : ces articles peuvent être éventuellement vendus soldés ou démarqués, mais le taux de remise ou rabais doit être fourni par les commerciaux pour évaluer la dépréciation.

CAS 2

Inventaire physique tournant

1. Avantages et inconvénients du système d'inventaire tournant

Les opérations d'inventaire physique peuvent être lourdes et elles peuvent perturber l'exploitation, comme il a été précisé dans le cas de l'entreprise Les Rubans.

Pour ces raisons, il est possible d'étaler sur l'exercice comptable les opérations d'inventaire physique dans le cas où les stocks sont tenus selon la méthode de l'inventaire permanent. Il faut toutefois veiller à ce que chaque référence du stock soit au moins comptée une fois par an, toutes les pièces justificatives de ces comptages tournants devant être conservées.

La limite de cette procédure d'inventaire tournant tient à la fiabilité du système d'inventaire permanent. En effet, dans le cas contraire, il peut être constaté une dérive entre les quantités réelles et les quantités théoriques sur la période allant de la date de l'inventaire à la date de clôture des comptes. Ces derniers peuvent dans ce cas laisser apparaître des erreurs de quantités très importantes. Il est évident que les quantités dénombrées au début du semestre peuvent ne pas correspondre du tout aux quantités théoriquement présentes en fin de semestre : tout dépend de l'activité de l'entreprise, saisonnière ou non.

2. Fiche d'inventaire permanent de l'article V174

	Entrées	Sorties	Soldes
Reprise au 01/01/N	790		790
Ventes de janvier		388	402
Production de février	750		1 152
Ventes de février		429	723
Ventes de mars		292	431
Écart d'inventaire au 31/03/N		13	418
Production d'avril	900		1 318
Ventes d'avril		315	1 003
Ventes de mai		412	591
Production de juin	600		1 191
Ventes de juin		423	768
Ventes de juillet		403	365
Ventes d'août		81	284
Production de septembre	750		1 034
Ventes de septembre		573	461
Production d'octobre	750		1 211
Ventes d'octobre		402	809
Ventes de novembre		408	401
Production de décembre	750		1 151
Ventes de décembre		381	770

CAS 3

Méthode de gestion des stocks dite 20/80

(D'après sujet d'examen.)

1. Principes des méthodes d'analyse des stocks 20/80 ou ABC

Méthode ABC

Cette méthode consiste à classer les articles en stock en 3 catégories :

- groupe A : peu d'articles en quantités (environ 10 % du total) mais ils représentent environ 75 % de la valeur du stock ;
- groupe B : ce groupe est formé d'articles représentant entre 15 à 25 % de la valeur, et ils sont assez importants également en nombre (35 % environ) ;
- groupe C : très grand nombre d'articles en quantités (65 % environ) mais faible valeur (5 à 15 % environ).

La gestion des stocks conduira à s'intéresser en détail aux articles du groupe A (peu nombreux, mais forte valeur), d'une manière plus simple de ceux du groupe B et on évitera une étude onéreuse du groupe C (articles très nombreux, mais de faible valeur : le temps consacré à leur étude exhaustive conduirait à un coût très largement supérieur à leur valeur).

Méthode 20/80

Cette méthode retient uniquement deux groupes dans les différents articles en stock :

- un groupe de références est composé de 20 % des articles en quantités, mais ils représentent 80 % de la valeur du stock ;
- un deuxième groupe représente 80 % des articles en quantités, mais ils ne représentent que 20 % de la valeur.

Dans ce cas, le premier groupe, 20 % d'articles représentant la plus grande partie de la valeur, sera suivi de près.

2. Tableau représentant la répartition des stocks

Références	Consommation en valeur				Consommation cumulée		
	PU	Q	Montant	En %	En valeur absolue	En %	% du nombre de références de la nomenclature
MN67	95,00	8 000	760 000	66,01	760 000	66,01	12,5
GH34	72,00	2 500	180 000	15,63	940 000	81,64	25,0
AB01	57,10	1 000	57 100	4,96	997 100	86,60	37,5
KL56	72,00	660	47 520	4,13	1 044 620	90,73	50,0
CD12	17,00	2 300	39 100	3,40	1 083 720	94,13	62,5
OP78	60,00	530	31 800	2,76	1 115 520	96,89	75,0
IJ45	27,00	750	20 250	1,76	1 135 770	98,65	87,5
EF23	13,00	1 200	15 600	1,35	1 151 370	100,00	100,00

3. Graphique de concentration des valeurs

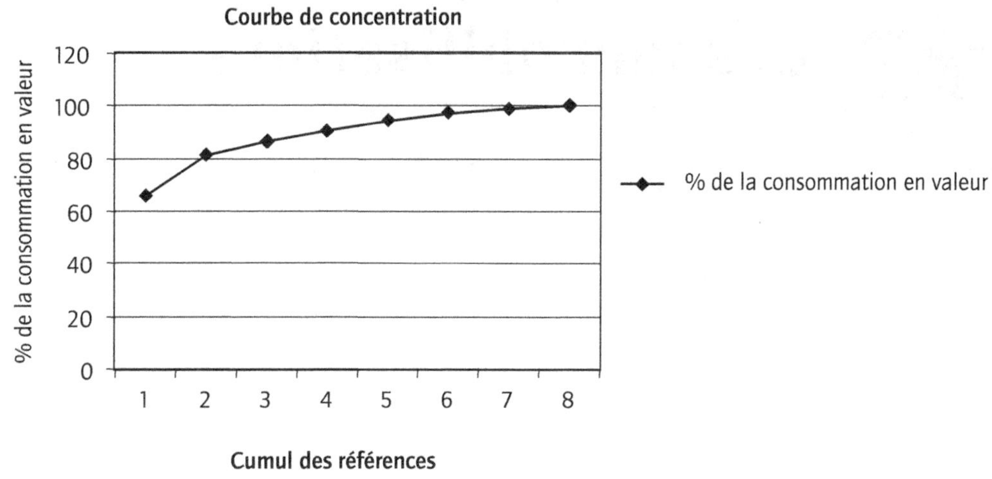

1 = MN67
2 = GH34
3 = AB01
4 = KL56
5 = CD12
6 = OP78
7 = IJ45
8 = EF23

4. Commentaires

Les articles MN67 et GH34 doivent être gérés individuellement et commandés à dates variables : ils représentent 25 % des articles de la nomenclature mais 82 % de la consommation totale.

Tous les autres articles, représentant moins de 20 % de la consommation totale en valeur, seront réapprovisionnés trimestriellement.

CHAPITRE 22

L'amortissement des immobilisations

APPLICATION 1

Mise en service en cours d'année – Amortissement constant

1. Actif amortissable

Le Plan comptable indique dans son article 212-1 :

« Une immobilisation corporelle, incorporelle ou un stock est comptabilisé à l'actif lorsque les conditions suivantes sont simultanément réunies :

- il est probable que l'entité bénéficiera des avantages économiques futurs correspondants ou du potentiel de services attendus ;
- son coût ou sa valeur peut être évalué avec une fiabilité suffisante, y compris, par différence et à titre d'exception, lorsqu'une évaluation directe n'est pas possible ».

Ces deux conditions sont bien remplies dans notre cas : d'une part la machine destinée à emballer le mobilier sera utilisée pendant 5 ans et générera donc des avantages économiques au niveau notamment de la protection du mobilier, d'autre part son coût a été évalué à 8 000 €.

L'article 214-1 du PCG précise : « Un actif immobilisé dont la durée d'utilisation est limitée fait l'objet d'un amortissement. »

Un actif amortissable est donc un actif dont l'utilisation par l'entité est déterminable. L'utilisation pour une entité se mesure par la consommation des avantages économiques attendus de l'actif.

Elle peut être déterminable en termes d'unités de temps ou d'autres unités d'œuvre lorsque ces dernières reflètent correctement le rythme de consommation des avantages économiques attendus de l'actif.

Le matériel destiné à emballer le mobilier est bien un actif amortissable puisque son utilisation est limitée dans le temps : 5 ans.

Il est d'autre part indiqué que sa fréquence d'utilisation pour le conditionnement est régulière sur cette période.

2. Plan d'amortissement

Immobilisation : machine n° ...		Date de mise en service :		20 juin N
Durée d'utilisation :	5 ans	Valeur au bilan :		8 000 €
Rythme d'amortissement :	constant	Base amortissable :		8 000 €

Années	Base amortissable	Annuité d'amortissement	Amortissements cumulés	Valeur comptable nette
N	8 000	8 000 × 20 % × 191/360 = 848,89	848,89	7 151,11
N+1	8 000	8 000 × 20 % = 1 600	2 448,89	5 551,11
N+2	8 000	1 600	4 048,89	3 951,11
N+3	8 000	1 600	5 648,89	2 351,11
N+4	8 000	1 600	7 248,89	751,11
N+5	8 000	1 600 – 848,89 = 751,11	8 000	0

3. Écriture de dotation aux amortissements

	31.12.N		
6811	Dotations aux amortissements sur immobilisations incorporelles et corporelles	848,89	
28154	Amortissements du matériel industriel		848,89
	D'après plan d'amortissement		

Cette écriture traduit la prise en compte d'une partie du coût de l'immobilisation en charges de l'exercice.

La machine a été utilisée ; on peut dire qu'une partie de l'immobilisation a été « consommée », au même titre que des marchandises ou des matières premières.

Le fait que cette immobilisation est utilisée sur plusieurs années fait que son coût est étalé sur cette période, par la technique comptable de l'amortissement.

APPLICATION 2

Base amortissable – Valeur résiduelle – Amortissement constant

1. Plans d'amortissement

Hypothèse 1 : amortissement sur 5 ans

Immobilisation : voiture n°	...	Date de mise en service :	1er octobre N
Durée d'utilisation :	5 ans	Valeur au bilan :	25 000 €
Rythme d'amortissement :	constant	Base amortissable :	25 000 €

Années	Base amortissable	Annuité d'amortissement	Amortissements cumulés	Valeur comptable nette
N	25 000	25 000 × 20 % × 3/12 = 1 250	1 250	23 750
N+1	25 000	25 000 × 20 % = 5 000	6 250	18 750
N+2	25 000	5 000	11 250	13 750
N+3	25 000	5 000	16 250	8 750
N+4	25 000	5 000	21 250	3 750
N+5	25 000	5 000 – 1 250 = 3 750	25 000	0

Hypothèse 2 : amortissement sur 2 ans avec valeur résiduelle

Immobilisation : voiture n°	...	Date de mise en service :	1er octobre N
Durée d'utilisation :	2 ans	Valeur au bilan :	25 000 €
Rythme d'amortissement :	constant	Base amortissable :	16 000 €

Années	Base amortissable	Annuité d'amortissement	Amortissements cumulés	Valeur comptable nette
N	16 000	16 000 × 50 % × 3/12 = 2 000	2 000	23 000
N+1	16 000	16 000 × 50 % = 8 000	10 000	15 000
N+2	16 000	8 000 – 2 000 = 6 000	16 000	9 000

La base amortissable est égale au coût d'acquisition diminué de la valeur résiduelle : 25 000 – 9 000 = 16 000 €.

La valeur comptable nette dans le tableau est obtenue en déduisant du coût d'acquisition (valeur au bilan) les amortissements cumulés.

2. Conséquences sur le résultat

La charge d'amortissement sur les 3 premières années est plus faible avec la première hypothèse. Mais il reste une charge à enregistrer les années N+3, N+4 et N+5 dans ce cas, alors qu'il n'y a plus d'amortissement dans la deuxième hypothèse (en supposant que la voiture n'a pas été remplacée).

Dans le cas où M. Vite ne veut pas trop diminuer son résultat, il convient de retenir plutôt la première hypothèse : un amortissement sur 5 ans.

3. Présentation de l'extrait de bilan au 31 décembre N+1

Hypothèse 1 : Amortissement sur 5 ans

Immobilisations	Valeur brute	Amortissements	Valeur comptable nette
Matériel de transport	25 000	6 250	18 750

Hypothèse 2 : Amortissement sur 2 ans avec valeur résiduelle

Immobilisations	Valeur brute	Amortissements	Valeur comptable nette
Matériel de transport	25 000	10 000	15 000

APPLICATION 3

Rythme d'amortissement

1. Taux d'amortissement

Hypothèse 1 : utilisation en fonction du temps

Taux d'amortissement = 100/5 = 20 %. L'entreprise pense utiliser cette machine pendant 5 ans.

Hypothèse 2 : utilisation en fonction des heures de fonctionnement

Taux d'amortissement annuel = 6 000/27 000 = 22,22 %. L'entreprise pense utiliser cette machine pendant 27 000 heures de fonctionnement, avec une prévision annuelle de 6 000 heures.

2. Méthode préconisée par le PCG

Le PCG précise dans l'article 214-1 : « Le caractère limité de la durée d'utilisation d'un actif est déterminé, soit à l'origine, soit en cours d'utilisation, au regard des critères, généralement physiques, techniques, juridiques ou économiques, inhérents à l'utilisation par l'entité de l'actif considéré.

Si plusieurs critères sont pertinents, la durée d'utilisation la plus courte résultant de l'application de ces critères est retenue. »

Si l'entreprise a le choix entre plusieurs critères, c'est la durée la plus courte qu'il faut retenir, ce qui revient à dire aussi que c'est le taux d'amortissement le plus élevé qui est applicable.

Par conséquent, c'est l'amortissement en fonction des heures d'utilisation qu'il convient de retenir pour la société Indus.

3. Plan d'amortissement et écriture

Immobilisation : machine n° …		Date de mise en service :	1er juillet N
Durée d'utilisation :	5 ans	Valeur au bilan :	10 000 €
Rythme d'amortissement :	heures de fonctionnement	Base amortissable :	10 000 €

Années	Base amortissable	Annuité d'amortissement	Amortissements cumulés	Valeur comptable nette
N	10 000	10 000 × 3 000/27 000 = 1 111,11	1 111,11	8 888,89
N+1	10 000	10 000 × 6 000/27 000 = 2 222,22	3 333,33	6 666,67
N+2	10 000	2 222,22	5 555,55	4 444,45
N+3	10 000	2 222,22	7 777,77	2 222,23
N+4	10 000	2 222,23	10 000	0

	31.12.N		
6811	Dotations aux amortissements sur immobilisations incorporelles et corporelles	1 111,11	
28154	Amortissements du matériel industriel		1 111,11
	D'après plan d'amortissement		

APPLICATION 4

Amortissement fiscal – Amortissement comptable – Amortissement dérogatoire

1. Plan d'amortissement comptable, fiscal et dérogatoire

Années	Amortissement fiscal	Amortissement comptable	Amortissement dérogatoire	
			Dotation	Reprise
N	6 000 × 25 % × 9/12 = 1 125	4 000 × 1/3 × 9/12 = 1 000	125	
N+1	6 000 × 25 % = 1 500	4 000 × 1/3 = 1 333	167	
N+2	1 500	1 333	167	
N+3	1 500 − 1 125 = 375	1 334 − 1 000 = 334	41	
Total	4 500	4 000	500	

Le matériel n'est plus utilisé en N+4 (durée d'utilisation comptable de 3 ans) ; il n'y a donc pas lieu de présenter l'amortissement fiscal pour N+4.

2. Écritures de dotation aux amortissements de l'exercice N

	31.12.N		
6811	Dotations aux amortissements sur immobilisations incorporelles et corporelles	1 000	
28154	Amortissements du matériel industriel		1 000
	D'après plan d'amortissement		
	31.12.N		
68725	Dotations aux amortissements dérogatoires	125	
145	Amortissements dérogatoires		125
	Amortissements dérogatoires relatifs au matériel industriel		

3. Écritures de dotations aux amortissements de l'exercice N+3

	31.12.N+3		
6811	Dotations aux amortissements sur immobilisations incorporelles et corporelles	334	
28154	Amortissements du matériel industriel		334
	D'après plan d'amortissement		
68725	Dotations aux amortissements dérogatoires	41	
145	Amortissements dérogatoires		41
	Amortissements dérogatoires relatifs au matériel industriel		

APPLICATION 5

Amortissement d'un logiciel

1. Amortissement fiscal, comptable et dérogatoire

On supposera que ce logiciel a été acquis et mis en service en 2016, donc N = 2016.

Années	Amortissement fiscal	Amortissement comptable	Amortissement dérogatoire	
			Dotation	Reprise
N	9 000 × 4/12 = 3 000	9 000 × 25 % × 96/360 = 600	2 400	
N+1	9 000 × 8/12 = 6 000	9 000 × 25 % = 2 250	3 750	
N+2		2 250		2 250
N+3		2 250		2 250
N+4		2 250 – 600 = 1 650		1 650
Total	9 000	9 000	6 150	6 150

Le logiciel Ergoth a été acheté ; sur le plan comptable, l'amortissement, par exception, est calculé à partir de la date d'acquisition.

2. Écritures de dotation aux amortissements de l'exercice N

	31 déc. N		
6811	Dotations aux amortissements sur immobilisations incorporelles et corporelles	600	
2805	Amortissements des logiciels		600
	Amortissement comptable logiciel Ergoth		
	31 déc. N		
68725	Dotations aux amortissement dérogatoires	2 400	
145	Amortissement dérogatoires		2 400
	Amortissement dérogatoire logiciel Ergoth		

3. Écritures de dotations aux amortissements de l'exercice N+3

	31 déc. N+3		
6811	Dotations aux amortissements sur immobilisations incorporelles et corporelles	2 250	
2805	Amortissements des logiciels		2 250
	Amortissement comptable logiciel Ergoth		
	31 déc. N+3		
145	Amortissements dérogatoires	2 250	
78725	Reprises d'amortissements dérogatoires		2 250
	Amortissement dérogatoire logiciel Ergoth		

● ● ● ● ●

CAS 1

Changement de plan d'amortissement

1. Plan d'amortissement du camion et écritures

Immobilisation : camion n ° ...		Date de mise en service :	1er octobre N
Durée d'utilisation :	3 ans 9 mois	Valeur au bilan :	60 000 €
Rythme d'amortissement :	kilomètres parcourus	Base amortissable :	60 000 €

Années	Base amortissable	Annuité d'amortissement	Amortissements cumulés	Valeur comptable nette
N	60 000	60 000 × 20 000/300 000 = 4 000	4 000	56 000
N+1	60 000	60 000 × 80 000/300 000 = 16 000	20 000	40 000

	31.12.N		
6811	Dotations aux amortissements sur immobilisations incorporelles et corporelles	4 000	
28182	Amortissements du matériel de transport		4 000
	D'après plan d'amortissement		
	31.12. N+1		
6811	Dotations aux amortissements sur immobilisations incorporelles et corporelles	16 000	
28182	Amortissements du matériel de transport		16 000
	D'après plan d'amortissement		

2. Modification du plan d'amortissement

Le Plan comptable précise dans l'article 214-15 : « le plan d'amortissement est défini à la date d'entrée du bien à l'actif. Toute modification significative de l'utilisation prévue, par exemple durée ou rythme de consommation des avantages économiques attendus, entraîne la révision prospective de son plan d'amortissement ».

Du fait de l'utilisation plus intensive du camion (modification du rythme de consommation des avantages économiques attendus), l'entreprise Livr'vit peut modifier son plan d'amortissement pour les années à venir, de manière prospective.

Ce changement de méthode fait partie des changements d'estimation et de modalités d'application. C'est une dérogation autorisée au principe de permanence des méthodes.

3. Plan d'amortissement modifié

La nouvelle valeur comptable nette est de 40 000 € (valeur obtenue fin N+1). Le camion a déjà parcouru 20 000 + 80 000 = 100 000 km. Il reste 200 000 km à parcourir à raison d'une prévision de 120 000 km par an.

Années	Base amortissable	Annuité d'amortissement	Amortissements cumulés	Valeur comptable nette
N+2	40 000	40 000 × 120 000/200 000 = 24 000	44 000	16 000
N+3	40 000	40 000 × 80 000/200 000 = 16 000	60 000	0

	31.12.N+2		
6811	Dotations aux amortissements sur immobilisations incorporelles et corporelles	24 000	
28182	Amortissements du matériel de transport		24 000
	D'après plan d'amortissement		

CAS 2

Analyse par composants

1. Mise en place de l'analyse par composants

Les règles relatives à la comptabilisation des composants sont indiquées dans les articles 214-9 et 214-10 du PCG :

Art. 214-9 « Lorsque des éléments constitutifs d'un actif sont exploités de façon indissociable, un plan d'amortissement unique est retenu pour l'ensemble de ces éléments.

Cependant, si dès l'origine, un ou plusieurs de ces éléments ont chacun des utilisations différentes, chaque élément est comptabilisé séparément et un plan d'amortissement propre à chacun de ces éléments est retenu.

Les éléments principaux d'immobilisations corporelles devant faire l'objet de remplacement à intervalles réguliers, ayant des utilisations différentes ou procurant des avantages économiques à l'entité selon un rythme différent et nécessitant l'utilisation de taux ou de modes d'amortissement propres, doivent être comptabilisés séparément dès l'origine et lors des remplacements. »

Art. 214-10 « Les dépenses d'entretien faisant l'objet de programmes pluriannuels de gros entretien ou de grandes révisions en application de lois, règlements ou de pratiques constantes de l'entité, sont comptabilisées dès l'origine comme un composant distinct de l'immobilisation, si aucune provision pour gros entretien ou grandes révisions n'a été constatée. Sont visées, les dépenses d'entretien ayant pour seul objet de vérifier le bon état de fonctionnement des installations et d'y apporter un entretien sans prolonger leur durée de vie au-delà de celle prévue initialement.

La méthode de comptabilisation par composants de gros entretien ou de grandes révisions exclut la constatation de provisions pour gros entretien ou grandes révisions ».

Dans le cas de l'hélicoptère, celui-ci est prévu pour voler 600 heures par an pendant 5 ans, soit un total de 3 000 heures de vol.

Les différents éléments composant cet hélicoptère ont une durée d'utilisation inférieure et doivent par conséquent être remplacés avant la fin de la période d'utilisation de l'hélicoptère. Il s'agit donc bien de la définition de composants : remplacements à intervalles réguliers, utilisations différentes. Ils ont par conséquent un plan d'amortissement qui leur est propre.

2. Dates de révision et de remplacement des pièces

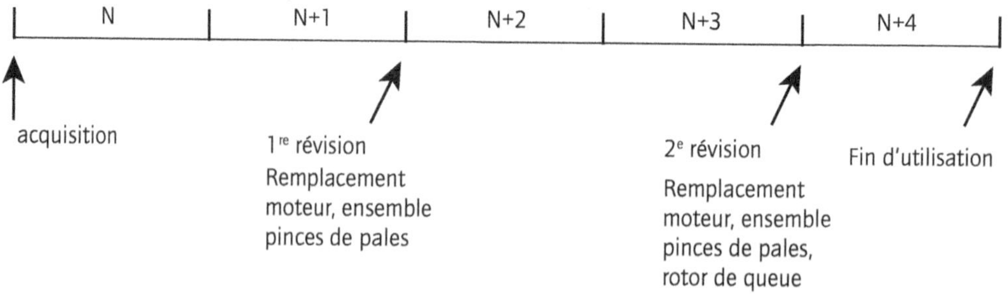

3. Plan d'amortissement du composant « moteur »

Immobilisation : moteur n° 1		Date de mise en service : 1er janvier N		
Durée d'utilisation : 2 ans		Valeur au bilan : 30 000 €		
Rythme d'amortissement : heures de vol		Base amortissable : 30 000 €		
Années	**Base amortissable**	**Annuité d'amortissement**	**Amortissements cumulés**	**Valeur comptable nette**
N	30 000	30 000 × 600/ 1 200 = 15 000	15 000	15 000
N+1	30 000	15 000	30 000	0

Immobilisation : moteur n° 2		Date de mise en service : 1er janvier N+2		
Durée d'utilisation : 2 ans		Valeur au bilan : 30 000 €		
Rythme d'amortissement : heures de vol		Base amortissable : 30 000 €		
Années	**Base amortissable**	**Annuité d'amortissement**	**Amortissements cumulés**	**Valeur comptable nette**
N+2	30 000	30 000 × 600/ 1 200 = 15 000	15 000	15 000
N+3	30 000	15 000	30 000	0

4. Bases amortissables des composants « ensemble de pales » et « rotor de queue »

L'ensemble de pales a une durée d'utilisation en heures de vol de 3 000, ce qui correspond à 5 années avec 600 heures de vol par an. Par conséquent, cet ensemble serait remplacé normalement à la fin de la période d'utilisation de l'hélicoptère ; il n'y a pas de valeur résiduelle à prendre en considération.

La base amortissable pour ce composant « ensemble de pales » est égale au coût d'acquisition = 66 000 €.

Pour le composant « rotor de queue », celui-ci a une durée d'utilisation totale de 2 500 heures de vol. Mais il est nécessaire de le remplacer fin N+3, après 2 400 heures de vol (4 années à 600 heures).

D'après la formule qui nous est donnée, la valeur résiduelle est égale à :

$$\text{Coût de remplacement de la pièce} \times \frac{(\text{Utilisation prévue} - \text{Nombre d'heures de vol effectuées})}{\text{Utilisation prévue}}$$

Valeur résiduelle = 24 000 × (2 500 – 2 400)/ 2 500 = 960 €.

Seules les valeurs résiduelles significatives sont retenues (supérieure à 1 000 €) : la valeur résiduelle obtenue pour le rotor de queue n'est pas considérée comme significative.

La base amortissable du composant « rotor de queue » est donc de 24 000 €, soit le coût d'acquisition.

5. Écriture de dotations aux amortissements de l'hélicoptère

Calcul des amortissements de l'exercice N :

- moteur : 30 000 × 600/1 200 = 15 000 € ;
- ensemble de pales : 66 000 × 600/3 000 = 13 200 € ;
- ensemble pinces de pales = 9 000 × 600/1 200 = 4 500 € ;
- rotor de queue = 24 000 × 600/2 500 = 5 760 € ;
- autres éléments = 20 000 × 20 % = 4 000 €.

	31.12.N		
6811	Dotations aux amortissements sur immobilisations incorporelles et corporelles	42 460	
281821	Amortissements du matériel de transport – Moteur		15 000
281822	Amortissements du matériel de transport – Ensemble de pales		13 200
281823	Amortissements du matériel de transport – Ensemble pinces de pales		4 500
281824	Amortissements du matériel de transport – Rotor de queue		5 760
281825	Amortissements du matériel de transport – Autres éléments		4 000
	D'après plan d'amortissement		

CAS 3

Pièces détachées

1. Acquisition des matériels

	01.06.N		
215401	Matériel industriel – Structure	7 000	
215402	Matériel industriel – Moteur	3 000	
44562	État – TVA déductible sur immobilisations	2 000	
404	Fournisseurs d'immobilisations		12 000
	Facture n°...		
	01.06.N		
215403	Matériel industriel – Moteur de remplacement	3 000	
44562	État – TVA déductible sur immobilisations	600	
404	Fournisseurs d'immobilisations		3 600
	Facture n°...		

Ce moteur de remplacement sera immobilisé mais ne commencera à être amorti que lorsqu'il sera utilisé, en principe le 1er juillet N+4, date de son remplacement effectif, ou avant si le premier moteur tombe en panne prématurément.

2. Écritures d'amortissements au 31 décembre N

Amortissement structure = 7 000 × 1/8 × 6/12 = 437,50 €
Amortissement moteur = 3 000 × 1/4 × 6/12 = 375 €

	31.12.N		
6811	Dotations aux amortissements sur immobilisations incorporelles et corporelles	812,50	
2815401	Amortissements du matériel industriel – Structure		437,50
2815402	Amortissements du matériel industriel – Moteur		375,00
	D'après plan d'amortissement		

3. Écritures de remplacement du moteur

	01.07.N+4		
6811	Dotations aux amortissements sur immobilisations incorporelles et corporelles	375	
2815402	Amortissement du matériel industriel – Moteur		375
	Complément d'amortissement du moteur initial		
	01.07.N+4		
2815402	Amortissement du matériel industriel – Moteur	3 000	
215402	Matériel industriel – Moteur		3 000
	Remplacement du moteur initial		

Pour le moteur de remplacement, il n'y a pas d'écriture particulière à passer puisqu'il a déjà été acquis et immobilisé en N. Il va être mis en service le 1er juillet N+4 et commencera à être amorti à cette date.

4. Écritures d'amortissements au 31 décembre N+4

Amortissement structure = 7 000 × 1/8 = 875 €.
Amortissement moteur de remplacement = 3 000 × 1/4 × 6/12 = 375 €.

	31.12.N+4		
6811	Dotations aux amortissements sur immobilisations incorporelles et corporelles	1 250	
2815401	Amortissements du matériel industriel – Structure		875
2815403	Amortissements du matériel industriel – Moteur rempl.		375
	D'après plan d'amortissement		

CHAPITRE

23 La dépréciation des immobilisations

APPLICATION 1

Comparaison des valeurs

	Valeur actuelle	Dépréciation	Valeur bilan
VV = 16 000	16 000 €	néant	14 000 €
VV = 12 000 VU = 13 000	13 000 €	1 000 €	13 000 €
VV = 12 000 VU = 10 000	12 000 €	2 000 €	12 000 €
VV = 12 000 VU = 15 000	15 000 €	néant	14 000 €

La valeur actuelle correspond à la plus forte de la valeur vénale ou de la valeur d'usage. Lorsque la valeur actuelle est inférieure à la valeur comptable, une dépréciation doit être constatée pour la différence ; dans le cas inverse, lorsque la valeur actuelle est supérieure à la valeur comptable, l'accroissement de valeur ne peut être comptabilisé, en application du principe de prudence.

APPLICATION 2

Questions sur la dépréciation

1. Réponse : OUI. La valeur actuelle à comparer à la valeur nette comptable est la plus élevée de la valeur vénale nette des coûts de sortie et de la valeur d'usage. La valeur vénale est ici égale à 1 100 – 150 = 950 €. Elle est plus élevée que la valeur d'usage mais elle est inférieure à la valeur comptable. L'entreprise doit donc enregistrer une dépréciation de 50 €.
2. Réponse : 9 200 €. La valeur d'usage correspond aux flux de trésorerie nets futurs, y compris le prix de revente de la machine. Valeur d'usage = 20 % × 10 000 + 25 % × 8 000 + 30 % × 7 000 + 30 % × 7 000 + 1 000 = 9 200 €.
3. Réponse : NON. La valeur d'usage de 9 200 € étant supérieure à la valeur nette comptable 8 200 €, il n'y a pas de dépréciation à constater.

4. Réponse : 7 166 €. La valeur d'usage serait dans ce cas obtenue en actualisant à 10 % les flux futurs. Valeur d'usage actualisée = 20 % × 10 000 × $(1,10)^{-1}$ + 25 % × 8 000 × $(1,10)^{-2}$ + 30 % × 7 000 × $(1,10)^{-3}$ + 30 % × 7 000 × $(1,10)^{-4}$ + 1 000 × $(1,10)^{-4}$ = 1 818,18 + 1 652,89 + 1 577,76 + 1 434,33 + 683,01 = 7 166 €.
5. Réponse : OUI. La valeur nette comptable est de 8 200 €. Elle est supérieure à la valeur vénale (7 000 €) et à la valeur d'usage (7 166 €) qu'il faut retenir comme valeur actuelle (c'est la plus élevée). Une dépréciation de 8 200 – 7 166 = 1 034 € doit être comptabilisée.

APPLICATION 3

Dépréciation d'une immobilisation amortissable

Valeur brute :	2 500 €	Durée d'utilisation :	5 ans
Base amortissable :	2 500 €[(a)]	Rythme d'amortissement :	constant
Date de mise en service :	01/01/N	Date de fin d'exercice	31 décembre

Exercice	Amortissement théorique[(b)]			Valeur actuelle	Amortissement réel			Dépréciations	VNC réelle
	Base	Dotation	VNC sans dépréciation		Base	Dotation	VNC provisoire		
N	2 500	500	2 000	2 000	2 500	500	2 000	---	2 000
N+1	2 000	500	1 500	1 500	2 000	500	1 500	---	1 500
N+2	1 500	500	1 000	800	1 500	500	1 000	200	800
N+3	1 000	500	500	510	800	400	600	100	500
N+4	500	500	0	0	500	500	100	100	0

La valeur nette comptable définitive est toujours la plus faible de ces 2 valeurs.

(a) La base amortissable correspond au coût d'acquisition puisqu'il n'y a pas de valeur résiduelle.
(b) L'amortissement théorique se calcule sur la base amortissable sans considérer de dépréciation.

	31.12.N+2		
6811	Dotations aux amortissements sur immobilisations incorporelles et corporelles	500	
28154	Amortissements du matériel industriel		500
	Annuité d'amortissement N+2		
6816	Dotations pour dépréciations des immobilisations	200	
29154	Dépréciations des immobilisations		200
	Constatation de la dépréciation		
	31.12.N+3		
6811	Dotations aux amortissements sur immobilisations incorporelles et corporelles	400	
28154	Amortissements du matériel industriel		400
	Annuité d'amortissement N+3		

29154	Dépréciations des immobilisations	100	
7816	Reprises sur dépréciations des immobilisations		100
	Constatation de la reprise de dépréciation		

• • • • •

CAS 1

Dépréciation d'une immobilisation amortissable

1. Tableau

TABLEAU DE SUIVI DES AMORTISSEMENTS ET DES DÉPRÉCIATIONS									
Années	Base	Annuités amortissements		Cumul amortissements et dépréciations	VNC avant dépréciation de l'exercice	Valeur actuelle	Dépréciations		VNC finale au bilan
		Exploitation	Exceptionnel				Dotations	Reprises	
N	100 000	20 000		20 000	80 000				80 000
N+1	100 000	20 000		40 000	60 000	50 000	10 000		50 000
N+2	50 000	16 667		66 667	33 333	28 000	5 333		
N+2			3 333					3 333	28 000
N+3	28 000	14 000		86 000	14 000	14 000			
N+3			6 000					6 000	14 000
N+4	28 000	14 000		100 000	0	0			
N+4			6 000					6 000	0
Total		84 667	15 333				15 333	15 333	

• Pour N+1, la valeur actuelle à retenir est la plus forte des deux valeurs : vénale ou d'usage, soit 50 000 € (valeur vénale). Comme la valeur actuelle (50 000) est inférieure à la VNC avant dépréciation de l'exercice (60 000), une dotation aux dépréciations de 10 000 € est à enregistrer. La VNC finale au bilan est égale à la valeur actuelle (50 000 €).

• Pour N+2, la nouvelle base d'amortissement est de 50 000 €. Il reste 3 années à amortir, la dotation aux amortissements d'exploitation est de : 50 000 ×1/3 = 16 667 €. Comme l'annuité normale était de 20 000 €, un amortissement exceptionnel est à constater de : 20 000 – 16 667 = 3 333 €.

Le cumul des amortissements et dépréciations est de :

(20 000 + 20 000 + 16 667) + 10 000 = 66 667 €

Amortissements Dépréciation

La valeur actuelle est de 28 000 € (valeur d'usage). Comme la VNC avant dépréciation est de 33 333 €, une dotation aux dépréciations de 33 333 – 28 000 = 5 333 € est à enregistrer.

La dotation aux amortissements exceptionnels de 3 333 € est compensée par une reprise de dépréciations du même montant.

La VNC finale au bilan est égale à la valeur actuelle de 28 000 €.

• Pour N+3, la nouvelle base d'amortissement est de 28 000 €. Il reste deux années à amortir, soit 14 000 € de dotation aux amortissements d'exploitation et 6 000 € de dotation aux amortissements exceptionnels (20 000 – 14 000).
Le cumul des amortissements et dépréciations est de :
(20 000 + 20 000 + 16 667 + 14 000) + (10 000 + 5 333) = 86 000 €
Amortissements Dépréciations
La valeur actuelle de 14 000 € est égale à la VNC avant dépréciation de l'exercice, il n'y a donc pas de dotation aux dépréciations d'exploitation à enregistrer. Mais une reprise de dépréciations exceptionnelles pour compenser la dotation aux amortissements exceptionnels de 6 000 € doit être enregistrée.
• Les mêmes calculs sont à effectuer pour la dernière année N+4.

2. Écritures d'inventaire fin N, fin N+1, fin N+2 et fin N+3

	31.12. N		
6811	Dotations aux amortissements	20 000	
2815	Amortissements du matériel		20 000
	D'après tableau d'amortissements et de dépréciations		
	31.12. N+1		
6811	Dotations aux amortissements	20 000	
2815	Amortissements du matériel		20 000
	D'après tableau d'amortissements et de dépréciations		
	31.12. N+1		
6816	Dotations aux dépréciations	10 000	
2915	Dépréciations du matériel		10 000
	D'après tableau d'amortissements et de dépréciations		
	31.12. N+2		
6811	Dotations aux amortissements	16 667	
2815	Amortissements du matériel		16 667
	D'après tableau d'amortissements et de dépréciations		
	31.12. N+2		
6871	Dotations aux amortissements exceptionnels	3 333	
2815	Amortissements du matériel		3 333
	D'après tableau d'amortissements et de dépréciations		
	31.12. N+2		
6816	Dotations aux dépréciations	5 333	
2915	Dépréciations du matériel		5 333
	D'après tableau d'amortissements et de dépréciations		
	31.12. N+2		
2915	Dépréciations du matériel	3 333	
7876	Reprises sur dépréciations exceptionnelles		3 333
	D'après tableau d'amortissements et de dépréciations		
	31.12 N+3		
6811	Dotations aux amortissements	14 000	
2815	Amortissements du matériel		14 000
	D'après tableau d'amortissements et de dépréciations		

	31.12. N+3		
6871	Dotations aux amortissementsexceptionnels	6 000	
2815	Amortissements du matériel		6 000
	D'après tableau d'amortissements et de dépréciations		
	31.12. N+3		
2915	Dépréciations du matériel	6 000	
7876	Reprises sur dépréciations exceptionnelles		6 000
	D'après tableau d'amortissements et de dépréciations		

CAS 2

Valeur d'usage

1. Détermination de la valeur d'usage

La valeur d'usage est égale à la somme des flux futurs de trésorerie : marge réalisée de N+1 à N+4, mais aussi prix de reprise net des coûts de remise en état en N+4.

Valeur d'usage = 40 % × 24 000 + 40 % × 30 000 + 40 % × 36 000 + 40 % × 36 000 + (2 400 − 1 200) = 9 600 + 12 000 + 14 400 + 14 400 + 1 200 = 51 600 €.

2. Valeur actuelle

La valeur actuelle est la plus élevée de la valeur vénale ou de la valeur d'usage. La valeur vénale au 31 décembre N est de 21 600 €, la valeur d'usage est de 51 600 €.

La valeur actuelle est donc de 51 600 €.

3. Valeur nette comptable au 31 décembre N

La base d'amortissement est égale au coût d'acquisition diminué de la valeur résiduelle nette des coûts de sortie : 30 000 − (2 400 − 1 200) = 28 800 €.

Amortissement de l'année N = 28 800 × 20 % = 5 760 €.

La valeur nette comptable est égale à : 30 000 − 5 760 = 24 240 €.

4. Dépréciation

Puisque la valeur actuelle (51 600 €) est supérieure à la valeur nette comptable (24 240 €), il n'y a pas de dépréciation à constater pour ce distributeur automatique de boissons.

5. Valeur d'usage actualisée

Dans ce cas, il faut reprendre les différents flux de trésorerie actualisés à 5 % :

Valeur d'usage = 9 600 × $(1{,}05)^{-1}$ + 12 000 × $(1{,}05)^{-2}$ + 14 400 × $(1{,}05)^{-3}$ + 14 400 × $(1{,}05)^{-4}$ + 1 200 × $(1{,}05)^{-4}$ = 9 142,86 + 10 884,35 + 12 439,26 + 12 834,16 = 45 300,63 €.

Dans ce cas également, la valeur actuelle est égale à la valeur d'usage (plus élevée que la valeur vénale). Elle est également supérieure à la valeur nette comptable, il n'y a donc pas besoin de déprécier cette immobilisation à la fin de l'année N.

6. Limites du calcul de la valeur d'usage

Cette valeur d'usage repose sur des prévisions. L'exactitude de la valeur dépend par conséquent de la précision des données prévisionnelles fournies. Si les prévisions sont optimistes, la valeur d'usage risque d'être surévaluée ; et inversement, on peut avoir à constater une dépréciation parce que les prévisions sont pessimistes.

D'autre part, se pose également le problème de la durée. Le règlement de novembre 2015 recommande de raisonner sur des données budgétaires sur cinq ans. Au-delà de cette période, les flux sont estimés par extrapolation jusqu'à la fin de la durée d'utilisation de l'actif.

Quant au taux d'actualisation à retenir, il dépend des variations du pouvoir d'achat de la monnaie et des risques spécifiques à l'actif.

CAS 3

Amortissements et dépréciations

1. Notion d'amortissement et plans d'amortissement

Un actif amortissable est un actif dont l'utilisation par l'entité est déterminable.

L'utilisation pour une entité se mesure par la consommation des avantages économiques attendus de l'actif.

Elle peut être déterminable en termes d'unités de temps ou d'autres unités d'œuvre lorsque ces dernières reflètent correctement le rythme de consommation des avantages économiques attendus de l'actif.

L'utilisation d'un actif est déterminable lorsque l'usage attendu de l'actif par l'entité est limité dans le temps. Cet usage est limité dès lors que l'un des critères suivants, soit à l'origine, soit en cours d'utilisation, est applicable : physique, technique, juridique. Ces critères ne sont pas exhaustifs.

Si plusieurs critères s'appliquent, il convient de retenir l'utilisation la plus courte résultant de l'application de ces critères.

Le montant amortissable d'un actif est sa valeur brute sous déduction de sa valeur résiduelle.

L'amortissement d'un actif est la répartition systématique de son montant amortissable en fonction de son utilisation.

Le plan d'amortissement est la traduction de la répartition de la valeur amortissable d'un actif selon le rythme de consommation des avantages économiques attendus en fonction de son utilisation probable.

Le mode d'amortissement est la traduction du rythme de consommation des avantages économiques attendus de l'actif par l'entité.

Élément important : amortissement = répartition de la valeur d'une immobilisation sur sa durée d'utilisation ⇒ ce n'est plus une perte de valeur à caractère irréversible.

Condition de l'amortissement = la durée d'utilisation doit être déterminable.

Comment amortir sur la durée d'utilisation ? En fonction du temps : ici de manière constante sur 5 ans ⇒ amortissement annuel = 36 000/5 = 7 200 €. Il faut ôter la valeur résiduelle (3 000 €) de la valeur d'acquisition de l'immobilisation (39 000 €).

On peut aussi retenir une unité d'œuvre physique, par exemple ici les quantités produites et vendues : la machine est spécifiquement dédiée à cette production ⇒ on adapte en quelque sorte le plan d'amortissement à la courbe de vie du produit.

Années	Calcul	Amortissement	Valeur comptable nette
N	36 000 × 1 000/5 000	7 200	31 800
N+1	36 000 × 1 500/5 000	10 800	21 000
N+2	36 000 × 1 200/5 000	8 640	12 360
N+3	36 000 × 800/5 000	5 760	6 600
N+4	36 000 × 500/5 000	3 600	3 000

2. Amortissement fiscal – Amortissement comptable

Taux dégressif d'amortissement = 20 % × 1,75 = 35 %.

1er cas : amortissement comptable en fonction des quantités produites et vendues

Année	Amortissement fiscal	Amortissement comptable	Amortissement dérogatoire	
			Dotation	Reprise
N	39 000 × 35 % = 13 650	7 200	6 450	
N+1	25 350 × 35 % = 8 873	10 800		1 927
N+2	16 477 × 35 % = 5 767	8 640		2 873
N+3	10 710 × 50 % = 5 355	5 760		405
N+4	5 355 × 100 % = 5 355	3 600	1 755	
Total	39 000	36 000	8 205	5 205

3 000

2e cas : amortissement comptable constant sur 5 ans

Année	Amortissement fiscal	Amortissement comptable	Amortissement dérogatoire	
			Dotation	Reprise
N	39 000 × 35 % = 13 650	7 200	6 450	
N+1	25 350 × 35 % = 8 873	7 200	1 673	
N+2	16 477 × 35 % = 5 767	7 200		1 433
N+3	10 710 × 50 % = 5 355	7 200		1 845
N+4	5 355 × 100 % = 5 355	7 200		1 845
Total	39 000	36 000	8 123	5 123

3 000

La différence entre les dotations et les reprises d'amortissement dérogatoire correspond à la valeur résiduelle de 3 000 €.
Selon le plan d'amortissement comptable retenu, les dotations et reprises d'amortissements dérogatoires ne sont pas passées au même moment.

Écritures de cession à passer

462	Créances sur cession d'immobilisation	3 600	
775	Produits des cessions d'éléments d'actif		3 000
44571	État – TVA collectée		600
	Prix de cession de la machine		
28154	Amortissements du matériel industriel	36 000	
675	Valeur comptable des éléments d'actifs cédés	3 000	
2154	Matériel industriel		39 000
	Sortie de la machine du bilan		
145	Amortissements dérogatoires	3 000	
78725	Reprises sur amortissements dérogatoires		3 000
	Pour solde du compte débité		

Le compte 675 enregistre au débit la valeur résiduelle non passée en charge (non prise en compte pour le calcul de l'amortissement comptable). Cette charge est compensée par le produit de cession de 3 000 enregistré au compte 775.
Les 3 000 repris en amortissements dérogatoires correspondent aux 3 000 qui ont été enregistrés précédemment en dotations aux amortissements dérogatoires : charge fiscale représentant un avantage fiscal de trésorerie.

3. Valeur actuelle

C'est la plus forte, de la valeur vénale ou de la valeur d'usage. Ces valeurs sont définies dans l'article 214-6 du PCG : « La valeur vénale est le montant qui pourrait être obtenu, à la date de clôture, de la vente d'un actif lors d'une transaction conclue à des conditions normales de marché, net des coûts de sortie.
La valeur d'usage d'un actif est la valeur des avantages économiques futurs attendus de son utilisation et de sa sortie. Ceux-ci correspondent à l'estimation des flux nets de trésorerie **actualisée** attendus de l'actif ».
La valeur d'usage est donc égale à la somme des flux nets de trésorerie futurs actualisés. Fin N : somme des résultats de N+1 à N+4 + valeur résiduelle. On ne retient pas le résultat N : ce n'est pas un flux futur.

Résultats obtenus à la fin de chaque année

	N	N+1	N+2	N+3	N+4
Marge sur coût variable	12 000	18 000	14 400	9 600	6 000
Coûts fixes spécifiques	1 200	1 800	2 400	3 000	3 600
Résultat	10 800	16 200	12 000	6 600	2 400

Valeur d'usage (avec taux d'actualisation de 10 %)

Fin N	$16\,200 \times (1{,}10)^{-1} + 12\,000 \times (1{,}10)^{-2} + 6\,600 \times (1{,}10)^{-3} + 2\,400 \times (1{,}10)^{-4} + 3\,000 \times (1{,}10)^{-4} = 14\,727 + 9\,917 + 4\,959 + 1\,639 + 2\,049 =$	33 291
Fin N+1	$12\,000 \times (1{,}10)^{-1} + 6\,600 \times (1{,}10)^{-2} + 2\,400 \times (1{,}10)^{-3} + 3\,000 \times (1{,}10)^{-3} = 10\,909 + 5\,455 + 1\,803 + 2\,254 =$	20 421
Fin N+2	$6\,600 \times (1{,}10)^{-1} + 2\,400 \times (1{,}10)^{-2} + 3\,000 \times (1{,}10)^{-2} = 6\,000 + 1\,983 + 2\,479 =$	10 462
Fin N+3	$2\,400 \times (1{,}10)^{-1} + 3\,000 \times (1{,}10)^{-1} = 2\,182 + 2\,727 =$	4 909
Fin N+4	3 000	3 000

Tableau des différentes valeurs nécessaires au test de dépréciation

Années	Valeur nette comptable	Valeur vénale	Valeur d'usage	Valeur actuelle
Fin N	31 800	30 000	33 291	33 291
Fin N+1	21 000	21 000	20 421	21 000
Fin N+2	12 360	11 000	10 462	11 000
Fin N+3	6 600	6 000	4 909	6 000
Fin N+4	3 000	3 000	3 000	3 000

Pour les années N et N+1, pas de dépréciation, uniquement les écritures d'amortissement prévues.
Pour N+2, la valeur actuelle est la plus élevée de la valeur vénale ou de la valeur d'usage (11 000 : valeur vénale). Elle est inférieure à la valeur comptable nette obtenue après déduction de l'amortissement, une dépréciation est donc nécessaire : 12 360 – 11 000 = 1 360 €.
VNC fin N+2 = 11 000 ⇒ base d'amortissement en N+3 et N+4 = 11 000 – 3 000 (valeur résiduelle) = 8 000 €.
Amortissement N+3 = 8 000 × 800 / 1 300 = 4 923 €.
⇒ VNC fin N+3 avant test de dépréciation = 11 000 – 4 923 = 6 077 €.
Pour N+3, valeur actuelle = 6 000 € ⇒ dépréciation de 77 €.
VNC fin N+3 = 6 000 € ⇒ amortissement N+4 = (6 000 – 3 000) × 100 % = 3 000 €.
Somme des amortissements = 7 200 + 10 800 + 8 640 + 4 923 + 3 000 = 34 563 €.
⇒ Somme des dépréciations = 1 360 + 77 = 1 437 €.

Années	Base d'amortissement	Amortissement	VNC provisoire	Valeur actuelle	Déprécia-tion	VNC
N	36 000	7 200	31 800	33 291		31 800
N+1	28 800	10 800	21 000	21 000		21 000
N+2	18 000	8 640	12 360	11 000	1 360	11 000
N+3	8 000	4 923	6 077	6 000	77	6 000
N+4	3 000	3 000	3 000	3 000		3 000
Total		**34 563**			**1 437**	

4. Traitement fiscal des dépréciations

Les dépréciations passées en N+2 et N+3 ne sont pas déductibles, en principe. Cela s'explique surtout par le fait que l'Administration fiscale en reste aux anciennes définitions : l'amortissement constate la perte de valeur, la dépréciation à caractère irréversible de l'immobilisation. Elle ne peut donc accepter deux éléments à déduire pour la même cause.

Il faut dans ce cas, pour conserver la déductibilité des dépréciations, doter un amortissement exceptionnel permettant de récupérer les dépréciations.

Amortissement N+3 normal sans dépréciation = 5 760 € (tableau question 1).

Amortissement N+3 avec dépréciation = 4 923 €.

⇒ amortissement exceptionnel de : 5 760 – 4 923 = 837 €.

	fin N+3		
6871	Dotations aux amortissements exceptionnels des immobilisations	837	
28154	Amortissements du matériel industriel		837
29154	Dépréciation du matériel industriel	837	
7876	Reprises sur dépréciations des immobilisations		837

De même, en N+4 :

- amortissement normal sans dépréciation = 3 600 €
- amortissement avec dépréciation = 3 000 €.

⇒ Amortissement exceptionnel de 600 €.

	fin N+4		
6871	Dotations aux amortissements exceptionnels des immobilisations	600	
28154	Amortissements du matériel industriel		600
29154	Dépréciation du matériel industriel	600	
7876	Reprises sur dépréciations des immobilisations		600

Cette solution semble annoncer quelques difficultés, d'un point de vue pédagogique :

- on semble revenir en arrière avec la création d'un amortissement pour dépréciation (ancienne dénomination de l'amortissement, qui avait été supprimée avec les règlements issus des normes internationales) ;
- on complique la notion d'amortissement : il faut distinguer l'amortissement comptable, l'amortissement fiscal, l'amortissement dérogatoire et l'amortissement exceptionnel pour dépréciation. Comment expliquer clairement ces différentes notions ?

CHAPITRE 24

L'évaluation des stocks à l'inventaire

APPLICATION 1

Comptes relatifs aux stocks

1) a) Lorsque le compte 6031 Variation des stocks de matières premières présente un solde débiteur, cela signifie que l'entreprise a consommé pendant l'exercice davantage de matières premières qu'elle n'en a achetées.

Cela signifie également que le stock de matières premières a diminué entre le début et la fin de l'exercice.

2) a) Lorsque le poste « Production stockée » du compte de résultat est négatif, cela signifie que l'entreprise est en situation de déstockage entre le début et la fin de l'exercice ;

Cela signifie également que l'entreprise a vendu pendant l'exercice plus de produits qu'elle n'en a fabriqués.

3) a) En période d'inflation, le choix de la méthode PEPS (premier entré, premier sorti) a pour conséquence, par rapport à la méthode du coût moyen pondéré, d'augmenter le résultat de l'exercice. En effet, la méthode PEPS valorise le stock final aux coûts des dernières entrées en stock de l'exercice, donc à un coût plus élevé qu'en début d'exercice en période d'inflation. La valeur du stock final est alors surestimée par rapport à la méthode du coût moyen pondéré.

4) Dans les documents comptables d'une entreprise, on relève les données suivantes :

	Stock initial	Stock final	Variation de stocks	Production stockée
Marchandises	520 000 €	520 000 – 40 000 = 480 000 €	Compte 6037 : solde débiteur de 40 000 €	
Produits finis	1 240 000 – 120 000 = 1 120 000 €	1 240 000 €		Compte 71355 : solde créditeur de 120 000 €
Matières premières	253 000 €	253 000 + 26 000 = 279 000 €	Compte 6031 : Moins 26 000 €	

☞

☞

Emballages	63 900 + 3 200 = 67 100 €	63 900 €	Compte 6032 : Plus 3 200 €	
Produits résiduels	57 500 – 8 400 = 49 100 €	57 500 €		Compte 71358 : Plus 8 400 €

APPLICATION 2

Coût moyen pondéré après chaque entrée

(D'après sujet d'examen.)

1. Valeur du stock théorique au 31 décembre N

Dates	Entrées			Sorties			Stock		
	Quantités	Coût unitaire	Valeur	Quantités	Coût unitaire	Valeur	Quantités	Coût unitaire	Valeur
01.01	1 500	2,10	3 150				1 500	2,10	3 150
05.03	2 250	2,25	5 062,50				3 750	2,19	8 212,50
12.08				1 700	2,19	3 723	2 050	2,19	4 489,50
27.09	800	2,30	1 840				2 850	2,22	6 329,50
26.12				1 100	2,22	2 442	1 750	2,22	3 887,50

Le stock théorique fin N est de 1 750 kg valant 3 887,50 €. Cependant, le stock final réel est de 1 720 kg à un coût unitaire de 2,22, soit une valeur de : 3 818,40 €.

2. Écritures d'inventaire au 31 décembre N

	31.12.N		
6031	Variation des stocks de matières premières	3 150,00	
31	Stock de matières premières		3 150,00
	Annulation du stock initial		
31	Stock de matières premières	3 818,40	
6031	Variation des stocks de matières premières		3 818,40
	Constatation du stock final réel		

APPLICATION 3

Méthodes d'évaluation des stocks

1. Fiche de stock selon la méthode premier entré – premier sorti

Date janvier	Libellé	Entrées			Sorties			Stocks		
		Q	CU	Montant	Q	CU	Montant	Q	CU	Montant
01	Stock	100	10	1 000				100	10	1 000
04	Entrée	50	11	550				100 50	10 11	1 000 550
06	Sortie				100 20	10 11	1 000 220	30	11	330
09	Entrée	30	12	360				30 30	11 12	330 360
12	Entrée	40	12,50	500				30 30 40	11 12 12,50	330 360 500
15	Sortie				30 30 20	11 12 12,50	330 360 250	20	12,50	250
20	Entrée	20	14	280				20 20	12,50 14	250 280
31	Mali d'inventaire				2	12,50	25	18 20	12,50 14	225 280
31	Stock final							38		505
	Total	240		2 690						

2. CMP de fin de période

CMP fin janvier = 2 690/240 = 11,21 €.

3. CMP après chaque entrée

Au 04.01 : (1 000 + 550)/(100 + 50) = 10,33 €.
Au 09.01 : [1 550 – (120 × 10,33) + 360]/(30 + 30) = 670/60 = 11,17 €.

APPLICATION 4

Inventaire permanent

La réglementation comptable a prévu la possibilité de tenir un inventaire permanent tout au long de l'année, ce qui entraînera l'utilisation des comptes de stocks et de variation de stocks à chaque achat ou vente.

Si des stocks, dont l'entreprise est propriétaire, ne sont pas encore arrivés ou s'ils sont en consignation ou en dépôt, il conviendra d'utiliser le compte 38 – Stocks en voie d'acheminement, mis en dépôt, donnés en consignation.

	01.07.N		
607	Achats de marchandises	10 000	
44566	État – TVA déductible sur autres biens et services	2 000	
401	Fournisseurs		12 000
	Facture n° ...		
	01.07.N		
38	Stocks en voie d'acheminement, ...	10 000	
6037	Variations de stocks de marchandises		10 000
	Enregistrement en stock à régulariser		
	15.07.N		
37	Stocks de marchandises	10 000	
38	Stocks en voie d'acheminement, ...		10 000
	Régularisation du stock : marchandises réceptionnées		
	20.07.N		
411	Clients	14 400	
707	Ventes de marchandises		12 000
44571	État – TVA collectée		2 400
	Facture n° ...		
	20.07.N		
6037	Variations de stocks de marchandises	7 500	
37	Stocks de marchandises		7 500
	Sortie de marchandises au coût d'achat : 150 × 50 €		

● ● ● ● ●

CAS 1

Escompte et stock de marchandises

1. Calcul du stock final en appliquant la méthode PEPS

Dates	Entrées			Sorties			Stock		
	Quantités	Coût unitaire	Montant	Quantités	Coût unitaire	Montant	Quantités	Coût unitaire	Montant
01/01	400	41	16 400				400	41	16 400
17/03	500	40	20 000				400 500	41 40	36 400
22/04				200	41	8 200	200 500	41 40	28 200

☞

20/05				200 400	41 40	24 200	100	40	4 000
07/06	350	42,14	14 749				100 350	40 42,14	18 749
27/06				100 150	40 42,14	10 321	200	42,14	8 428
04/07	50	45	2 250				200 50	42,14 45	10 678
10/09				150	42,14	6 321	50 50	42,14 45	4 357

	31.12.N		
6037 37	Variation des stocks de marchandises Stock de marchandises *Annulation du stock initial*	16 400	16 400
37 6037	Stock de marchandises Variation des stocks de marchandises *Constatation du stock final réel*	4 357	4 357

2. Calcul du stock final en appliquant la méthode du coût moyen pondéré

Coût moyen pondéré = (Entrées et stock initial en valeurs)/(Entrées et stock initial en quantités) = (16 400 + 20 000 + 14 749 + 2 250) / (400 + 500 + 350 + 50) = 41,08 €.

Valeur du stock final par cette méthode = 41,08 × 100 = 4 108 €.

	31.12.N		
6037 37	Variation des stocks de marchandises Stock de marchandises *Annulation du stock initial*	16 400	16 400
37 6037	Stock de marchandises Variation des stocks de marchandises *Constatation du stock final réel*	4 108	4 108

3. Prise en considération de l'escompte dans le compte de résultat

Les achats de marchandises sont évalués au net commercial dans le compte de résultat ; l'escompte obtenu des fournisseurs est enregistré en tant que produit financier.

Les stocks de marchandises, éléments d'actif du bilan, doivent tenir compte de l'escompte ; celui-ci est déduit de la valeur des stocks. Par conséquent, la variation des stocks de marchandises figurant au compte de résultat est influencée par l'escompte.

De ce fait, dans le compte de résultat, figurent deux éléments évalués sur une base différente : les achats sont évalués sans déduire l'escompte, les variations de stock sont évaluées en tenant compte de l'escompte.

Pour résoudre cette anomalie, certains auteurs enregistrent les achats de marchandises pour le net financier, c'est-à-dire en déduisant l'escompte. Mais cette manière de faire ne correspond pas à ce que dit la réglementation comptable.

CAS 2

Détermination du stock final de produits finis

(*D'après sujet d'examen.*)

1. Détermination du stock final en quantités et valorisation au coût moyen pondéré de production

	Quantités	Coût unitaire	Valeur
Stock initial	10 000	10	100 000 €
Production N	120 000		
Ventes N	– 100 000		
Stock final théorique	30 000		
Manque	– 500		
Cassés	– 2 000		
Stock final	27 500	11	302 500 €

2. Écritures de variation des stocks

		31.12.N		
71355		Variation des stocks de produits finis	100 000	
	355	Stock de produits finis		100 000
		Annulation du stock initial		
355		Stock de produits finis	302 500	
	71355	Variation des stocks de produits finis		302 500
		Constatation du stock final		

CAS 3

Stock d'emballages

(*D'après sujet d'examen.*)

1. Évaluation en quantités et en valeur du stock final d'emballages

EMBALLAGES					
	Quantités	Valeur		Quantités	Valeur
Stock initial	120	4 243,50	Ventes	90[a]	
Achats	85[b]	2 975,00	Stock final	115	
	205	7 218,50			

(a) Ventes d'emballages : 3 600 € ; prix de vente unitaire HT = 48/1,20 = 40 € HT.
(b) Achats d'emballages : 2 975 € ; prix d'achat unitaire = 35 € HT.

Coût moyen pondéré = 7 218,50/205 = 35,21 €.
Stock final valorisé au coût moyen pondéré = 115 × 35,21 = 4 049,15 €.

2. Écritures nécessaires au 30 septembre N

	30.09.N		
603265 3265	Variation des stocks d'emballages récupérables Stock d'emballages récupérables *Annulation du stock initial*	4 243,50	 4 243,50
3265 603265	Stock d'emballages récupérables Variation des stocks d'emballages récupérables *Constatation du stock final*	4 049,15	 4 049,15

CAS 4

Stock d'emballages

(*D'après sujet d'examen.*)

1. Montant théorique du stock d'emballages appartenant à l'entreprise

- Stock initial d'emballages = 6 000 €
- Achats d'emballages = 10 000 €
- Cession d'emballages = 3 000/1,5 = 2 000 €

→ Stock final théorique d'emballages = 6 000 + 10 000 – 2 000 = 14 000 €.
Stock réel d'emballages = 14 000 – 1 400 (manquant) = 12 600 €.

2. Écritures de rectification

6026 326	Achats d'emballages Stock d'emballages récupérables *Correction de l'écriture liée aux achats d'emballages de l'exercice*	10 000	 10 000
4196 7086 326	Clients – Dettes sur emballages consignés Bonis sur reprises d'emballages consignés Stock d'emballages récupérables *Correction de l'écriture relative au retour des emballages par les clients : prix de reprise = 18 000 → prix de consignation = 18 000/0,75 = 24 000*	24 000	 6 000 18 000
326 4196	Stock d'emballages récupérables Clients – Dettes sur emballages consignés *Correction de l'écriture relative aux consignations d'emballages aux clients*	45 000	 45 000
4096 326	Fournisseurs – Créances sur emballages à rendre Stock d'emballages récupérables *Correction de l'écriture relative aux emballages consignés par les fournisseurs : le compte 326 a été débité au total de 50 000 €, des éléments ont déjà été corrigés ci-dessus : 50 000 – (6 000 + 10 000 + 18 000) = 16 000 €.*	16 000	 16 000
326 4096	Stock d'emballages récupérables Fournisseurs – Créances sur emballages à rendre *Correction de l'écriture relative aux emballages retournés aux fournisseurs : 54 000 – 45 000 = 9 000 €.*	9 000	 9 000
4196 7088	Clients – Dettes sur emballages consignés Autres produits d'activités annexes *Régularisation des emballages non restitués*	3 000	 3 000
60326 326	Variation des stocks d'emballages récupérables Stock d'emballages récupérables *Annulation du stock initial*	6 000	 6 000
326 60326	Stock d'emballages récupérables Variation des stocks d'emballages récupérables *Constatation du stock final*	12 600	 12 600

CHAPITRE

25 La dépréciation des autres éléments d'actif

APPLICATION 1

Dépréciation des stocks

(D'après sujet d'examen.)

1. Écritures nécessaires au 31 décembre N

	31.12.N		
6031 31	Variation des stocks de matières premières Stock de matières premières *Annulation du stock initial*	117 000	 117 000
31 6031	Stock de matières premières Variation des stocks de matières premières *Constatation du stock final*	119 240	 119 240
603265 3265	Variation des stocks d'emballages récupérables non identifiables Stock d'emballages récupérables non identifiables *Annulation du stock initial*	20 650	 20 650
3265 603265	Stock d'emballages récupérables non identifiables Variation des stocks d'emballages récupérables non identifiables *Constatation du stock final*	23 940	 23 940
6037 37	Variation des stocks de marchandises Stock de marchandises *Annulation du stock initial*	27 300	 27 300
37 6037	Stock de marchandises Variation des stocks de marchandises *Constatation du stock final*	26 500	 26 500
71355 355	Variation des stocks de produits finis Stock de produits finis *Annulation du stock initial*	723 560	 723 560
355 71355	Stock de produits finis Variation des stocks de produits finis *Constatation du stock final*	751 800	 751 800

2. Calculs des dépréciations

Éléments	Dépréciation N-1	Dépréciation N
Matières premières	117 000 – 116 300 = 700	119 240 – 119 070 = 170
Emballages récupérables non identifiables	20 650 – 19 500 = 1 150	23 940 – 22 700 = 1 240
Marchandises	27 300 – 26 750 = 550	26 500 – 25 700 = 800
Produits finis	723 560 – 721 200 = 2 360	751 800 – 748 400 = 3 400

	31.12.N		
391	Dépréciations des matières premières	700	
39265	Dépréciations des emballages récupérables non identifiables	1 150	
397	Dépréciations des marchandises	550	
3955	Dépréciations des produits finis	2 360	
78173	Reprises sur dépréciations des stocks		4 760
	Annulation des dépréciations relatives aux stocks initiaux		
68173	Dotations pour dépréciations des stocks	5 610	
391	Dépréciations des matières premières		170
39265	Dépréciations des emballages récupérables non identifiables		1 240
397	Dépréciations des marchandises		800
3955	Dépréciations des produits finis		3 400
	Constatation des dépréciations des stocks de fin d'exercice		

APPLICATION 2

Dépréciation des créances

(D'après sujet d'examen.)

1. Montant des nouvelles créances douteuses

À l'inventaire, les créances sont évaluées en fonction de leurs possibilités de recouvrement. La différence de montant des créances clients entre la valeur avant inventaire et la valeur après inventaire nous donne le montant des nouvelles créances douteuses :

624 420 – 540 660 = 83 760 €.

2. Montant des créances douteuses N–1 devenues irrécouvrables en N

Ce montant peut être retrouvé à partir de la variation des montants des créances douteuses avant et après inventaire :

Créances douteuses avant inventaire + Nouvelles créances douteuses N – Créances douteuses N–1 devenues irrécouvrables en N = Créances douteuses après inventaire.

102 300 + 83 760 – X = 118 500

X = Créances douteuses N–1 devenues irrécouvrables en N = 67 560 €.

3. Montant de la dotation aux dépréciations des créances clients

Ce montant peut être obtenu à partir de la variation du compte dépréciations des comptes clients :

Dépréciations avant inventaire + Dotations – Reprises = Dépréciations après inventaire.

Les reprises correspondent aux créances devenues irrécouvrables en N.

55 412,50 + Y – 26 700 = 69 125,00

Y = dotations aux dépréciations des créances clients de N = 40 412,50 €.

4. Écritures d'inventaire relatives aux créances clients

	31.12.N		
416 411	Clients douteux ou litigieux Clients *Constatation des créances devenues douteuses en N*	83 760	83 760
654 44551 416	Pertes sur créances irrécouvrables État – TVA à décaisser Clients douteux ou litigieux *Créances douteuses N-1 devenues irrécouvrables en N*	56 300 11 260	67 560
491 78174	Dépréciations des comptes clients Reprises sur dépréciations des créances *Reprise des dépréciations relatives aux créances devenues irrécouvrables*	26 700	26 700
68174 491	Dotations pour dépréciations des créances Dépréciations des comptes clients *Constatation des dépréciations sur créances clients*	40 412,50	40 412,50

APPLICATION 3

Dépréciation de valeurs mobilières de placement

(D'après sujet d'examen.)

Éléments	Dépréciation N-1	Dépréciation N	Dotation ou reprise
Bicma	20 × (350 – 322) = 560	20 × (350 – 345) = 100	Reprise de 460 €
Cadic	30 × (480 – 450) = 900	30 × (480 – 483) = ---	Reprise de 900 €
Gamb	néant	10 × (820 – 798) = 220	Dotation de 220 €
Sdc	25 × (710 – 712) = ---	15 × (710 – 682) = 420 €	Dotation de 420 €

	31.12.N		
767 503	Produits nets sur cessions de valeurs mobilières de placement Actions *Régularisation des écritures de cession des 10 titres Sdc cédés*	7 100	7 100

68665 5903	Dotations pour dépréciations des valeurs mobilières de placement Dépréciations des valeurs mobilières de placement *Constatation des dotations aux dépréciations : 220 + 420*	640	 640
5903 78665	Dépréciations des valeurs mobilières de placement Reprises sur dépréciations des valeurs mobilières de placement *Reprise des dépréciations relatives aux valeurs mobilières de placement : 460 + 900*	1 360	 1 360

• • • • •

CAS 1

Dépréciations diverses

(D'après sujet d'examen.)

1. Titres de participation : enregistrement d'inventaire

Éléments	Dépréciation N-1	Dépréciation N	Dotation ou reprise
Société X	4 000	53 000 – 47 000 = 6 000	Dotation de 2 000 €
Société Y	7 500	118 000 – 119 000 = ---	Reprise de 7 500 €
Société Z	5 100	74 200 – 72 500 = 1 700	Reprise de 3 400 €

	31.12.N		
68662 2961	Dotations pour dépréciations des immobilisations financières Dépréciations des titres de participation *Constatation des dotations aux dépréciations titres société X*	2 000	 2 000
2961 78662	Dépréciations des titres de participation Reprises sur dépréciations des immobilisations financières *Reprise des dépréciations relatives aux titres des sociétés Y et Z : 7 500 + 3 400*	10 900	 10 900

2. Créances clients : enregistrements relatifs aux clients C1 et C2

Des règlements ont été reçus de ces clients au cours de l'exercice. Les enregistrements comptables ont été les suivants :

	N		
512 416	Banques Clients douteux ou litigieux *Règlement du client C1*	24 000	 24 000
512 416	Banques Clients douteux ou litigieux *Règlement du client C2*	1 200	 1 200

3. Écritures d'inventaire relatives aux clients

- Client C1 :

	31.12.N		
654	Pertes sur créances irrécouvrables	10 000	
44551	État – TVA à décaisser	2 000	
416	Clients douteux ou litigieux (36 000 – 24 000)		12 000
	Client C1 devenu irrécouvrable en N		
491	Dépréciations des comptes clients	7 000	
78174	Reprises sur dépréciations des créances		7 000
	Reprise des dépréciations relatives au client C1		

- Client C2 :

Dépréciation N = [(31 200 – 1 200)/1,20] × 60 % = 15 000 €

→ Dotation complémentaire de 7 000 €.

	31.12.N		
68174	Dotations pour dépréciations des créances	7 000	
491	Dépréciations des comptes clients		7 000
	Constatation des dépréciations sur client C2		

- Client C3 : ce client est devenu douteux en N.

En effet, le montant des créances douteuses avant inventaire était de 42 000 € = solde des comptes clients C1 et C2 = (36 000 + 31 200) – (24 000 + 1 200) = 42 000 €.

	31.12.N		
416	Clients douteux ou litigieux	37 200	
411	Clients		37 200
	Constatation de la créance sur le client C3 devenue douteuse		
654	Pertes sur créances irrécouvrables	31 000	
44551	État – TVA à décaisser	6 200	
416	Clients douteux ou litigieux		37 200
	Client C3 devenu irrécouvrable en N		

Remarque : il est possible de ne pas passer par le compte clients douteux.

- Client C4 : ce client est également devenu douteux en N.

Une dépréciation doit être constatée sur ce client : (7 200/1,20) × 2/3 = 4 000 €.

	31.12.N		
416	Clients douteux ou litigieux	7 200	
411	Clients		7 200
	Constatation de la créance sur le client C4 devenue douteuse		
68174	Dotations pour dépréciations des créances	4 000	
491	Dépréciations des comptes clients		4 000
	Constatation des dépréciations sur client C4		

4. Stocks : lignes concernées sur les états de synthèse

EXTRAIT DE BILAN AU 31 DÉCEMBRE N			
Postes	**Valeur brute**	**Dépréciations**	**Valeur comptable nette**
Matières premières	106 200	3 100	103 100
Matières consommables	5 000		5 000
Fournitures consommables	4 100		4 100
Emballages	7 600	300	7 300
Travaux en cours	113 000	13 800	99 200
Produits finis	520 100		520 100
Produits résiduels	700		700

En système de base, l'extrait de bilan se présenterait ainsi :

EXTRAIT DE BILAN AU 31 DÉCEMBRE N			
Postes	**Valeur brute**	**Dépréciations**	**Valeur comptable nette**
ACTIF CIRCULANT			
Stocks et en-cours			
Matières premières et autres approvisionnements	122 900	3 400	119 500
En cours de production (biens et services)	113 000	13 800	99 200
Produits intermédiaires et finis	520 800		520 800

Dans le compte de résultat, ce sont les variations de stocks qui sont concernées :

Postes	Stock initial	Stock final	Variation(1)
Matières premières	86 000	106 200	– 20 200
Matières consommables	7 000	5 000	2 000
Fournitures consommables	3 200	4 100	– 900
Emballages	8 800	7 600	1 200
Travaux en cours	191 000	113 000	– 78 000
Produits finis	484 600	520 100	35 500
Produits résiduels	900	700	– 200

(1) Pour les biens achetés, la variation de stock se calcule dans le sens Stock initial – Stock final ; pour les biens fabriqués et les en-cours, la variation s'obtient en faisant : Stock final – Stock initial.

EXTRAIT DU COMPTE DE RÉSULTAT AU 31 DÉCEMBRE N			
Charges		Produits	
Variation des stocks de matières premières et autres approvisionnements	– 17 900	Production stockée	– 42 700
Dotations pour dépréciations des stocks	17 200	Reprises sur dépréciations des stocks	11 300

5. Incidence nette sur le résultat courant des variations de stocks et en-cours

Les produits diminuent de 42 700 €, les charges diminuent de 17 900 €.
Le résultat diminue donc de : 42 700 – 17 900 = 24 800 €.

6. Valeurs mobilières de placement : enregistrement

	31.12.N		
465	Créances sur cessions de valeurs mobilières de placement	28 500	
667	Charges nettes sur cessions de valeurs mobilières de placement	1 500	
503	Actions		30 000
	Cession des titres de placement		
5903	Dépréciations des valeurs mobilières de placement	1 000	
78665	Reprises sur dépréciations des valeurs mobilières de placement		1 000
	Reprise des dépréciations relatives aux valeurs mobilières de placement cédées		

CAS 2

Dépréciation de créances clients

(D'après sujet d'examen.)

1. État des clients douteux et irrécouvrables

Nom clients	Montant TTC restant à payer	Montant HT	Dépréciation nécessaire	Dépréciation antérieure	Dotation	Reprise	Créance irrécouvrable	TVA à récupérer
Canal	30 000	25 000	10 000	5 000	5 000			
Leblanc	3 900	3 250	650	3 600		2 950		
Champion	12 400	10 333,33		4 800		4 800	10 333,33	2 066,67
Forget	28 800	24 000	14 400		14 400			
				Total	**19 400**	**7 750**	**10 333,33**	**2 066,67**

2. Écritures d'inventaire

	31.12.N		
416	Clients douteux ou litigieux	28 800	
411	Clients		28 800
	Client Forget passé en clients douteux		
	31.12.N		
68174	Dotations pour dépréciations des créances	19 400	
491	Dépréciations des comptes clients		19 400
	D'après tableau précédent : Clients Canal et Forget		
	31.12.N		
491	Dépréciations des comptes clients	7 750	
78174	Reprises sur dépréciations des créances		7 750
	D'après tableau précédent : Clients Leblanc et Champion		
	31.12.N		
654	Pertes sur créances irrécouvrables	10 333,33	
44551	État – TVA à décaisser	2 066,67	
416	Clients douteux ou litigieux (Champion)		12 400
	D'après tableau précédent		
	31.12.N		
471	Compte d'attente	6 000,00	
7714	Rentrée sur créances amorties		5 000
44551	État – TVA à décaisser		1 000
	Régularisation du client Herbat		

CAS 3

Dépréciation du portefeuille titres

(D'après sujet d'examen.)

1. Détermination des plus-values, moins-values et variations des dépréciations

Titres	Valeur d'acquisition	Valeur fin N–1	Dépréciation N–1	Valeur fin N	Dépréciation N	Dotation ou reprise
Titres de participation						
SNC Delta	40 000	32 000	8 000	0	40 000	Dotation 32 000
SA Alpha	56 000	64 000	(plus-value de 8 000)	80 000	(plus-value de 24 000)	
SA Beta	Fin N–1 = 188 000 Fin N = 223 000	180 000	8 000	280 000	(plus-value de 57 000)	Reprise de 8 000

☞

☞ Titres	Valeur d'acquisition	Valeur fin N-1	Dépréciation N-1	Valeur fin N	Dépréciation N	Dotation ou reprise
Autres titres immobilisés						
Mona	Fin N-1 = 43 000 Fin N = 52 000	30 000	13 000	56 000	(plus-value de 4 000)	Reprise de 13 000
Nova	9 600	10 400	(plus-value de 800)	12 800	(plus-value de 3 200)	
Polo	18 000	20 400	(plus-value de 2 400)	15 000	3 000	Dotation 3 000
Valeurs mobilières de placement						
Xénon	3 000	2 700	300	3 600	(plus-value de 600)	Reprise de 300
Yard	6 800			8 000	(plus-value de 1 200)	
Zinnia	12 000	12 600	(plus-value de 600)	9 600	2 400	Dotation 2 400

2. Relation entre la société Vasar et la SNC Delta

La SNC Delta a une situation très mauvaise qui explique que la participation que la société Vasar détient dans la SNC Delta ait été complètement dépréciée : dépréciation = valeur d'acquisition des parts Delta. De plus, si cette société est en perte, la société Vasar peut éventuellement constituer une provision pour risque égale à la moitié des pertes (la filiale est détenue à parité avec une autre entreprise). La raison est que les associés d'une SNC sont indéfiniment et solidairement responsables des dettes et des pertes de la société de personnes.

3. Écritures d'inventaire

	31.12.N		
68662 2961	Dotations pour dépréciations des immobilisations financières Dépréciations des titres de participation *Constatation des dotations pour dépréciations titres société Delta*	32 000	 32 000
2961 78662	Dépréciations des titres de participation Reprises sur dépréciations des immobilisations financières *Reprise des dépréciations relatives aux titres société Beta*	8 000	 8 000
68662 2971	Dotations pour dépréciations des immobilisations financières Dépréciations des autres titres immobilisés *Constatation des dotations pour dépréciations titres société Polo*	3 000	 3 000

2971 78662	Dépréciations des autres titres immobilisés Reprises sur dépréciations des immobilisations financières *Reprise des dépréciations relatives aux titres de la société Mona*	13 000	 13 000
68665 5903	Dotations pour dépréciations des valeurs mobilières de placement Dépréciations des valeurs mobilières de placement *Constatation des dotations pour dépréciations titres société Zinnia*	2 400	 2 400
5903 78665	Dépréciations des valeurs mobilières de placement Reprises sur dépréciations des valeurs mobilières de placement *Reprise des dépréciations relatives aux titres de la société Xénon*	300	 300

CAS 4

Le suivi des créances clients

1. Suivi des règlements des créances clients

À la lecture de l'extrait de balance de la SARL Cycle 1000, il apparaît que la trésorerie de l'entreprise (somme des comptes Banques et Caisse) est négative. Par ailleurs, les soldes des dettes fournisseurs indiquent que la SARL Cycle 1000 doit prévoir des sorties de trésorerie futures. Ainsi, la SARL Cycle 1000 a besoin de s'assurer des entrées de trésorerie. Ceci peut se réaliser en partie par le règlement de ses clients. Il convient donc d'apprécier le niveau de recouvrement probable des créances de l'entreprise. Le suivi des créances consiste en outre à catégoriser les créances (montants, type de clients, délai de règlement, probabilités de règlement...). La SARL Cycle 1000 peut alors définir les mauvais payeurs notamment par la détermination des règlements probablement perdus ou effectivement perdus. Le suivi des créances vise également à définir les causes de ces problèmes de règlement : lacunes de l'entreprise (pas de suivi des créances, problème de comptabilisation, problèmes commerciaux...) ou difficultés des clients.

2. Écritures d'inventaire à réaliser selon les risques de non-recouvrement des créances à la clôture des comptes

Dès lors qu'une entreprise a des doutes sur le recouvrement d'une créance, elle affecte la créance concernée à un nouveau poste. Cette opération consiste à faire passer la créance du débit d'un compte 411.. au débit d'un compte 416... Clients douteux ou litigieux.

Dans un second temps, l'entreprise constate une dotation pour dépréciation des créances clients (68...). Cette écriture conduit donc à enregistrer dans les comptes de l'entreprise une charge dès lors qu'elle a connaissance d'une perte probable future. Ceci conduit in fine à déduire du résultat les produits correspondant aux créances si les règlements de ces dernières ne sont pas certains. Ainsi, l'entreprise ne peut distribuer des dividendes extraits de résultats si les produits participant à ce résultat ne sont pas effectivement réglés à l'entreprise. En contrepartie, une dépréciation des créances clients est enregistrée au crédit (491 Dépréciation des comptes clients). Cette constatation permet de diminuer la valeur de la créance au bilan.

À la clôture des exercices suivants, les risques de non-recouvrement des créances sont ajustés selon les nouvelles informations à disposition de l'entreprise :

– constatation d'une dotation pour dépréciations si le risque d'irrécouvrabilité augmente ;
– constatation d'une reprise sur dépréciations si le risque d'irrécouvrabilité diminue.

Au règlement effectif de la créance ou à la constatation d'une perte irrécouvrable de la créance, les dépréciations sont soldées car elles ne sont plus justifiées : le risque n'existe plus ou est avéré.

3. Calcul des dépréciations des créances clients

La dépréciation est estimée sur le montant HT car le risque porte sur le montant HT. En effet, la TVA concernant une créance impayée peut être récupérée par l'entreprise. Pour pouvoir récupérer la TVA, l'entreprise doit prouver au fisc le caractère « définitif » de l'irrécouvrabilité de la créance et apporter la preuve que des actions de recouvrement suffisantes ont été menées par l'entreprise.

4. Vérification des informations concernant les créances clients dans la balance avant inventaire

À la fin de l'exercice précédent, la SARL Cycle 1000 avait considéré la créance du client Velib comme douteuse et estimé un risque d'irrécouvrabilité de 40 %. Il est mentionné qu'aucune autre difficulté n'est à considérer concernant les créances clients.

De ce fait, cette créance doit apparaître au débit d'un compte de clients douteux ou litigieux. À la lecture de l'extrait de la balance de la SARL Cycle 1000, la créance Velib a bien été transférée du compte 411090 Client Velib au compte 416090 Client douteux ou litigieux – Velib. Compte tenu du risque de non-recouvrement, une dépréciation a dû être constatée. Le montant du risque est égal à : Montant HT de la créance × 40 % = (2 775/1,20) × 40 % = 925,00 €. Le compte 491609 Dépréciations des comptes de clients présente en effet un solde créditeur de 925,00 euros.

5. Écritures d'inventaire nécessaires concernant les créances clients

Calcul des dépréciations ou reprises à effectuer à la clôture de l'exercice N

Client	Montant HT restant à régler à la clôture de l'exercice N	Risque de perte en % du montant de la créance	Dépréciation existante	Perte définitive : créance irrécouvrable	Dépréciation nécessaire	Dépréciation ou reprise à effectuer
Agauche	240,00 (1)	0 %	0	0	0	0
BCAN	1 028,00	30 %	0	0	308,40 (2)	308,40
F2000	623,33	60 %	0	0	374,00	374,00
Francet	300,00	25 %	0	0	75,00	75,00
Pouli	755,00	100 %	0	755,00	0	0
Velib	2 312,50	20 %	925,00	0	462,50	Reprise : 462,50 (3)

(1) 288/1,20.
(2) 1 028 × 30 %.
(3) 925 – 462,50.

Enregistrements des dépréciations ou reprises à effectuer à la clôture de l'exercice N

	31.12.N		
416020	Client douteux ou litigieux – BCAN	1 233,60	
416060	Client douteux ou litigieux – F2000	748	
416070	Client douteux ou litigieux – Francet	360	
416080	Client douteux ou litigieux – Pouli	906	
411020	Client BCAN		1 233,60
411060	Client F2000		748
411070	Client Francet		360
411080	Client Pouli		906
	Transfert en clients douteux ou litigieux		
	31.12.N		
68100	Dotations aux amortissements, dépréciations et provisions – charges d'exploitation	757,40	
491602	Dépréciation des comptes clients – BCAN		308,40
491606	Dépréciation des comptes clients – F2000		374,00
491607	Dépréciation des comptes clients – Francet		75,00
	Dotations de l'exercice		
	31.12.N		
654000	Pertes sur créances irrécouvrables	755,00	
445710	État, TVA collectée	151	
416080	Client douteux Pouli		906
	Perte sur créance Pouli devenue irrécouvrable		
	31.12.N		
491609	Dépréciation des comptes clients – Velib	462,50	
781000	Reprises sur amortissements, dépréciations et provisions		462,50
	Annulation de la dépréciation devenue sans objet		

6. Modification de l'extrait de balance de la SARL Cycle 1000 compte tenu des écritures d'inventaire relatives aux créances clients

Numéro de compte	Intitulé de compte	Total débit	Total crédit	Solde débiteur	Solde créditeur
401010	Fournisseur Boyau	100,20	530,20	0	430,00
401020	Fournisseur Chimano	2 566,50	12 666,50	0	10 100,00
401030	Fournisseur Roule	0	1 234,70	0	1 234,70
411010	Client Agauche	288		288	0
411020	Client BCAN	1 233,60	1 233,60	0	0
411030	Client Couprie	228,64		228,64	0
411060	Client F2000	748	748	0	0
411070	Client Francet	360	360	0	0
411080	Client Pouli	906	906	0	0
416020	Client douteux ou litigieux – BCAN	1 233,60	0	1 233,60	0

☞

☞

Numéro de compte	Intitulé de compte	Total débit	Total crédit	Solde débiteur	Solde créditeur
416060	Client douteux ou litigieux – F2000	748	0	748	0
416070	Client douteux ou litigieux – Francet	360	0	360	0
416080	Client douteux ou litigieux – Pouli	906	0	906	0
416090	Client douteux ou litigieux – Velib	2 775	0	2 775	0
491602	Dépréciations des comptes de clients – BCAN	0	308,40	0	308,40
491606	Dépréciations des comptes de clients – F2000	0	374,00	0	374,00
491607	Dépréciations des comptes de clients – Francet	0	75,00	0	75,00
491609	Dépréciations des comptes de clients – Velib	462,50	925,00	0	462,50
512000	Banques	42 000,00	48 500,50	0	6 500,50
530000	Caisse	500,00	345,45	154,55	0

7. Informations à préciser

a) Dépréciations des créances clients

Le compte dépréciations des créances clients enregistre la dépréciation totale constatée sur les créances depuis leur entrée jusqu'à leur sortie dans le patrimoine de l'entreprise.

b) Dotations pour dépréciations des créances clients

Le compte dotations pour dépréciations des créances clients enregistre la dépréciation complémentaire à constater au cours de l'exercice compte tenu des dépréciations préalablement enregistrées et de l'évolution des risques de recouvrement des créances clients et du règlement de ces créances.

8. Impact de la constitution d'une dépréciation ou d'une reprise de dépréciation

Si la SARL Cycle 1000 constate une dépréciation, elle enregistre une dépréciation des créances clients et une dotation pour dépréciations des créances clients :

- la constatation d'une dépréciation entraîne une diminution de la valeur des actifs : la valeur des créances clients est diminuée de la perte de valeur probable ;
- l'enregistrement d'une dotation pour dépréciations conduit à constater une charge qui vient grever le résultat. Néanmoins, cette charge est particulière : c'est une charge calculée mais non décaissée. Il n'y a pas de sortie de trésorerie correspondante.

À l'inverse, si la SARL Cycle 1000 constate une reprise sur dépréciation, elle enregistre une reprise sur dépréciation des créances clients et annule tout ou partie des dépréciations des créances clients qui ne sont plus justifiées :

- l'annulation d'une dépréciation entraîne une augmentation de la valeur des actifs : la perte de valeur des créances clients préalablement comptabilisée est réduite pour tout ou partie et donc les créances sont réévaluées de la perte de valeur qui n'est plus justifiée ;
- l'enregistrement d'une reprise sur dépréciations conduit à constater un produit qui permet d'annuler la charge préalablement constatée. Cet enregistrement conduit à augmenter la valeur du résultat. Néanmoins, ce produit est particulier : c'est un produit calculé mais non encaissé. Il n'y a pas d'entrée de trésorerie correspondante.

Ce mécanisme est intéressant car il permet aux documents comptables d'anticiper les pertes probables futures. Les écueils de ces enregistrements sont doubles :

- asymétrie de la prise en compte des événements futurs favorables et défavorables ;
- possibilité d'une appréciation opportuniste des risques de non-recouvrement. Il est en effet possible que ces travaux soient réalisés non pas afin de refléter au mieux la réalité de l'entreprise mais afin de gérer les chiffres comptables de l'entreprise.

CHAPITRE 26

Les provisions inscrites au passif du bilan

APPLICATION 1

Analyse de provisions

a) Garanties données aux clients

Obligation envers un tiers ?	Oui
Type d'obligation : juridique, implicite	Juridique
Type de tiers : identifié, non identifiable, isolé, groupe	Probable sur l'ensemble des acheteurs
Obligation existe à la clôture de l'exercice ?	Oui
Fait générateur =	Vente
Sortie de ressources ?	Probable du fait de la probabilité des demandes en garantie
Contrepartie équivalente ?	Absence de contrepartie
Toutes les conditions précédentes → PASSIF	
Montant ou échéance incertains ?	Oui
Objet nettement précisé ?	Oui
Estimation fiable ? Comment ?	Oui, grâce à statistiques pertinentes
Passif incertain → PROVISION (POUR RISQUES ET CHARGES) (1512 – Provisions pour garanties données aux clients)	

b) Remboursement des achats aux clients

Obligation envers un tiers ?	Oui
Type d'obligation : juridique, implicite	Implicite
Type de tiers : identifié, non identifiable, isolé, groupe	Probable sur ensemble des acheteurs
Obligation existe à la clôture de l'exercice ?	Oui
Fait générateur =	Vente
Sortie de ressources ?	Probable du fait de la probabilité des retours

Contrepartie équivalente ?	Non : sortie = prix de vente et entrée = coût d'achat
Toutes les conditions précédentes → PASSIF	
Montant ou échéance incertains ?	Oui
Objet nettement précisé ?	Oui
Estimation fiable ? Comment ?	Oui, grâce à statistiques pertinentes
Passif incertain → PROVISION (POUR RISQUES ET CHARGES) (1512 – Provisions pour garanties données aux clients ou 1518 – Autres provisions pour risques)	

c) Action en justice

Clôture N–1

Obligation envers un tiers ?	Non
Type d'obligation : juridique, implicite	Juridique non probable
Type de tiers : identifié, non identifiable, isolé, groupe	Concurrent
Obligation existe à la clôture de l'exercice ?	Non, improbable
Fait générateur =	...
Sortie de ressources ?	Improbable
Contrepartie équivalente ?	Absence de contrepartie équivalente
Pas d'obligation → Pas de Passif	
Montant ou échéance incertains ?	Oui
Objet nettement précisé ?	Oui
Estimation fiable ? Comment ?	Oui
Pas de passif → pas de provision (pour risques et charges) ; simple PASSIF ÉVENTUEL à signaler en annexe si significatif	

Clôture N

Obligation envers un tiers ?	Oui
Type d'obligation : juridique, implicite	Juridique probable
Type de tiers : identifié, non identifiable, isolé, groupe	Concurrent identifié
Obligation existe à la clôture de l'exercice ?	Oui
Fait générateur =	Antérieur à la clôture
Sortie de ressources ?	Oui, probable du fait de la probabilité de condamnation
Contrepartie équivalente ?	Non

Toutes les conditions précédentes → PASSIF	
Montant ou échéance incertains ?	Oui
Objet nettement précisé ?	Oui
Estimation fiable ? Comment ?	Oui, sauf cas extrêmement rares
Passif incertain → PROVISION (POUR RISQUES ET CHARGES) (1511 – Provision pour litiges)	

d) Coûts de dépollution

Obligation envers un tiers ?	Oui
Type d'obligation : juridique, implicite	Implicite
Type de tiers : identifié, non identifiable, isolé, groupe	Envers la collectivité
Obligation existe à la clôture de l'exercice ?	Oui
Fait générateur =	Pollution passée
Sortie de ressources ?	Probable
Contrepartie équivalente ?	Non
Toutes les conditions précédentes → PASSIF	
Montant ou échéance incertains ?	Oui
Objet nettement précisé ?	Oui
Estimation fiable ? Comment ?	Oui, sauf cas extrêmement rares
Passif incertain → PROVISION (POUR RISQUES ET CHARGES) (1581– Provisions pour remises en état ou 1518 – Autres provisions pour risques)	

e) Obligation juridique d'équipement anti-pollution

La réglementation comptable précise que les dépenses de mise en conformité de machines ou d'installations avec de nouvelles normes (hygiène, sécurité, pollution), qui ont pour contrepartie la possibilité d'utiliser le matériel au-delà de la date butoir de mise en application de la norme, ne donnent pas lieu à la comptabilisation d'un passif durant le délai s'écoulant de la parution du texte ayant fait naître l'obligation à la date butoir. Ces dépenses, lorsqu'elles ont la nature de charges, doivent être imputées sur l'exercice de leur engagement.

Clôture N

Obligation envers un tiers ?	Oui
Type d'obligation : juridique, implicite	Juridique : texte paru en N
Type de tiers : identifié, non identifiable, isolé, groupe	Collectivité publique

Obligation existe à la clôture de l'exercice ?	Oui : mise en conformité avant juin N+1
Fait générateur =	Loi votée antérieurement
Sortie de ressources ?	Improbable
Contrepartie équivalente ?	Oui : possibilité d'utiliser le matériel au-delà de la date butoir
Les deux dernières conditions ne sont pas remplies (sortie de ressources et contrepartie) → pas de passif (voir aussi § ci-dessus)	
Montant ou échéance incertains ?	...
Objet nettement précisé ?	...
Estimation fiable ? Comment ?	Revoir la valeur d'utilité des installations du fait de leur non mise aux normes
Pas de passif→ pas de provision	

Clôture N+1

Deux situations peuvent se présenter :

- soit l'entreprise décide de ne plus utiliser ses usines et dans ce cas, aucune dépense n'est à envisager et il n'y a pas d'obligation, donc pas de passif et pas de provision ;
- soit l'entreprise continue à utiliser ses usines non équipées du filtre à fumée et dans ce cas elle est en infraction : c'est donc une obligation pouvant entraîner des pénalités ou amendes.

Obligation envers un tiers ?	Oui
Type d'obligation : juridique, implicite	Juridique : non-respect de la loi
Type de tiers : identifié, non identifiable, isolé, groupe	Collectivité publique
Obligation existe à la clôture de l'exercice ?	Oui
Fait générateur =	Loi votée antérieurement
Sortie de ressources ?	Oui probablement
Contrepartie équivalente ?	L'entreprise continue à produire mais on peut estimer que l'amende à payer sera plus élevée ; donc pas de contrepartie équivalente
Toutes les conditions sont remplies → PASSIF	
Montant ou échéance incertains ?	Oui
Objet nettement précisé ?	Infraction certaine
Estimation fiable ? Comment ?	Texte de loi doit prévoir le tarif des amendes
Passif incertain → PROVISION (POUR RISQUES ET CHARGES) (1514 – Provisions pour amendes et pénalités)	

APPLICATION 2

Analyse et enregistrement comptable de provisions

a) Litige avec un fournisseur

Ce litige est lié à une opération qui existe à la clôture de l'exercice : le fournisseur a rempli son obligation, même s'il a livré tardivement les matières premières. Il reste l'obligation de la société Prov qui est de payer cette livraison. Du fait du retard, elle conteste le montant. Apparemment, elle va être condamnée à payer des dommages et intérêts. Cela constitue donc une nouvelle obligation à l'égard de son fournisseur qui entraînera une sortie de ressources sans contrepartie (le fournisseur ne doit rien : il a livré). Une provision doit donc être comptabilisée à la clôture de l'exercice N.

	31.12.N		
6815	Dotations aux provisions d'exploitation (6 500 + 3 900)	10 400	
1511	Provisions pour litiges		10 400
	Litige avec le fournisseur		

b) Obligation européenne de sécurité

La directive européenne entraîne une obligation de mise en conformité de ses locaux avec les normes de sécurité. Cette obligation s'accompagne d'un délai (deux ans) permettant à l'entreprise d'adapter ses locaux aux nouvelles dispositions, sans arrêter immédiatement leur exploitation. Par conséquent, la durée d'utilisation de ces locaux est nécessairement limitée à la date butoir fixée par la directive européenne. Passée cette date, l'entreprise peut se voir condamner pour utilisation d'immobilisations non conformes.

L'entreprise se trouve donc confrontée à une alternative :

- soit arrêter l'utilisation des locaux non conformes : cela se traduit par une mise au rebut et une éventuelle acquisition de locaux conformes aux nouvelles normes de sécurité : il n'y a pas de passif à constater ;
- soit adapter les locaux non conformes : mais le coût de l'aménagement des locaux trouve sa contrepartie dans la possibilité d'utiliser les locaux au-delà de la date butoir fixée par la directive européenne, la dépense est alors à comptabiliser en immobilisation puisqu'elle prolonge la durée d'utilisation des locaux. Si tel n'est pas le cas, si la durée d'utilisation n'est pas prolongée, la dépense est à enregistrer en charges. Il n'y a aucune raison de constater un passif.

c) Indemnisation de sinistre

Toutes les conditions de fond de constitution d'une provision sont ici réunies : il y a bien une obligation de réparation envers les habitants, elle est bien présente à la clôture de l'exercice (le sinistre a eu lieu), et elle entraînera une sortie de ressources (indemnisation) sans contrepartie attendue des habitants.

Mais il manque un élément essentiel qui est l'estimation fiable du coût de cette indemnisation. Un extrait de l'avis CNC n° 00-01 du 20 avril 2000 relatif aux passifs, situé après l'article 322-4 du PCG, indique : « l'utilisation d'estimations est un élément essentiel dans l'évaluation des provisions qui présentent, par leur nature, un caractère moins précis dans leur montant que la plupart des autres postes du bilan. Sauf, dans des cas exceptionnels, l'entité peut déterminer une ou plusieurs évaluations possibles avec une fiabilité suffisante et une provision est comptabilisée.

Dans le cas exceptionnel où aucune évaluation fiable ne peut être réalisée, une provision ne peut pas être comptabilisée. Une information en annexe est alors fournie.

Une telle situation peut, par exemple, se présenter lorsque l'entité a provoqué une catastrophe, avant la date de clôture, mais n'est pas en mesure, à la date d'établissement des comptes, d'estimer le coût de la remise en état qui lui incombe car elle n'en connaît pas les modalités techniques ».

Il ne peut donc y avoir constitution de provision, par manque d'estimation fiable de l'obligation. Une information doit être donnée dans l'annexe, au titre de passif éventuel.

d) Plan de restructuration envisagé

Le PCG précise dans son article 322-10 : « les coûts de restructuration constituent un passif s'ils résultent d'une obligation de l'entité vis-à-vis de tiers, ayant pour origine la décision prise par l'organe compétent, matérialisée avant la date de clôture par l'annonce de cette décision aux tiers concernés, et à condition que l'entité n'attende plus de contrepartie de ceux-ci ».

Dans le cas qui nous est proposé, l'annonce du plan social n'interviendra qu'après la clôture de l'exercice, en mars N+1. Il n'est donc pas possible de constituer une provision à la clôture de l'exercice N ; même si toutes les autres conditions justifiant la constatation d'un passif sont réunies.

• • • • •

CAS 1

Comptabilisation des droits à réduction ou avantages en nature accordés par les entreprises à leurs clients

Deux approches étaient proposées par les autorités comptables : comptabilisation d'une provision attachée à la vente initiale ou produit constaté d'avance dès la vente initiale.

a) Comptabilisation d'une provision attachée à la vente initiale

Pour constituer un passif, trois conditions essentielles doivent être réunies :

- *existence d'une obligation à l'égard d'un tiers à la date de clôture :* l'autorité comptable indique : « dès la vente initiale, l'entreprise s'engage de manière explicite par contrat, remise de cartes de fidélité par exemple ou de manière implicite par des annonces ou communications, à accorder à ses clients des réductions monétaires ou des avantages en nature.

  Cet engagement qui crée une attente légitime de la part des clients et qui peut se dénouer immédiatement ou à terme constitue une obligation. Il en va de même lorsque l'obligation est assortie d'un franchissement de seuil.

  L'autorité comptable considère que cet engagement doit être comptabilisé dès la vente initiale » ;
- *sortie de ressources au bénéfice des clients sans contrepartie au moins équivalente attendue :* « le Comité considère qu'il n'y a pas de contrepartie attendue à concurrence de la réduction ou des avantages en nature accordés. En effet, dès la vente initiale, l'entreprise a reçu la totalité du paiement en échange de l'attribution de ces droits, qui donneront lieu à une remise ultérieure de produits ou services.

  Par ailleurs, le fait que ces droits participent éventuellement à l'augmentation ultérieure du chiffre d'affaires ne peut être que représentatif d'un élément incorporel faisant partie du fonds de commerce généré en interne, qui ne peut pas être reconnu à l'actif.

En conséquence, il convient de comptabiliser un passif dès l'attribution du premier point qui correspond à l'engagement contracté par l'entreprise » ;

- *estimation de la provision :* « pour estimer la sortie de ressources, les entreprises devraient être en mesure de déterminer de manière statistique et suffisamment fiable :
  - le nombre et la valeur des droits attribués sous forme de points ;
  - le pourcentage et la valeur des droits transformés en chèques réduction, et cadeaux ou autres avantages ;
  - le pourcentage et la valeur des chèques réduction et cadeaux ou autres avantages effectivement présentés.

Si la société considère qu'elle ne peut pas estimer de manière suffisamment fiable le pourcentage de transformation des droits ou le pourcentage de présentation effective des droits transformés, la provision doit être calculée sur la base de la totalité des droits accordés.

S'agissant d'un grand nombre d'obligations similaires, la probabilité de sortie de ressources doit s'apprécier par rapport à l'ensemble des chèques ou autres avantages émis ou à émettre. »

« Selon cette approche, le passif correspondant aux réductions monétaires à accorder, aux avantages en nature, produits à remettre ou services à rendre aux clients, doit en règle générale, être comptabilisé sous forme de provision, dès la vente initiale sur la base du coût de revient de l'avantage accordé ou de sa valeur faciale lorsque la réduction monétaire est remboursable en espèces. »

b) Constatation d'un produit comptabilisé d'avance dès la vente initiale

« Lors de la vente initiale, l'entreprise perçoit un montant global comprenant, d'une part, les fournitures et prestations effectivement livrées ou rendues et, d'autre part, les réductions à accorder ou les fournitures et prestations à livrer à l'occasion d'une vente ultérieure (partie différée du revenu).

Selon cette approche, la part du revenu perçu avant que les réductions n'aient été accordées et les fournitures ou les prestations correspondantes livrées ou effectuées, constitue un produit constaté d'avance qui doit être comptabilisé pour son montant.

L'autorité comptable a cependant estimé, qu'en l'absence de règles précises de reconnaissance des produits, cette approche ne pouvait pas être imposée. »

Pour l'autorité comptable, cette attribution de droits futurs aux clients doit donc être analysée comme une provision, étant une obligation certaine envers des tiers conduisant à une sortie de ressources sans contrepartie équivalente directe attendue des clients. L'analyse « produit constaté d'avance » pose des problèmes de détermination de la part de produit immédiat et de produit futur.

CAS 2

Provision pour gros entretien ou grandes révisions

1. Conditions de comptabilisation d'une provision pour gros entretien ou grandes révisions

L'article 214-10 du PCG indique les conditions de comptabilisation des dépenses de gros entretien ou de grandes révisions : « les dépenses d'entretien faisant l'objet de programmes pluriannuels de gros entretien ou de grandes révisions en application de lois, règlements ou de pratiques constantes de l'entité, sont comptabilisées dès l'origine comme un composant distinct de l'immobilisation, si aucune provision pour gros entretien ou grandes révisions n'a été constatée. Sont visées, les dépenses d'entretien ayant pour seul objet de vérifier le bon état de fonctionnement des installations et d'y apporter un entretien sans prolonger leur durée de vie au-delà de celle prévue initialement ».

La provision n'est donc possible que si l'option composants n'a pas été retenue. Pour que la provision soit constatée, il est nécessaire :

- qu'un plan pluriannuel soit établi : la dépense doit être étalée sur plusieurs exercices,
- que cette dépense d'entretien soit prévue par la loi, ou un règlement, ou par des pratiques constantes et connues de l'entreprise,
- que la dépense soit consacrée à la vérification du bon état de fonctionnement de l'installation, ou à son entretien sans prolonger la durée de vie.

2. Écritures d'inventaire fin N

	31.12.N		
6811	Dotations aux amortissements sur immobilisations incorporelles et coporelles	5 950	
28154	Amortissements du matériel industriel		5 950
	Annuité d'amortissement : 51 000 × 20 % × 7/12		
6815	Dotations aux provisions d'exploitation	875	
1572	Provisions pour gros entretien ou grandes révisions		875
	Provision année N = 4 500 × 1/3 × 7/12		

L'impact de ces écritures sur le résultat N est une charge totale de : 5 950 + 875 = 6 825 € qui vient diminuer ce résultat N.

3. Écritures de l'exercice N+3

	31.05.N+3		
615	Entretien et réparations	4 500	
44566	État – TVA déductible sur autres biens et services	900	
401	Fournisseurs		5 400
	Facture d'entretien du matériel industriel		
	31.12.N+3		
6811	Dotations aux amortissements sur immobilisations incorporelles et coporelles	10 200	
28154	Amortissements du matériel industriel		10 200
	Annuité d'amortissement : 51 000 × 20 %		
6815	Dotations aux provisions d'exploitation	625	
1572	Provisions pour gros entretien ou grandes révisions		625
	Provision année N+3 = 4 500 × 1/3 × 5/12		
1572	Provisions pour gros entretien ou grandes révisions	4 500	
7815	Reprises sur provisions d'exploitation		4 500
	Pour solde du compte de provision débité		

Cette reprise de provision compense la charge d'entretien enregistrée le 31 mai. Ce coût a donc été étalé sur les 3 années précédentes. Comme il n'y a plus de révision envisagée d'ici la mise au rebut, aucune provision n'est à doter par la suite.

4. Écritures en cas de l'option pour les composants

La machine industrielle doit être décomposée en deux éléments :
- le composant principal ou structure = 51 000 – 4 500 = 46 500 €, amorti sur 5 ans ;
- le composant « entretien » = 4 500 €, amorti sur 3 ans.

	31.12.N		
6811	Dotations aux amortissements sur immobilisations incorporelles et coporelles	6 300	
281541	Amortissements du matériel industriel – Composant principal		5 425
281542	Amortissements du matériel industriel – Composant entretien		875
	Annuité d'amortissement N = 46 500 × 20 % × 7/12 + 4 500 × 1/3 × 7/12 = 5 425 + 875 = 6 300 €		
	31.05.N +3		
6811	Dotations aux amortissements sur immobilisations incorporelles et coporelles	625	
281542	Amortissements du matériel industriel – Composant entretien		625
	Amortissement complémentaire du composant entretien l'année de cession : 4 500 × 1/3 × 5/12 =		
281542	Amortissements du matériel industriel – Composant entretien	4 500	
21542	Matériel industriel – Composant entretien		4 500
	Composant entretien sorti du patrimoine		
21542	Matériel industriel – Composant entretien	4 500	
44566	État – TVA déductible sur immobilisations	900	
404	Fournisseurs d'immobilisations		5 400
	Facture d'entretien du matériel industriel		
	31.12.N+3		
6811	Dotations aux amortissements sur immobilisations incorporelles et coporelles	10 612,50	
281541	Amortissements du matériel industriel – Composant principal		9 300,00
281542	Amortissements du matériel industriel – Composant entretien		1 312,50
	Annuité d'amortissement N = 46 500 × 20 % + 4 500 × 1/2 × 7/12 = 9 300 + 1 312,50 = 10 612,50 €		

L'impact de ces écritures sur le résultat N est une charge totale de : 5 425 + 875 = 6 300 € qui vient diminuer ce résultat N.

5. Comparaison des deux options

Option provision	N	N+1	N+2	N+3	N+4	N+5
Dotation amortissement matériel	5 950	10 200	10 200	10 200	10 200	4 250
Dotation provision	875	1 500	1 500	625		
Reprise provision				4 500		
Charge d'entretien				4 500		
Total charges	6 825	11 700	11 700	10 825	10 200	4 250
Charges cumulées sur la période = 55 500 €						
Option composant						
Dotation amortissement structure	5 425	9 300	9 300	9 300	9 300	3 875
Dotation amortissement composant	875	1 500	1 500	1 937,50	2 250	937,50
Total charges	6 300	10 800	10 800	11 237,50	11 550	4 812,50
Charges cumulées sur la période = 55 500 €						

Il apparaît que les charges totales enregistrées sur la période d'utilisation de cette machine industrielle sont identiques dans les deux options. Toutefois la répartition de ces charges sur la période diffère quelque peu : elles sont plus importantes dans l'option provision en début de période ; la tendance s'inverse sur la fin de période.

CAS 3

Constitution de provisions

1) Devis de déménagement : constatation d'une provision

Il y a bien une obligation envers un tiers : le devis de déménagement a été accepté, ce qui engage la société. De plus, cette obligation, datée du 23 décembre N, existe bien à la clôture de l'exercice. Une sortie de ressources est également estimée au montant du devis, soit 11 000 € HT. Mais il y a une contrepartie au moins équivalente à l'engagement financier : l'entreprise de déménagement doit effectuer son obligation qui est de transférer les matériels dans les nouveaux locaux.

Pour cette dernière raison, la société ne doit pas comptabiliser de provision, cet événement ne correspond pas à la définition d'un passif. La société attendra la facture de déménagement pour comptabiliser l'opération.

2) Ventes d'articles : calcul et enregistrement de la provision éventuelle

Il y a bien une obligation à l'égard de la clientèle, pouvant entraîner une sortie de ressources sans contrepartie de la part de la société Belko.

Nombre d'articles à réparer = 15 000 × 3 % = 450.

Coût probable de la réparation = 450 × 75 = 33 750 €, montant de la provision à constituer.

	31.12.N		
6815	Dotations aux provisions d'exploitation	33 750	
1512	Provisions pour garanties données aux clients		33 750
	Provision pour garantie, d'après tableau des provisions		

3) Achat de matières premières : calcul et enregistrement de la provision éventuelle

C'est une provision pour pertes sur marchés à terme qu'il faut enregistrer, d'un montant de : 5 000 kg × (10 – 8) = 10 000 €.

	31.12.N		
6815	Dotations aux provisions d'exploitation	10 000	
1513	Provisions pour pertes sur marchés à terme		10 000
	Provision pour pertes futures, d'après tableau des provisions		

C'est une charge prévisible par la société Belko : elle paiera à terme ferme 10 € par kg de matières premières, alors que le cours semble en train de baisser : il est de 8 € fin N.

4) Engagements de retraites : enregistrement

La méthode préférentielle pour l'enregistrement des engagements futurs de l'entreprise envers ses salariés ou anciens salariés est de constater une provision pour charges, dans le compte 153. L'autre méthode est de ne passer aucune écriture, mais de présenter les obligations de l'entreprise en annexe, en informations hors bilan. La somme restant à verser au salarié parti à la retraite est à enregistrer en charge de personnel.

	31.12.N		
6815	Dotations aux provisions d'exploitation	30 000	
153	Provisions pour pensions et obligations similaires		30 000
	Provision pour retraites, d'après tableau des provisions		
	31.12.N		
6414	Indemnités et avantages divers	5 000	
4286	Personnel – Autres charges à payer		5 000
	Indemnité restant à verser		

CAS 4

Provisions diverses

1) Réaménagement d'une carrière

La société Bertrand a une obligation légale de réhabiliter le site qu'elle exploitait. Mais elle a également une obligation « morale » à l'égard de la municipalité puisqu'elle s'est engagée publiquement à aménager une base de loisirs. Ces obligations à l'égard de tiers sont sans contrepartie spécifique. La réglementation comptable précise qu'un passif ne se limite pas à des obligations « d'ordre légal et réglementaire ou contractuel, mais peut également découler de sa politique affichée d'engagements publics suffisamment explicités qui ont créé une attente légitime des tiers sur le fait qu'elle assumera certaines responsabilités » (PCG, art. 321-1). En conséquence, la société Bertrand doit constater une provision pour remises en état d'un montant de 3 000 000 €.

	31.12.N		
6875	Dotations aux provisions exceptionnelles	3 000 000	
1581	Provisions pour remises en état		3 000 000
	Provision pour aménagement du site de loisirs, d'après tableau des provisions		

2) Caution

Dans l'état actuel des informations transmises, la société Clémence devra peut-être payer 500 000 € au créancier de sa filiale, mais ce n'est pas encore certain : la situation financière de la filiale n'étant pas encore arrêtée, sa liquidation judiciaire dépendant d'événements futurs incertains. Il s'agit donc de ce que l'on appelle un passif éventuel qui ne doit pas faire l'objet d'un enregistrement comptable, mais seulement d'une information en annexe, le montant étant jugé significatif.

3) Mise en conformité antipollution

Ces dépenses de mise en conformité sont futures : l'entreprise Didier peut ne pas réaliser les investissements nécessaires à la nouvelle législation antipollution et arrêter l'activité en cause. De ce fait, il n'y a pas d'obligation existant à la clôture de l'exercice et il n'y a donc aucune provision à constater.

4) Restructuration

L'obligation existe bien à l'égard de tiers : l'annonce du plan de restructuration a été faite au comité d'entreprise avant la clôture de l'exercice. Il convient donc de provisionner les sommes qui sont encore estimées simplement, à condition que ces obligations ne présentent pas de contrepartie spécifique. Il convient par conséquent de prendre en compte dans la provision pour restructuration : les indemnités de licenciement (300 000 €), les indemnités de rupture de contrat avec le fournisseur (450 000 €). Pour les deux autres catégories de frais (déménagement et formation), il y a de manière indirecte des contreparties futures à ces dépenses, donc ce ne sont pas des passifs et on ne peut les enregistrer sous forme de provisions. Ces dépenses seront comptabilisées lorsqu'elles seront effectivement engagées.

	31.12.N		
6815	Dotations aux provisions d'exploitation	750 000	
154	Provisions pour restructuration		750 000
	Provision pour restructuration, d'après tableau des provisions		

5) Dégâts et préjudices de pollution

Un passif existe bien : il s'agit d'une obligation de réparer les dégâts commis et les préjudices subis du fait de la pollution causée par l'usine de la société Florence. Toutefois, cette obligation ne peut pas être chiffrée de manière fiable. Dans cette situation, la réglementation comptable précise que, dans le cas exceptionnel où aucune évaluation fiable du montant de l'obligation ne peut être réalisée, il faut indiquer dans l'annexe : la description de la nature de ce passif, l'indication des incertitudes relatives au montant ou à l'échéance de toute sortie de ressources.

CHAPITRE

27 Le traitement des dettes et des créances en monnaies étrangères

APPLICATION 1

Créances et dettes en monnaies étrangères

Créance ou dette	Valeur à l'origine	Valeur à la clôture de l'exercice	Gain latent de change	Perte latente de change
Client tunisien	10 000 × 1,494 = 14 940 €	10 000 × 1,1586 = 11 586 €		3 354 €
Fournisseur anglais	5 000 × 1,7989 = 8 994,50 €	5 000 × 1,5855 = 7 927,50 €	1 067 €	
Client écossais	100 000 × 1,6922 = 169 220 €	100 000 × 1,5855 = 158 550 €		10 670 €
Emprunt suisse	400 000 × 0,6296 = 251 840 €	400 000 × 0,6314 = 252 560 €		720 €
Total			1 067 €	14 744 €

Seules les pertes latentes de change peuvent donner lieu à constitution de provisions pour pertes de change. Les gains latents de change ne donnent lieu à aucune écriture concernant le compte de résultat. C'est l'application du principe de prudence.

	31.12.N		
476 411	Différence de conversion – Actif (diminution des créances) Client tunisien *Perte latente de change sur la créance tunisienne*	3 354	 3 354
401 477	Fournisseur anglais Différence de conversion – Passif (diminution des dettes) *Gain latent de change sur la dette anglaise*	1 067	 1 067
476 411	Différence de conversion – Actif (diminution des créances) Client écossais *Perte latente de change sur la créance écossaise*	10 670	 10 670

476 164	Différence de conversion – Actif (augmentation des dettes) Emprunt auprès des établissements de crédit *Perte latente de change sur l'emprunt suisse*	720	720
6865 1515	Dotations aux provisions financières Provisions pour pertes de change *Constitution d'une provision pour couvrir les pertes latentes de change*	14 744	14 744

APPLICATION 2

Créances et dettes en devises étrangères

Créance ou dette	Valeur à l'origine	Valeur à la clôture de l'exercice	Gain latent de change	Perte latente de change
Client Smith	8 842,04	10 000 × 0,8141 = 8 141,00 €		701,04 €
Client John	11 952,00	8 000 × 1,5291 = 12 232,80 €	280,80 €	
Compte courant débiteur Crédit Suisse	9 718,62	15 000 × 0,6388 = 9 582,00 €	136,62 €	
Fournisseur Martin	12 577,04	15 000 × 0,8141 = 12 211,50 €	365,54 €	
Fournisseur Lambert	28 060,33	40 000 × 0,7088 = 28 352,00 €		291,67 €
Total			782,96 €	992,71 €

31.12.N

476 411	Différence de conversion – Actif (diminution des créances) Client Smith *Perte latente de change sur la créance*	701,04	701,04
411 477	Client John Différence de conversion – Passif (augmentation des créances) *Gain latent de change sur la créance*	280,80	280,80
519 477	Concours bancaires courants Différence de conversion – Passif (diminution des dettes) *Gain latent sur le compte courant suisse*	136,62	136,62
401 477	Fournisseur Martin Différence de conversion – Passif (diminution des dettes) *Gain latent de change sur la dette*	365,54	365,54

476 401	Différence de conversion – Actif (augmentation des dettes) Fournisseur Lambert *Perte latente de change sur la dette canadienne*	291,67	 291,67
6865 1515	Dotations aux provisions financières Provisions pour pertes de change *Constitution d'une provision pour couvrir les pertes latentes de change*	992,71	 992,71

APPLICATION 3

Liquidités et exigibilités immédiates

1. Principes

La réglementation comptable indique que les liquidités et exigibilités immédiates en devises existantes à la clôture de l'exercice sont converties en monnaie nationale sur la base du dernier cours de change au comptant de l'exercice comptable.

La différence avec leur valeur comptable est enregistrée en compte de résultat de l'exercice, soit en perte de change (compte 666), soit en gain de change (compte 766) selon l'évolution du cours de change (PCG, art. 420-7).

2. Écritures nécessaires en N

	15.11.N		
5314 512	Caisse en devises D Banque *Achat de devises : 5 000 × 0,71 = 3 550 €*	3 550	 3 550
	31.12.N		
5314 766	Caisse en devises D Gain de change *Ajustement de la caisse en devises : 5 000 × (0,78 – 0,71) = 350 €*	350	 350

À la clôture de l'exercice, la valeur en euros de la caisse en devises est de : 3 550 + 350 = 3 900 €. C'est le dernier cours de change de l'exercice comptable qui a été pris en compte.

APPLICATION 4

Les postes du bilan

Les créances et les dettes en monnaies étrangères sont ajustées à leur valeur d'inventaire.

• Pour les **clients étrangers**, la valeur d'inventaire étant supérieure à la valeur d'origine, il existe donc un gain latent de 100 000 € constaté en Écart de conversion – Passif. En effet, cela signifie que l'on peut espérer encaisser plus que ce qui était prévu sur les créances étrangères.

• Pour les **fournisseurs étrangers**, la valeur d'inventaire étant supérieure à la valeur d'origine, cela signifie que l'on risque de devoir payer plus pour régler les dettes. C'est donc une perte latente de change qu'il faut enregistrer en Écart de conversion – Actif pour 50 000 € et qu'il faut provisionner en provision pour perte de change pour ce même montant.

À l'actif	Créances clients	1 100 000
	Écarts de conversion – Actif	50 000
Au passif	Provision pour perte de change	50 000
	Fournisseurs	850 000
	Écart de conversion – Passif	100 000

• • • • •

CAS 1

Acquisition d'immobilisations

Immeuble japonais

• Annuité d'amortissement du bâtiment = 565 586 × 5 % = 28 279,30 €

• Dette envers le fournisseur d'immobilisation évaluée au 31 décembre N :
350 000 × 0,7775 = 272 125 €.
Il y a donc un gain latent de change à constater fin N pour :
282 793 – 272 125 = 10 668 €.

Immeuble anglais

• Valeur d'acquisition du bâtiment : 500 000 × 1,3111 = 655 550 €

• Annuité d'amortissement du bâtiment : 655 550 × 5 % × 6/12 = 16 388,75 €

• Dette d'emprunt initiale : 420 000 × 1,3111 = 550 662 €

• Dette d'emprunt évaluée au 31 décembre N : 420 000 × 1,3416 = 563 472 €

Il y a donc une perte latente de change à constater fin N pour :
563 472 – 550 662 = 12 810 €.
D'autre part, cette perte latente devra faire l'objet d'une provision pour perte de change.

• Intérêts courus fin N : 420 000 × 5 % × 6/12 × 1,3416 = 14 086,80 €

	30.06.N		
213	Construction anglaise	655 550	
404	Fournisseur d'immobilisations		655 550
	Acquisition de l'immeuble anglais		
	30.06.N		
404	Fournisseur d'immobilisations	655 550	
164	Emprunt auprès des établissements de crédit		550 662
512	Banques		104 888
	Règlement du fournisseur		

	31.12.N		
6811 2813	Dotations aux amortissements sur immobilisations incorporelles et corporelles Amortissements des constructions *Annuités d'amortissements des immeubles japonais et anglais : 28 279,30 + 16 388,75 =*	44 668,05	44 668,05
404 477	Fournisseurs d'immobilisations japonais Différence de conversion – Passif (diminution des dettes) *Gain latent de change sur la dette*	10 668	10 668
476 164	Différence de conversion – Actif (augmentation des dettes) Emprunt auprès des établissements de crédit *Perte latente de change sur l'emprunt anglais*	12 810	12 810
6865 1515	Dotations aux provisions financières Provisions pour pertes de change *Constitution d'une provision pour couvrir la perte latente de change*	12 810	12 810
6611 1688	Intérêts des emprunts et dettes Intérêts courus *Constatation des intérêts courus sur l'emprunt anglais*	14 086,80	14 086,80

CAS 2

Opérations diverses en monnaies étrangères

1. Calcul des différences de conversion au 31 décembre N

Créance ou dette	Valeur à l'origine	Valeur à la clôture de l'exercice	Gain latent de change	Perte latente de change
Client Shakes	522 911,50	310 500 × 1,7035 = 528 936,75 €	6 025,25 €	
Client Yokozuna	55 224,67	56 700 × 0,9497 = 53 847,99 €		1 376,68 €
Fournisseur Lemay	50 108,63	67 500 × 0,7481 = 50 496,75 €		388,12 €
Fournisseur Conrad	19 295,72	20 250 × 0,9370 = 18 974,25 €	321,47 €	
Total			6 346,72 €	1 764,80 €

2. Écritures à comptabiliser

Client Shakes

	31.12.N		
411	Client Shakes	6 025,25	
477	Différence de conversion – Passif (augmentation des créances)		6 025,25
	Gain latent de change sur la créance		
	01.01.N+1		
477	Différence de conversion – Passif (augmentation des créances)	6 025,25	
411	Client Shakes		6 025,25
	Contre-passation de l'écriture précédente		
	31.01.N+1		
512	Banques *310 500 × 1,7249*	535 581,45	
411	Client Shakes		522 911,50
756	Gains de change sur créances et dettes commerciales		12 669,95
	Règlement du client et constatation du gain de change définitif		

Client Yokozuna

	31.12.N		
476	Différence de conversion – Actif (diminution des créances)	1 376,68	
411	Client Yokozuna		1 376,68
	Perte latente de change sur la créance japonaise		
6865	Dotations aux provisions financières	1 376,68	
1515	Provisions pour pertes de change		1 376,68
	Constitution d'une provision pour couvrir la perte latente de change		
	01.01.N+1		
411	Client Yokozuna	1 376,68	
476	Différence de conversion – Actif (diminution des créances)		1 376,68
	Contre-passation de l'écriture précédente		
	28.02.N+1		
512	Banques *56 700 × 0,9379*	53 178,93	
656	Pertes de change sur créances et dettes commerciales	2 045,74	
411	Client Yokozuna		55 224,67
	Règlement du client et constatation de la perte de change définitive		
	31.12.N+1		
1515	Provisions pour pertes de change	1 376,68	
7865	Reprises sur provisions financières		1 376,68
	Reprise de la provision pour couvrir la perte latente de change		

Fournisseur Lemay

	31.12.N		
476 401	Différence de conversion – Actif (augmentation des dettes) Fournisseur Lemay *Perte latente de change sur la dette canadienne*	388,12	 388,12
6865 1515	Dotations aux provisions financières Provisions pour pertes de change *Constitution d'une provision pour couvrir la perte latente de change*	388,12	 388,12
	01.01.N+1		
401 476	Fournisseur Lemay Différence de conversion – Actif (augmentation des dettes) *Contre-passation de l'écriture précédente*	388,12	 388,12
	31.01.N+1		
401 656 512	Fournisseur Lemay Pertes de change sur créances et dettes commerciales Banques *67 500 × 0,7487* *Règlement du fournisseur et constatation de la perte de change définitive*	50 108,63 428,62	 50 537,25
	31.12.N+1		
1515 7865	Provisions pour pertes de change Reprises sur provisions financières *Reprise de la provision pour couvrir la perte latente de change*	388,12	 388,12

Fournisseur Conrad

	31.12.N		
401 477	Fournisseur Conrad Différence de conversion – Passif (diminution des dettes) *Gain latent de change sur la dette*	321,47	 321,47
	01.01.N+1		
477 401	Différence de conversion – Passif (diminution des dettes) Fournisseur Conrad *Contre-passation de l'écriture précédente*	321,47	 321,47
	31.01.N+1		
401 512 756	Fournisseur Conrad Banques *20 250 × 0,9293* Gains de change sur créances et dettes commerciales *Règlement du fournisseur et constatation du gain de change définitif*	19 295,72	 18 818,33 477,39

CAS 3

Suivi des opérations en monnaies étrangères

(D'après sujet d'examen.)

1. Risque de change sous-jacent au contrat commercial

La société Devintec vend 1 000 produits à 10 €. Normalement, il ne devrait pas y avoir de problème ; seulement, le client demande la facturation dans sa monnaie nationale, la livre sterling. De ce fait, c'est en livres sterling qu'il faut alors raisonner. Pour la société Devintec, elle devra alors convertir les livres obtenues lors du règlement de la vente et elle aura donc à subir les variations du cours de la livre par rapport à l'euro.

Il y a donc un risque de change sous-jacent au contrat commercial.

2. Qui supporte le risque ?

Le client anglais, payant dans sa propre monnaie, ne supporte aucun risque. Par contre, la société Devintec devant convertir les devises, c'est elle qui supporte le risque de change.

3. Écriture de facturation

	01.10.N		
411	Client britannique	10 000	
701	Vente de produits finis		10 000
	Livraison intracommunautaire : c'est le client britannique qui enregistre la TVA dans ses comptes. Valeur en livres = 10 000 × 0,62 = 6 200 GBP		

4. Écritures de régularisation de fin d'exercice

Valeur de la créance au 31 décembre N = 6 200/0,60 = 10 333,33 €.

Il y a donc un gain latent de change : la société Devintec espérait encaisser 10 000 €, elle encaisserait aujourd'hui 10 333,33 €. En appliquant le principe comptable de prudence, ce gain de change ne peut être enregistré en compte de résultat.

	31.12.N		
411	Client britannique	333,33	
477	Différence de conversion – Passif (augmentation des créances)		333,33
	Gain latent de change sur la créance		

5. Écritures de janvier N+1

	01.01.N+1		
477	Différence de conversion – Passif (augmentation des créances)	333,33	
411	Client britannique		333,33
	Contre-passation de l'écriture précédente		
	15.01.N+1		
512	Banques (6 200/0,70)	8 857,14	
656	Pertes de change sur créances et dettes commerciales	1 142,86	
411	Client britannique		10 000,00
	Règlement du client et constatation de la perte de change définitive		

Finalement, l'opération se termine par une perte pour la société Devintec, qui n'existait pas au 31 décembre N. Toutefois, le cours des monnaies peut varier très rapidement sur quelques jours.

CHAPITRE 28

La cession des immobilisations

APPLICATION 1

Cession d'un bien avec valeur résiduelle

Hypothèse 1

Amortissement N	25 000 × 20 % × 3/12 =	1 250
Amortissement N+1	25 000 × 20 % =	5 000
Amortissement N+2	25 000 × 20 % × 9/12 =	3 750
	Total	10 000 €

	01.10.N+2		
462	Créances sur cession d'immobilisations	9 000	
775	Produits des cessions des éléments d'actif		9 000
	Prix de cession du véhicule de tourisme		
28182	Amortissements du matériel de transport	10 000	
675	Valeur comptable des éléments d'actif cédés	15 000	
2182	Matériel de transport		25 000
	Sortie de l'immobilisation du patrimoine		

Résultat comptable de cession = 9 000 – 15 000 = – 6 000 €.

Hypothèse 2

Base d'amortissement = 25 000 – 9 000 = 16 000 €.

Amortissement N	16 000 × 50 % × 3/12 =	2 000
Amortissement N+1	16 000 × 50 % =	8 000
Amortissement N+2	16 000 × 50 % × 9/12 =	6 000
	Total	16 000 €

	01.10.N+2		
462	Créances sur cession d'immobilisations	9 000	
775	Produits des cessions des éléments d'actif		9 000
	Prix de cession du véhicule de tourisme		
28182	Amortissements du matériel de transport	16 000	
675	Valeur comptable des éléments d'actif cédés	9 000	
2182	Matériel de transport		25 000
	Sortie de l'immobilisation du patrimoine		

Résultat comptable de cession = 9 000 – 9 000 = 0 €.

APPLICATION 2

Cession de titres

1. Écritures de cession

	15.08.N		
462	Créances sur cessions d'immobilisations (60 × 17)	1 020	
775	Produits des cessions des éléments d'actif		1 020
	Cession des titres Noémie		
675	Valeur comptable des éléments d'actif cédés (60 × 15)	900	
261	Titres de participation		900
	Sortie des titres Noémie du patrimoine		
465	Créances sur cession de valeurs mobilières de placement (50 × 13)	650	
667	Charges nettes sur cessions de valeurs mobilières de placement	100	
503	Actions (50 × 15)		750
	Cession des titres Natacha		

2. Écritures d'inventaire au 31 décembre N

	31.12.N		
68662	Dotations pour dépréciations des immobilisations financières	80	
2961	Dépréciations des titres de participation		80
	Dépréciation des titres Noémie : 40 × (15 – 13)		

- **Titres Nina** :

En N, valeur d'acquisition = 200 × 20 + 50 × 10 = 4 500

Valeur d'inventaire = 250 × 15 = 3 750

Dépréciation à constater en N = 4 500 – 3 750 = 750 €.

Dépréciation comptabilisée en N–1 = 200 × (20 – 15) = 1 000 €.

Reprise sur dépréciation N = 250 €.

	31.12.N		
2961 78662	Dépréciations des titres de participation Reprises sur dépréciations des immobilisations financières *Reprise sur dépréciation sur titres Nina*	250	250

• **Titres Natacha** :

En N–1, valeur d'acquisition = 100 × 15 = 1 500

Valeur d'inventaire = 100 × 14 = 1 400

Dépréciation comptabilisée en N–1 = 100 €.

En N, valeur d'acquisition = 50 × 15 = 750

Valeur d'inventaire = 50 × 14 = 700

Dépréciation nécessaire en N = 50 €.

Reprise sur dépréciation en N = 50 €.

	31.12.N		
5903 78665	Dépréciations des valeurs mobilières de placement Reprises sur dépréciations des valeurs mobilières de placement *Reprise sur dépréciation sur titres Natacha*	50	50

APPLICATION 3

Cession d'immobilisation subventionnée

Amortissements de l'immeuble		
Annuité N-5	120 000 × 4 % × 11/12 =	4 400
Annuités N-4 à N-1	120 000 × 4 % × 4 =	19 200
Annuité N	120 000 × 4 % × 5/12 =	2 000
	Total	25 600 €

Subvention déjà reprise jusqu'à la date de cession = 25 600 × 15 000/120 000 = 3 200 €.

6811 2813	Dotations aux amortissements sur immobilisations incorporelles et corporelles Amortissements des constructions *Annuité d'amortissement de l'immeuble l'année de cession*	2 000	2 000
139 777	Subventions d'investissement inscrites au compte de résultat Quote-part des subventions d'investissement virée au résultat *Reprise de subvention : 2 000 × 15 000/120 000*	250	250
2813 675 213	Amortissements des constructions Valeur comptable des éléments d'actif cédés Constructions *Sortie de l'immobilisation du patrimoine*	25 600 111 200	136 800

139 777	Subventions d'investissement inscrites au compte de résultat Quote-part des subventions d'investissement virée au résultat *Reprise du solde de la subvention : 15 000 – 3 200*	11 800	 11 800
131 139	Subventions d'équipement Subventions d'investissement inscrites au compte de résultat *Pour solde des comptes*	15 000	 15 000

• • • • •

CAS 1

Amortissements et cession

1. Calcul des dotations aux amortissements

Éléments	Durée d'utilisation	Coût d'achat HT en €	Date d'achat	Date de mise en service	Date de cession	Dotations aux amortissements de l'exercice			
						N–2	N–1	N	N+1
Micro-ordinateur	5 ans	14 400	20.06. N–2	1.07. N–2		1 440	*2 880*	*2 880*	*2 880*
Mobilier de bureau (1)	8 ans	13 200	2.04. N–2	16.05. N–2	1.10.N	*1 031,25* (5)	1 650	*1 237,50* (6)	
Camion de livraison Renault (2)	4 ans	44 000	12.07. N–2	15.09. N–2		*3 238,89* (7)	*11 000*	*11 000*	11 000
Camion de livraison Volvo (3)	4 ans	23 000	12.01.N	15.02.N				*5 047,22* (8)	*5 750*
Machine à commande numérique (4)	8 ans	20 000		1.09.N		Pas d'amortissement : bien acquis par un contrat de crédit-bail			
Chariot élévateur	5 ans	18 000	1.04.N-1	1.04.N-1			*2 700* (9)	*3 600*	*3 600*

(1) Le prix de cession du mobilier de bureau est de 10 000 € hors taxes, le règlement n'est intervenu que fin octobre N.
(2) Ce camion peut bénéficier de l'amortissement dégressif fiscal (coefficient de 1,25) ; l'entreprise Mandrier veut bénéficier de ces dispositions fiscales.
(3) Ce camion a été acheté d'occasion.
(4) La machine est financée par un contrat de crédit-bail.
(5) Mobilier de bureau : amortissement N–2 = 13 200 × 1/8 × 225/360 = 1 031,25 €.
(6) Mobilier de bureau : amortissement N = 13 200 × 1/8 × 9/12 = 1 237,50 €.
(7) Camion Renault : amortissement comptable N–2 = 44 000 × 25 % × 106/360 = 3 238,89 €.
(8) Camion Volvo : amortissement N = 23 000 × 25 % × 316/360 = 5 047,22 €.
(9) Chariot élévateur : amortissement N–1 = 18 000 × 20 % × 9/12 = 2 700 €.

2. Tableau d'amortissement du camion Renault

Années	Amortissement fiscal	Amortissement comptable	Amortissement dérogatoire	
			Dotation	Reprise
N-2	44 000 × 25 % × 1,25 × 6/12 = 6 875	44 000 × 25 % × 106/360 = 3 238,89	3 636,11	
N-1	37 125 × 1/3 = 12 375	44 000 × 25 % = 11 000	1 375	
N	24 750 × 50 % = 12 375	44 000 × 25 % = 11 000	1 375	
N+1	12 375	11 000	1 375	
N+2	-	11 000 - 3 238,89 = 7 761,11	-	7 761,11
Total	44 000	44 000	7 761,11	7 761,11

3. Écritures d'amortissement

Compte	31.12.N	Débit	Crédit
6811	Dotations aux amortissements sur immobilisations incorporelles et corporelles	23 764,72	
28183	Amortissements du matériel de bureau et informatique		2 880,00
28184	Amortissements du mobilier de bureau		1 237,50
28182	Amortissements du matériel de transport		16 047,22
2815	Amortissements du matériel industriel		3 600,00
	D'après plans d'amortissement		
68725	Dotations aux amortissements dérogatoires	1 375,00	
145	Amortissements dérogatoires		1 375,00
	Amortissements dérogatoires relatifs au camion Renault		

4. Écritures de cession du mobilier de bureau

Compte	01.10.N	Débit	Crédit
462	Créances sur cession d'immobilisations	12 000,00	
775	Produits des cessions des éléments d'actif		10 000,00
44571	État – TVA collectée		2 000,00
	Prix de cession du mobilier de bureau		
28184	Amortissements du mobilier de bureau	3 918,75	
675	Valeur comptable des éléments d'actif cédés	9 281,25	
2184	Mobilier de bureau		13 200,00
	Sortie de l'immobilisation du patrimoine		

CAS 2

Amortissement dérogatoire et cession

1. Valeur d'origine de la camionnette

Soit V = valeur d'origine de la camionnette

Années	Amortissement fiscal	Amortissement comptable	Amortissement dérogatoire	
			Dotation	Reprise
N-3	V × 35 % × 7/12	V × 20 % × 7/12		
N-2	[V - V × 35 % × 7/12] × 35 %	V × 20 %		
N-1	[V - V × 35 % × 7/12 - (V - V × 35 % × 7/12) × 35 %] × 35 %	V × 20 %		318,32

La reprise d'amortissements dérogatoires de N–1 est égale à la différence entre l'annuité comptable et l'annuité fiscale :

$318{,}32 = 0{,}20\,V - [V - V \times 35\ \% \times 7/12 - (V - V \times 35\ \% \times 7/12) \times 35\ \%] \times 35\ \%$

$318{,}32 = 0{,}20\,V - (V - V \times 35\ \% \times 7/12)\,(1 - 0{,}35) \times 35\ \%$

$318{,}32 = 0{,}20\,V - 0{,}2275\,(V - V \times 35\ \% \times 7/12)$

$318{,}32 = -\,0{,}0275\,V + 0{,}079625\,V \times 7/12$

$3\,819{,}84 = -\,0{,}33\,V + 0{,}557375\,V = 0{,}227375\,V$

$\rightarrow V = 16\,800$ €.

2. Tableau d'amortissement comptable et fiscal

Années	Amortissement fiscal	Amortissement comptable	Amortissement dérogatoire	
			Dotation	Reprise
N-3	16 800 × 35 % × 7/12 = 3 430	16 800 × 20 % × 7/12 = 1 960	1 470,00	
N-2	13 370 × 35 % = 4 679,50	16 800 × 20 % = 3 360	1 319,50	
N-1	8 690,50 × 35 % = 3 041,68	16 800 × 20 % = 3 360		318,32
N	5 648,82 × 50 % × 11/12 = 2 589,04	16 800 × 20 % × 11/12 = 3 080		490,96
Total		11 760	2 789,50	809,28

3. Écritures de cession

	30.09.N		
6811	Dotations aux amortissements sur immobilisations incorporelles et corporelles	3 080,00	
28182	Amortissements du matériel de transport		3 080,00
	Dotations aux amortissements de l'année de cession		

145 78725	Amortissements dérogatoires Reprises sur amortissements dérogatoires *Amortissements dérogatoires relatifs à la camionnette*	490,96	 490,96
462 775 44571	Créances sur cessions d'immobilisations Produits des cessions des éléments d'actif État – TVA collectée *Prix de cession de l'immobilisation*	6 000,00	 5 000,00 1 000,00
28182 675 2182	Amortissements du matériel de transport Valeur comptable des éléments d'actif cédés Matériel de transport *Sortie de l'immobilisation du patrimoine*	11 760,00 5 040,00	 16 800,00
145 78725	Amortissements dérogatoires Reprises sur amortissements dérogatoires *Amortissements dérogatoires relatifs à la camionnette*	1 980,22	 1 980,22

CAS 3

Cessions diverses

1. Matériel industriel : écritures d'amortissement

Années (date de clôture)	Amortissement fiscal	Amortissement comptable	Amortissement dérogatoire	
			Dotation	Reprise
31/05/N-1	40 000 × 22,5 % × 9/12 = 6 750	40 000 × 10 % × 8,5/12 = 2 833	3 917	
31/05/N	33 250 × 22,5 % × 10/12 = 6 234	40 000 × 10 % × 10/12 = 3 333	2 901	
Total		6 166	6 818	

	31.05.N		
6811 28154	Dotations aux amortissements sur immobilisations incorporelles et corporelles Amortissements du matériel industriel *D'après plan d'amortissement*	3 333	 3 333
68725 145	Dotations aux amortissements dérogatoires Amortissements dérogatoires *Amortissements dérogatoires relatifs au matériel industriel*	2 901	 2 901

2. Écritures de cession

	31.03.N		
462	Créances sur cessions d'immobilisations	37 200	
775	Produits des cessions des éléments d'actif		31 000
44571	État – TVA collectée		6 200
	Prix de cession de l'immobilisation		
28154	Amortissements du matériel industriel	6 166	
675	Valeur comptable des éléments d'actif cédés	33 834	
2154	Matériel industriel		40 000
	Sortie de l'immobilisation du patrimoine		
145	Amortissements dérogatoires	6 818	
78725	Reprises sur amortissements dérogatoires		6 818
	Solde du compte d'amortissements dérogatoires		

3. Cession de titres : détermination des dépréciations

Titres	Dépréciation N-1	Dépréciation N	Ajustement
Bardot	150 × (120 - 110) = 1 500 €	120 × (120 - 115) = 600 €	Reprise de dépréciation de 900 €
Montand	Néant	2 100 × (190 - 180) = 21 000 €	Dépréciation de 21 000 €
Auteuil		Néant	

	31.05.N		
68662	Dotations pour dépréciations des immobilisations financières	21 000	
2971	Dépréciations des titres immobilisés		21 000
	Dépréciation des titres Montand		
2971	Dépréciations des titres immobilisés	900	
78662	Reprises sur dépréciations des immobilisations financières		900
	Reprise sur dépréciations des titres Bardot		

4. Écritures de cession des titres Bardot

	28.04.N		
462	Créances sur cessions d'immobilisations (30 × 117)	3 510	
775	Produits des cessions des éléments d'actif		3 510
	Cession des titres Bardot		
675	Valeur comptable des éléments d'actif cédés (30 × 120)	3 600	
271	Autres titres immobilisés		3 600
	Sortie des titres Bardot du patrimoine		

5. Emballages récupérables : amortissements des casiers récupérables

- Base amortissable unitaire = 24/1,20 = 20 €.
- Amortissement au 31 mai N pour les casiers cédés = 2 000 × 20 × 20 % × 11/12 = 7 333 €.
- Amortissement au 31 mai N pour les casiers conservés = 1 850 × 20 × 20 % = 7 400 €.

	31.05.N		
6811	Dotations aux amortissements sur immobilisations incorporelles et corporelles	14 733	
28186	Amortissements des emballages récupérables		14 733
	D'après plan d'amortissement		

- Amortissement N–1 des casiers vendus = 2 000 × 20 × 20 % × 2/12 = 1 333 €.

6. Comptabilisation de la cession

	01.05.N		
462	Créances sur cessions d'immobilisations	44 400	
775	Produits des cessions des éléments d'actif		37 000
44571	État – TVA collectée		7 400
	Prix de cession de l'immobilisation		
28186	Amortissements des emballages récupérables	8 666	
675	Valeur comptable des éléments d'actif cédés	31 334	
2186	Emballages récupérables		40 000
	Sortie de l'immobilisation du patrimoine		

Remarque : À la place du compte 462, on peut utiliser le compte 4196 – Clients – Dettes sur emballages consignés.

CAS 4

Cession d'immobilisation et emprunt

1. Tableau d'amortissement du matériel

Années	Amortissement fiscal	Amortissement comptable	Amortissement dérogatoire	
			Dotation	Reprise
N-2	125 000 × 1/8 × 2,25 × 3/12 = 8 789,06	125 000 × 1/8 × 72/360 = 3 125	5 664,06	
N-1	116 210,94 × 1/8 × 2,25 = 32 684,33	125 000 × 1/8 = 15 625	17 059,33	
N	83 526,61 × 1/8 × 2,25 × 1/12 = 1 957,65	125 000 × 1/8 × 46/360 = 1 996,53		38,88
Total		20 746,53	22 723,39	38,88

2. Tableau d'amortissement de l'emprunt

Échéances	Emprunt restant à rembourser	Intérêts	Amortissements	Annuités
01/10/N-1	50 000	2 500	12 500	15 000
01/10/N	37 500	1 875	12 500	14 375
01/10/N+1	25 000	1 250	12 500	13 750
01/10/N+2	12 500	625	12 500	13 125

3. Écritures nécessaires en N

Compte	Libellé	Débit	Crédit
	17.02.N		
6811	Dotations aux amortissements sur immobilisations incorporelles et corporelles	1 996,53	
28154	Amortissements du matériel industriel		1 996,53
	Dotations aux amortissements de l'année de cession		
145	Amortissements dérogatoires	38,88	
78725	Reprises sur amortissements dérogatoires		38,88
	Amortissements dérogatoires		
462	Créances sur cessions d'immobilisations	75 000,00	
775	Produits des cessions des éléments d'actif		62 500,00
44571	État – TVA collectée		12 500,00
	Prix de cession de l'immobilisation		
28154	Amortissements du matériel industriel	20 746,53	
675	Valeur comptable des éléments d'actif cédés	104 253,47	
2154	Matériel industriel		125 000,00
	Sortie de l'immobilisation du patrimoine		
145	Amortissements dérogatoires	22 684,51	
78725	Reprises sur amortissements dérogatoires		22 684,51
	Solde des amortissements dérogatoires		
	01.10.N		
661	Charges d'intérêt	1 875	
164	Emprunts auprès des établissements de crédit	12 500	
512	Banque		14 375
	Échéance de l'emprunt ; hypothèse : le compte 1688 a été contre-passé au début de l'exercice		
	31.12.N		
661	Charges d'intérêts *1 250 € × 3/12*	312,50	
1688	Intérêts courus		312,50
	Intérêts courus sur emprunts : échéance de N+1		

CHAPITRE 29

Les autres opérations de régularisation

APPLICATION 1

Ajustement des charges et des produits

1	Pour la détermination du résultat comptable d'un exercice, seuls les charges et les produits payés au cours de cet exercice sont à prendre en considération	FAUX
2	Les charges à payer sont des charges qui ont été enregistrées dans les comptes de l'exercice et qui sont des charges de l'exercice suivant	FAUX
3	Les charges constatées d'avance sont des charges qui ont été enregistrées dans les comptes de l'exercice mais qui ne concernent que l'exercice suivant.	VRAI
4	Les produits à recevoir sont des produits qui ont été enregistrés dans les comptes de l'exercice et qui sont des produits de l'exercice suivant	FAUX
5	Les produits constatés d'avance sont des produits qui ont été enregistrés dans les comptes de l'exercice mais qui ne concernent que l'exercice suivant	VRAI
6	Les comptes de bilan « Charges à payer » sont des sous-comptes des comptes de bilan principaux concernés	VRAI
7	Les comptes de bilan « Produits à recevoir » sont des sous-comptes des comptes de bilan principaux concernés	VRAI
8	Les matières premières réceptionnées en fin d'exercice, mais dont la facture n'est pas arrivée en fin d'exercice, sont des charges à payer	VRAI
9	Les produits fabriqués et livrés par l'entreprise en fin d'exercice sont des produits à recevoir, si la facture n'est émise qu'au cours de l'exercice suivant	VRAI
10	Les primes d'assurance enregistrées et payées au cours de l'exercice, mais dont une partie concerne l'exercice suivant, sont des charges constatées d'avance pour cette partie concernant l'exercice suivant	VRAI
11	Des produits commandés à l'entreprise, facturés au cours de l'exercice, mais qui n'ont pas encore été livrés à la fin de cet exercice, sont des produits constatés d'avance	VRAI

☞

☞

12	Des fournitures d'entretien non consommées en fin d'exercice, dont les achats ont été enregistrés en comptes d'achats stockés, sont à enregistrer en « Charges constatées d'avance »	FAUX
13	Des fournitures d'entretien non consommées en fin d'exercice, dont les achats ont été enregistrés en comptes d'achats non stockés, sont à comptabiliser en « Charges constatées d'avance »	VRAI
14	Au début de l'exercice suivant, les écritures de « Charges à payer » et de « Produits à recevoir » doivent être contrepassées, afin que ces charges et produits n'affectent pas le résultat de l'exercice qui s'ouvre.	VRAI
15	Au début de l'exercice suivant, toutes les écritures de « Charges constatées d'avance » et de « Produits constatés d'avance » doivent être contrepassées, pour transférer ces charges et produits dans le résultat de ce nouvel exercice	VRAI

APPLICATION 2

Opérations d'inventaire

	31.12.N		
607	Achats de marchandises	15 000	
44586	État – TVA sur factures non parvenues	3 000	
408	Fournisseurs – Factures non parvenues		18 000
	Opération 1 – Marchandises livrées, factures non parvenues		
	31.12.N		
661	Charges d'intérêts	1 200	
1688	Intérêts courus		1 200
	Opération 2 – Intérêts courus du 1er septembre au 31 décembre N 60 000 × 6 % × 4/12 = 1 200 €		
	31.12.N		
635	Taxe spécifique	18 000	
4486	État – Charge à payer		18 000
	Opération 3 – Taxe spécifique à payer		
	31.12.N		
4181	Clients – Factures à établir	24 000	
701	Vente de produits finis		20 000
44587	État – TVA sur factures à établir		4 000
	Opération 4 – Produits livrés au client, facture à établir		
	31.12.N		
4098	RRR à obtenir	16 200	
609	RRR obtenus sur achats		13 500
44586	État – TVA sur factures non parvenues		2 700
	Opération 5 – Ristourne à obtenir d'un fournisseur		
	31.12.N		
486	Charge constatée d'avance	11 900	
616	Primes d'assurance		11 900
	Opération 6 – Assurance constatée d'avance 17 850 × 8/12 = 11 900 €		

	31.12.N		
706	Prestations de services	25 500	
487	Produits constatés d'avance		25 500
	Opération 7 – Prestation de services effectuée en N+1		

• • • • •

CAS 1

Opérations diverses

1. Écritures relatives au client Arthur

	31.12.N		
654	Pertes sur créances irrécouvrables *(1 848 – 180)/1,20*	1 390	
44551	État – TVA à décaisser	278	
416	Clients douteux		1 668
	Client Arthur devenu irrécouvrable		
491	Dépréciations des clients *(1 848/1,20) × 20 %*	308	
7817	Reprises sur dépréciations des actifs circulants		308
	Reprise de la dépréciation		

2. Écritures de régularisation en fin d'exercice

	31.12.N		
486	Charges constatées d'avance	400	
613	Locations		400
	Loyer de janvier payé d'avance		
607	Achats de marchandises	1 000	
4458	État – TVA à régulariser	200	
408	Fournisseurs – Factures non parvenues		1 200
	Livraison effectuée mais facture non reçue au 31 décembre		

3. Écritures à comptabiliser en janvier

	01.01.N+1		
613	Locations	400	
486	Charges constatées d'avance		400
	Contre-passation de l'écriture		
408	Fournisseurs – Factures non parvenues	1 200	
4456	État – TVA déductible sur autres biens et services	200	
401	Fournisseurs		1 200
4458	État – TVA à régulariser		200
	Régularisation de la livraison de décembre		

CAS 2

Écritures de régularisation

a) Écritures de cession de la machine-outil

	31.12.N		
215	Matériel industriel	4 800	
775	Produits des cessions des éléments d'actif		4 000
44571	État – TVA collectée		800
	Régularisation de l'écriture enregistrant le prix de cession		
2815	Amortissements du matériel industriel	5 000	
675	Valeur comptable des éléments d'actif cédés	5 000	
215	Matériel industriel		10 000
	Sortie de la machine du patrimoine		
145	Amortissements dérogatoires	1 200	
78725	Reprises sur amortissements dérogatoires		1 200
	Pour solde du compte débité		
2915	Dépréciations du matériel industriel	1 000	
7816	Reprises sur dépréciations des immobilisations		1 000
	Pour solde du compte débité		

b) Écritures de cession de valeurs mobilières de placement

	31.12.N		
465	Créances sur cessions de valeurs mobilières	2 850	
667	Charges nettes sur cessions de valeurs mobilières de placement	150	
50	Titres de placement		3 000
	Cession des titres de placement		
590	Dépréciations des titres de placement	100	
7866	Reprises sur dépréciations des éléments financiers		100
	Pour solde du compte débité		

c) Écritures de régularisation

	31.12.N		
6211	Personnel intérimaire	820	
4458	État – TVA à régulariser	164	
408	Fournisseurs – Factures non parvenues		984
	Facture Manpower non réceptionnée		
709	Rabais, remises, ristournes accordés	72,00	
4458	État – TVA à régulariser	14,40	
4198	Rabais, remises, ristournes à accorder et autres avoirs à établir		86,40
	Ristourne à accorder au client		

486 6064	Charges constatées d'avance Fournitures administratives *Fournitures de bureau non consommées en N, reportées en N+1*	360	360
752 487	Revenus des immeubles non affectés aux activités professionnelles Produits constatés d'avance *Transfert de la partie du loyer concernant l'exercice N+1 : 7 200 × 9/12*	5 400	5 400

d) Écritures relatives à l'emprunt

	31.12.N		
661 1688	Charges d'intérêt Intérêts courus sur emprunts *Constatation des intérêts courus en N : 50 000 × 5 % × 3/12*	625	625
4816 791	Frais d'émission d'emprunt Transfert de charges d'exploitation *Charge à répartir concernant les frais d'émission d'emprunt*	800	800
6812 4816	Dotations aux amortissements des charges à répartir Frais d'émission d'emprunt *Annuité d'amortissement des frais d'émission, calcul sur la durée de l'emprunt : 800 × 20 %*	160	160

CAS 3

Opérations d'inventaire

A) Matériel industriel

1. Plan d'amortissement

- Coût d'acquisition hors taxe = 30 480/1,20 = 25 400 €.
- Base d'amortissement comptable = 25 400 – 5 400 = 20 000 €.

Immobilisation :	machine n°...	Date de mise en service :	29 août N–2
Durée d'utilisation :	5 ans	Valeur au bilan :	25 400 €
Rythme d'amortissement :	selon heures de fonctionnement	Base amortissable :	20 000 €

Exercices clos le 31 mai	Base amortissable	Annuité d'amortissement	Amortissements cumulés	Valeur comptable nette
N–1	20 000	20 000 × 45/200 = 4 500	4 500	20 900
N	20 000	20 000 × 50/200 = 5 000	9 500	15 900
N+1	20 000	20 000 × 50/200 = 5 000	14 500	10 900
N+2	20 000	20 000 × 35/200 = 3 500	18 000	7 400
N+3	20 000	20 000 × 15/200 = 1 500	19 500	5 900
N+4	20 000	20 000 × 5/200 = 500	20 000	5 400

2. Écriture de dotation aux amortissements

	31.05.N		
6811	Dotations aux amortissements sur immobilisations incorporelles et corporelles	5 000	
28154	Amortissements du matériel industriel		5 000
	D'après plan d'amortissement		

3. Valeur nette comptable au 31 mai N

- Valeur comptable nette = Valeur au bilan – Amortissements cumulés.
- Valeur nette comptable au 31 mai N = 25 400 – 9 500 = 15 900 €.

B) Erreur sur montant de chèque

	31.05.N		
401	Fournisseurs *1 542 – 1 524 = 18 €*	18	
512	Banque		18
	Correction montant chèque règlement fournisseur Tatin		

C) Emprunt bancaire

1. Tableau d'amortissement de l'emprunt

Échéance	Emprunt restant à rembourser	Intérêts (1)	Amortissement (2)	Annuité (3)
01/08/N	17 500	1 050	2 500	3 550
01/08/N+1	15 000 (4)	900	2 500	3 400

(1) Intérêts = Emprunt restant à rembourser x taux de l'emprunt.
(2) Amortissement = Emprunt initial/7.
(3) Annuité = Intérêts + Amortissement.
(4) 17 500 − 2 500 = 15 000 €.

2. Écriture au 31 mai N

Compte	31.05.N	Débit	Crédit
661	Charges d'intérêt *1 050 € × 10/12*	875	
1688	Intérêts courus		875
	Écriture de régularisation des intérêts d'emprunt : intérêts courus du 1er août N−1 au 31 mai N, soit pendant 10 mois.		

D) TVA

1. TVA due au titre du mois de mai N

	Détail du calcul	Montant
TVA collectée	220 000 × 20 % =	44 000
TVA déductible sur immobilisations	1 250 × 20 % =	− 250
TVA déductible sur autres biens	53 500 × 20 % =	− 10 700
Crédit de TVA d'avril		− 4 555
TVA due au titre du mois de mai		28 495 €

2. Écriture relative à la TVA à payer

Compte	31.05.N	Débit	Crédit
44571	État – TVA collectée	44 000	
44562	État – TVA déductible sur immobilisations		250
44566	État – TVA déductible sur autres biens et services		10 700
44567	État – Crédit de TVA		4 555
44551	État – TVA à décaisser		28 495
	Détermination de la TVA à payer au titre du mois de mai		

E) Contre-passation d'écritures enregistrées à la fin de l'exercice précédent

	31.05.N		
4198	Rabais, remises, ristournes à accorder et autres avoirs à établir	780,00	
709	Rabais, remises, ristournes accordés		650,00
44587	État – TVA sur factures à établir		130,00
	Contre-passation écriture enregistrée le 31 mai N–1, rabais client Alain		
518	Intérêts courus *987,50 € × 2/3*	658,33	
661	Charges d'intérêt		658,33
	Contre-passation de l'écriture relative aux agios enregistrés au 31 mai N–1 pour les mois d'avril et de mai.		

F) Écritures de régularisation

	31.05.N		
601	Achats de matières premières	23 500	
4458	État – TVA à régulariser	4 700	
408	Fournisseurs – Factures non parvenues		28 200
	Matières premières réceptionnées, mais facture non parvenue		
31	Stock de matières premières	23 500	
6031	Variation de stock de matières premières		23 500
	Mise à jour des comptes de stock		

Cette dernière écriture se justifie par le fait que les matières premières n'ont pas été inventoriées ; elles seront probablement utilisées au cours de l'exercice suivant : il convient donc de les transférer (au coût d'achat) sur l'exercice suivant par l'intermédiaire du compte de variation des stocks.

	31.05.N		
4181	Clients – Factures à établir	2 907,00	
665	Escomptes accordés	38,25	
701	Ventes de produits finis		2 460,75
44587	État – TVA sur factures à établir		484,50
	Livraison effectuée au client, facture non encore établie		
486	Charges constatées d'avance	2 440	
6064	Fournitures administratives		2 100
626	Frais postaux et de télécommunications		340
	Régularisation des comptes de charges crédités		

CAS 4

Régularisations diverses

	31.12.N		
6812	Dotations aux amortissements des charges à répartir	3 000	
4816	Frais d'émission d'emprunt		3 000
	Annuité d'amortissement des frais d'émission d'emprunt		
767	Produits nets sur cessions de valeurs mobilières de placement	3 961,73	
6271	Frais sur titres	38,27	
775	Produits des cessions d'éléments d'actif		4 000
	Régularisation de l'écriture de cession des titres : ce sont des titres immobilisés et non des VMP		
675	Valeur comptable des éléments d'actif cédés	14 000	
271	Autres titres immobilisés		14 000
	Sortie des titres du patrimoine : 200 × 70		
68662	Dotations pour dépréciations des immobilisations financières	1 000	
2971	Dépréciations des autres titres immobilisés		1 000
	Dépréciation enregistrée fin N−1 = 600 × (70 − 45) = 15 000		
	Dépréciation nécessaire fin N = 400 × (70 − 30) = 16 000		
471	Compte d'attente	4 224	
7714	Rentrées sur créances amorties		3 520
44571	État – TVA collectée		704
	Régularisation du règlement d'un client considéré comme irrécouvrable		
411	Client *24 000 × 1,10 − 24 000 × 1*	2 400	
476	Différence de conversion – Actif		2 400
	Contre-passation de l'écriture d'écart de conversion constaté fin N-1		
1515	Provision pour perte de change	2 400	
7865	Reprise sur provisions financières		2 400
	Provision pour perte de change devenue sans objet		
512	Banque *24 000 × 0,85*	20 400	
656	Pertes de change sur créances et dettes commerciales	6 000	
411	Client *24 000 × 1,10*		26 400
	Règlement du client américain		
486	Charge constatée d'avance *9 000 € × 5/6*	7 500	
616	Primes d'assurance		7 500
	Régularisation de la prime semestrielle d'assurance		

CAS 5

Opérations d'inventaire

(*D'après sujet d'examen.*)

A) Immobilisations

Années	Amortissement fiscal	Amortissement comptable	Amortissement dérogatoire	Reprise de subvention
N–2	65 000 × 1/8 × 2,25 × 10/12 = 15 234,38	65 000 × 1/8 × 280/360 = 6 319,44	8 914,94	15 234,38/5 = 3 046,88 (1)
N–1	49 765,62 × 1/8 × 2,25 = 13 996,58	65 000 × 1/8 = 8 125	5 871,58	13 996,58/5 = 2 799,32
N	35 769,04 × 1/8 × 2,25 × 9/12 = 7 545,03	65 000 × 1/8 × 290/360 = 6 545,14	999,89	7 545,03/5 = 1 509,01
Totaux	36 775,99	20 989,58	15 786,41	7 355,21

(1) La reprise de subvention est obtenue en multipliant l'amortissement fiscal par le rapport de la subvention sur l'investissement. La subvention représente 1/5 de l'immobilisation.

	31.12.N		
6811	Dotations aux amortissements sur immobilisations incorporelles et corporelles	6 545,14	
28154	Amortissements du matériel industriel		6 545,14
	D'après plan d'amortissement		
68725	Dotations aux amortissements dérogatoires	999,89	
145	Amortissements dérogatoires		999,89
	D'après plan d'amortissement		
139	Subventions d'investissement inscrites au résultat	1 509,01	
777	Quote-part des subventions d'investissement virée au résultat		1 509,01
	D'après tableau de reprise des subventions		
2154	Matériel industriel	49 200,00	
775	Produits des cessions des éléments d'actif		41 000,00
44571	État – TVA collectée		8 200,00
	Régularisation de l'écriture enregistrant le prix de cession		
28154	Amortissements du matériel industriel	20 989,58	
675	Valeur comptable des éléments d'actif cédés	44 010,42	
215	Matériel industriel		65 000,00
	Sortie de la machine du patrimoine		
145	Amortissements dérogatoires	15 786,41	
78725	Reprises sur amortissements dérogatoires		15 786,41
	Pour solde du compte débité		

139 777	Subventions d'investissement inscrites au résultat Quote-part des subventions d'investissement virée au résultat *Pour solde de la subvention d'investissement :* *13 000 – 7 355,21*	5 644,79	5 644,79
131 139	Subventions d'équipement Subventions d'investissement inscrites au résultat *Pour solde des comptes de subvention*	13 000	13 000

B) Titres

	31.12.N		
471 775	Compte d'attente *100 × 420* Produits des cessions d'éléments d'actif *Régularisation de l'écriture de cession des titres Coralie*	42 000	42 000
675 271	Valeur comptable des éléments d'actif cédés Autres titres immobilisés *Sortie des titres du patrimoine : 100 × 250*	25 000	25 000
471 667 503	Compte d'attente *150 × 100* Charges nettes sur cessions de valeurs mobilières de placement Actions *150 × 130* *Sortie des titres Viviane et régularisation des écritures*	15 000 4 500	19 500

Dépréciations :

• Titres Coralie et Thomas : le cours moyen boursier étant supérieur au prix d'achat, il n'y a pas de dépréciation.

• Titres Viviane : dépréciation N–1 = 300 × (130 – 95) = 10 500 €.
dépréciation N = 150 × (130 – 124) = 900 €.

→ Reprise de dépréciation = 10 500 – 900 = 9 600 €.

	31.12.N		
5903 7866	Dépréciations des valeurs mobilières de placement Reprises sur dépréciations des éléments financiers *Reprise d'une partie de la dépréciation des titres Viviane*	9 600	9 600

C) Autres régularisations

	31.12.N		
6817 491	Dotations pour dépréciations des actifs circulants Dépréciations des créances clients *Ajustement dépréciation client Pages :* *dépréciation fin N–1 = 40 % × 500/1,20 = 166,67 €* *dépréciation fin N = 80 % × 300/1,20 = 200 €*	33,33	33,33

Compte	Libellé	Débit	Crédit
512	Banque	480,00	
7714	Rentrées sur créances amorties		400,00
44571	État – TVA collectée		80,00
	Régularisation du règlement du client Ostier considéré comme irrécouvrable		
661	Charges d'intérêt *80 000 € × 5 % × 4/12*	1 333,33	
1688	Intérêts courus		1 333,33
	Écriture de régularisation des intérêts d'emprunt : échéance annuelle du 1er septembre N+1		
709	Rabais, remises, ristournes accordés	300,00	
44587	État – TVA sur factures à établir	60,00	
4198	Rabais, remises, ristournes à accorder et autres avoirs à établir		360,00
	Remises à accorder aux clients		
486	Charge constatée d'avance *1 200 € × 10/12*	1 000,00	
616	Primes d'assurance		1 000,00
	Régularisation de la prime annuelle d'assurance		
6061	Achats de fournitures non stockables	125,00	
44586	État – TVA sur factures non parvenues	25,00	
408	Fournisseurs – Factures non parvenues		150,00
	Estimation charge d'électricité à payer		

TABLEAU D'AMORTISSEMENT DE L'EMPRUNT				
Échéance	**Emprunt restant à rembourser**	**Intérêts**	**Amortissement**	**Annuité**
01/09/N-1	120 000	6 000	20 000	26 000
01/09/N	100 000	5 000	20 000	25 000

CHAPITRE 30

La clôture et la réouverture des comptes – L'affectation des résultats

APPLICATION 1

Clôture et réouverture des comptes – Affectation des résultats

1	Pour une entreprise dont l'exercice comptable coïncide avec l'année civile, la date de clôture de l'exercice est le 31 décembre de chaque année	VRAI
2	Les soldes des comptes de bilan de l'exercice précédent sont, en principe, repris à la réouverture des comptes de l'exercice	VRAI
3	Les produits et les charges de l'exercice précédent sont repris à la réouverture des comptes de l'exercice	FAUX
4	La clôture des comptes de gestion permet de déterminer le résultat de l'exercice	VRAI
5	Dans le cas d'un bénéfice, c'est le compte 129 qui est utilisé	FAUX
6	Les comptes « Bilan d'ouverture » et « Bilan de clôture » sont des comptes spéciaux de la classe 8	VRAI
7	Dans une entreprise individuelle, les versements et les prélèvements effectués par l'exploitant sont retracés par l'intermédiaire du compte 101 « Capital individuel »	FAUX
8	L'affectation du résultat d'une société est décidée par les associés ou actionnaires sur proposition des dirigeants	VRAI

APPLICATION 2

Affectation du résultat d'une entreprise individuelle

L'entreprise Luciole doit solder le compte de l'exploitant par le compte capital individuel pour 30 000 €. Cette opération fait que le capital individuel se retrouve débiteur de 20 000 € : 10 000 – 30 000.

Le résultat de 13 000 € permet de compenser un peu ce solde débiteur : 20 000 – 13 000 = 7 000 €.

Début janvier N+1, pour reconstituer son capital, l'entreprise Luciole devra apporter : 7 000 € pour solder le compte capital individuel, et 10 000 € pour le reconstituer à ce niveau de 10 000 €.

	31.12. N		
101	Capital individuel	30 000	
108	Compte de l'exploitant		30 000
	Pour solde du compte crédité		
	31.12. N		
120	Résultat de l'exercice	13 000	
101	Capital individuel		13 000
	Pour affectation du résultat N		
	Début N+1		
512	Banque	17 000	
101	Capital individuel		17 000
	Apport en capital		

Pour cette dernière écriture, le compte **108 – Compte de l'exploitant** peut être crédité dans un premier temps.

APPLICATION 3

Répartition du résultat

1. Écriture de répartition

	10.03.N+1		
110	Report à nouveau N–1	1 680	
120	Résultat de l'exercice N	122 430	
1061	Réserve légale		3 930
1063	Réserve statutaire		25 000
1068	Réserve facultative		23 409
110	Report à nouveau N		1 771
457	Actionnaires – Dividendes à payer		70 000
	D'après résolution de l'assemblée générale n° ...		

2. Passif du bilan après répartition du résultat

Extrait du passif du bilan au 31 décembre N après répartition du résultat N	
Capital social	2 800 000
Réserve légale	280 000
Réserve statutaire	225 000
Autres réserves	929 409
Report à nouveau	1 771
Résultat de l'exercice	0
Autres dettes (dividendes)	70 000

• • • • •

CAS 1

De la balance avant inventaire au bilan de clôture

1. Écritures d'inventaire

	31.12.N		
6811	Dotations aux amortissements sur immobilisations incorporelles et corporelles	1 980	
2813	Amortissements des constructions *(14 400 × 5 %)*		720
2815	Amortissements des installations techniques *(12 600 × 10 %)*		1 260
	D'après plans d'amortissement		
416	Clients douteux	1 170	
411	Clients		1 170
	Constatation du client douteux		
6817	Dotations pour dépréciations des actifs circulants	390	
491	Dépréciations des clients		390
	Dépréciation : (1 170/1,20) × 40 %		
3955	Dépréciations du stock de produits finis	180	
7817	Reprise sur dépréciations des actifs circulants		180
	Reprise de la dépréciation du stock initial de produits finis		
6817	Dotations pour dépréciations des actifs circulants	240	
3955	Dépréciations du stock de produits finis		240
	Dotation de la dépréciation du stock final de produits finis		
6815	Dotations aux provisions d'exploitation	225	
1511	Provisions pour litiges		225
	Provision pour litige avec un fournisseur		
6031	Variation de stock de matières premières	1 200	
311	Stock de matières premières		1 200
	Annulation du stock initial de matières premières		
311	Stock de matières premières	1 275	
6031	Variation de stock de matières premières		1 275
	Constatation du stock final de matières premières		
7135	Variation de stock de produits finis	2 250	
355	Stock de produits finis		2 250
	Annulation du stock initial de produits finis		
355	Stock de produits finis	2 700	
7135	Variation de stock de produits finis		2 700
	Constatation du stock final de produits finis		
601	Achats stockés – Matières premières et fournitures	68,00	
4458	TVA à régulariser	13,60	
408	Fournisseurs – Factures non parvenues		81,60
	Livraison du 20 décembre, facture attendue		

486 601	Charges constatées d'avance Achats stockés – Matières premières et fournitures *Facture enregistrée, mais livraison non effectuée*	1 350	 1 350
701 487	Ventes de produits finis Produits constatés d'avance *Facture enregistrée, mais livraison non effectuée*	1 200	 1 200

2. Balance après inventaire par soldes au 31 décembre N

BALANCE APRÈS INVENTAIRE DE L'ENTREPRISE ZEMBIER AU 31 DÉCEMBRE N (SOMMES EN EUROS)			
Numéros	Comptes	Soldes	
		Débiteurs	Créditeurs
101	Capital		10 800
106	Réserves		3 438
151	Provisions pour risques		1 155
164	Emprunts auprès des établissements de crédit		5 700
211	Terrains	2 700	
213	Constructions	14 400	
215	Installations techniques, matériels et outillages industriels	12 600	
2813	Amortissements des constructions		4 320
2815	Amortissements des installations techniques, matériels et outillages industriels		7 560
311	Stock de matières premières	1 275	
355	Stock de produits finis	2 700	
3955	Dépréciations des stocks de produits finis		240
401	Fournisseurs		3 570
408	Fournisseurs – Factures non parvenues		81,60
411	Clients	2 955	
416	Clients douteux	1 170	
4458	TVA à régulariser	13,60	
486	Charges constatées d'avance	1 350	
487	Produits constatés d'avance		1 200
491	Dépréciations des clients		390
512	Banques	142	

☞

☞

Numéros	Comptes	Soldes	
		Débiteurs	Créditeurs
530	Caisse	18	
601	Achats stockés – Matières premières et fournitures	19 808	
6031	Variation de stock de matières premières		75
6091	Rabais, remises et ristournes obtenus sur achats de matières premières		195
612	Redevances de crédit-bail	7 800	
622	Rémunérations d'intermédiaires et honoraires	1 950	
63	Impôts, taxes et versements assimilés	1 380	
641	Rémunérations du personnel	9 098	
645	Charges de Sécurité sociale et de prévoyance	4 095	
661	Charges d'intérêts	420	
6811	Dotations aux amortissements des immobilisations	1 980	
6815	Dotations aux provisions d'exploitation	225	
6817	Dotations pour dépréciations des actifs circulants	630	
701	Ventes de produits finis		48 300
709	Rabais, remises et ristournes accordés par l'entreprise	975	
7135	Variations de stock de produits finis		450
76	Produits financiers		30
7817	Reprises sur dépréciations sur actifs circulants		180
	TOTAUX	**87 684,60**	**87 684,60**

3. Clôture des comptes de gestion

	31.12.N		
6091	Rabais, remises, ristournes obtenus sur achats de matières premières	195	
601	Achats stockés – Matières et fournitures		195
	Détermination des achats nets		
701	Ventes de produits finis	975	
709	Rabais, remises et ristournes accordés par l'entreprise		975
	Détermination des ventes nettes		

120	Résultat de l'exercice	47 116	
6031	Variation des stocks de matières premières	75	
601	Achats stockés – Matières et fournitures		19 613
612	Redevances de crédit-bail		7 800
622	Rémunérations d'intermédiaires et honoraires		1 950
63	Impôts, taxes et versements assimilés		1 380
641	Rémunérations du personnel		9 098
645	Charges de Sécurité sociale et de prévoyance		4 095
661	Charges d'intérêts		420
6811	Dotations aux amortissements sur immobilisations		1 980
6815	Dotations aux provisions d'exploitation		225
6817	Dotations pour dépréciations des actifs circulants		630
	Solde des comptes de charges		
701	Ventes de produits finis	47 325	
7135	Variations de stocks de produits finis	450	
76	Produits financiers	30	
7817	Reprises sur dépréciations sur actifs circulants	180	
120	Résultat de l'exercice		47 985
	Solde des comptes de produits		

Résultat = solde du compte 120 = 47 985 – 47 116 = 869 €.

4. Clôture des comptes de bilan

	31.12.N		
101	Capital	10 800	
106	Réserves	3 438	
120	Résultat de l'exercice	869	
151	Provisions pour risques	1 155	
164	Emprunt auprès des établissements de crédit	5 700	
2813	Amortissements des constructions	4 320	
2815	Amortissements des installations techniques, matériels et outillages industriels	7 560	
3955	Dépréciations des stocks de produits finis	240	
401	Fournisseurs de marchandises	3 570	
408	Fournisseurs – Factures non parvenues	81,60	
487	Produits constatés d'avance	1 200	
491	Dépréciations des comptes de clients	390	
891	Bilan de clôture		39 323,60
	Pour solde des comptes de bilan débités		
	31.12.N		
891	Bilan de clôture	39 323,60	
211	Terrains		2 700
213	Constructions		14 400
215	Installations techniques, matériels et outillages industriels		12 600
311	Stocks de matières premières		1 275
355	Stocks de produits finis		2 700
411	Clients		2 955
416	Clients douteux		1 170
4458	TVA à régulariser		13,60
486	Charges constatées d'avance		1 350

512	Banque		142
530	Caisse		18
	Pour solde des comptes de bilan crédités		

CAS 2

Balance après inventaire à reconstituer

1. Écritures de cession de l'immobilisation corporelle

512	Banques	456	
775	Produits des cessions des éléments d'actif		380
44571	État – TVA collectée		76
	Prix de cession de l'immobilisation		
281	Amortissements des immobilisations	100	
675	Valeur comptable des éléments d'actif cédés	240	
21	Immobilisations corporelles		340
	Sortie de l'immobilisation du patrimoine		

2. Écritures relatives aux stocks

6032	Variation de stock d'approvisionnements	120	
32	Stock d'approvisionnements		120
	Annulation du stock initial d'approvisionnements		
32	Stock d'approvisionnements	320	
6032	Variation de stock d'approvisionnements		320
	Constatation du stock final d'approvisionnements		
7135	Variation de stock de produits finis	380	
355	Stock de produits finis		380
	Annulation du stock initial de produits finis		
355	Stock de produits finis	180	
7135	Variation de stock de produits finis		180
	Constatation du stock final de produits finis		
6037	Variation de stock de marchandises	405	
37	Stock de marchandises		405
	Annulation du stock initial de marchandises		
37	Stock de marchandises	345	
6037	Variation de stock de marchandises		345
	Constatation du stock final de marchandises		
3955	Dépréciations du stock de produits finis	40	
7817	Reprises sur dépréciations des actifs circulants		40
	Reprise de dépréciation du stock initial de produits finis		

397 7817	Dépréciations du stock de marchandises Reprises sur dépréciations des actifs circulants *Reprise de dépréciation du stock initial de marchandises*	35	 35
6817 397	Dotations pour dépréciations des actifs circulants Dépréciations du stock de marchandises *Dotation de la dépréciation du stock final de marchandises*	60	 60

3. Écriture d'affectation du résultat N–1

120 1068 457	Résultat de l'exercice Réserves Associés – dividendes à payer *Répartition du résultat N–1*	300	 150 150

Le compte 457 – Associés – Dividendes à payer a été soldé par un compte de trésorerie au cours de l'exercice.

4. Compte « Emprunts auprès des établissements de crédit »

Il y a eu au cours de l'année N un remboursement d'emprunt de 230 000 €. L'emprunt restant à rembourser au 1er janvier N était de 830 000 € ; du fait de ce remboursement, le montant de l'emprunt restant à rembourser sera de : 830 000 – 230 000 = 600 000 €.
Mais la somme qui figure au crédit dans les mouvements affectant le compte représente le montant de l'emprunt qui a été contracté au cours de l'année N pour un montant de 600 000 €.
Finalement, le montant total des emprunts restant à rembourser sera de 1 200 000 €.

5. Balance après inventaire par soldes au 31 décembre N

BALANCE DES COMPTES DE BILAN AU 31 DÉCEMBRE N (EN MILLIERS D'EUROS)		
Comptes et regroupements de comptes	Soldes	
	Débiteurs	Créditeurs
Capital		2 000
Réserves		400
Résultat de l'exercice		410
Provisions pour risques		100
Provisions pour charges		40
Emprunts auprès des établissements de crédit		1 200
Autres emprunts		60
Immobilisations incorporelles	200	
Immobilisations corporelles et en cours	2 800	
Immobilisations financières	370	

☞

☞

Comptes et regroupements de comptes	Soldes	
	Débiteurs	Créditeurs
Amortissements des immobilisations corporelles		560
Dépréciations des immobilisations incorporelles		10
Dépréciations des immobilisations financières		50
Stocks d'approvisionnements	320	
Stocks de produits	180	
Stocks de marchandises	345	
Dépréciations des stocks de marchandises		60
Fournisseurs		640
Fournisseurs d'immobilisations		160
Fournisseurs débiteurs	45	
Clients	855	
Clients créditeurs		20
Charges constatées d'avance	60	
Produits constatés d'avance		15
Dépréciations des comptes clients		40
Valeurs mobilières de placement	430	
Banque	140	
Caisse	20	
Totaux	**5 765**	**5 765**

BALANCE DES COMPTES DE GESTION AU 31 DÉCEMBRE N (EN MILLIERS D'EUROS)		
Comptes et regroupements de comptes	Soldes	
	Débit	Crédit
Achats d'approvisionnements	780	
Variations de stocks d'approvisionnements		200
Achats de marchandises	1 850	
Variations de stocks de marchandises	60	
Autres services extérieurs	205	
Impôts, taxes et versements assimilés	120	
Rémunérations du personnel	2 520	
Charges de Sécurité sociale	1 200	

☞

☞

Comptes et regroupements de comptes	Soldes	
	Débit	Crédit
Autres charges de gestion courante	140	
Charges financières	30	
Valeur comptable des éléments d'actif cédés	240	
Dotations aux amortissements, dépréciations et provisions (charges d'exploitation)	680	
Dotations aux amortissements, dépréciations et provisions (charges financières)	40	
Ventes de produits		3 950
Ventes de marchandises		3 400
Produits des activités annexes		150
Production stockée	200	
Production immobilisée		240
Produits financiers		10
Produits des cessions d'éléments d'actif		380
Reprises sur amortissements, dépréciations et provisions (produits d'exploitation)		115
Reprises sur dépréciations et provisions (produits financiers)		30
Totaux	8 065	8 475

6. Solde des comptes de gestion et détermination résultat N

120	Résultat de l'exercice	7 665	
6032	Variation des stocks d'approvisionnements	200	
602	Achats stockés d'approvisionnements		780
607	Achats de marchandises		1 850
6037	Variation des stocks de marchandises		60
62	Autres services extérieurs		205
63	Impôts, taxes et versements assimilés		120
641	Rémunérations du personnel		2 520
645	Charges de Sécurité sociale et de prévoyance		1 200
65	Autres charges de gestion courante		140
66	Charges financières		30
675	Valeur comptable des éléments d'actif cédés		240
681	Dotations aux amortissements, dépréciations et provisions (charges d'exploitation)		680
686	Dotations aux amortissements, dépréciations et provisions (charges financières)		40
	Solde des comptes de charges		

701	Ventes de produits finis	3 950	
707	Ventes de marchandises	3 400	
708	Produits des activités annexes	150	
72	Production immobilisée	240	
76	Produits financiers	10	
775	Produits des cessions d'éléments d'actif	380	
781	Reprises sur amortissements, dépréciations et provisions (produits d'exploitation)	115	
786	Reprises sur dépréciations et provisions (produits financiers)	30	
7135	Production stockée		200
120	Résultat de l'exercice		8 075
	Solde des comptes de produits		

Résultat de l'exercice N = solde du compte 120 = 8 075 – 7 665 = 410 milliers d'euros.

7. Clôture des comptes de bilan

	31.12.N		
101	Capital	2 000	
106	Réserves	400	
120	Résultat de l'exercice	410	
151	Provisions pour risques	100	
157	Provisions pour charges	40	
164	Emprunt auprès des établissements de crédit	1 200	
167	Autres emprunts	60	
2813	Amortissements des immobilisations corporelles	560	
290	Dépréciations des immobilisations incorporelles	10	
296	Dépréciations des immobilisations financières	50	
397	Dépréciations des stocks de marchandises	60	
401	Fournisseurs	640	
404	Fournisseurs d'immobilisations	160	
419	Clients créditeurs	20	
487	Produits constatés d'avance	15	
491	Dépréciations des comptes de clients	40	
20	Immobilisations incorporelles		200
21 et 23	Immobilisations corporelles et en cours		2 800
26	Immobilisations financières		370
32	Stocks d'approvisionnements		320
355	Stocks de produits finis		180
37	Stocks de marchandises		345
409	Fournisseurs débiteurs		45
411	Clients		855
486	Charges constatées d'avance		60
50	Valeurs mobilières de placement		430
512	Banque		140
530	Caisse		20
	Pour solde des comptes de bilan		

CAS 3

Affectation du résultat dans une entreprise individuelle et compte de l'exploitant

1. Écritures non encore comptabilisées

108 531	Compte de l'exploitant Caisse *Retrait de la caisse pour besoins personnels*	500	 500
401 108	Fournisseurs Compte de l'exploitant *Règlement du fournisseur à l'aide de la carte personnelle de l'exploitant.*	1 000	 1 000

2. Détermination du résultat

Extrait de la balance de l'entreprise Conche au 31 mars N			
Numéros des comptes	Intitulés des comptes	Soldes	
		Débiteurs	Créditeurs
101	Capital		100 000
108	Compte de l'exploitant	29 500	
164	Emprunts		60 000
213	Constructions	87 800	
215	Matériel et outillage	71 000	
2182	Matériel de transport	43 000	
2183	Matériel de bureau et informatique	8 600	
2813	Amortissements des constructions		43 000
2815	Amortissements du matériel et outillage		51 000
28182	Amortissements du matériel de transport		3 900
28183	Amortissements du matériel de bureau et informatique		2 400
3141	Stock d'huîtres	26 000	
3142	Stock de moules	17 000	
326	Stock d'emballages	2 300	
401	Fournisseurs d'exploitation		5 440
411	Clients	6 670	
4455	État – TVA à décaisser		3 740

Numéros des comptes	Intitulés des comptes	Soldes	
		Débiteurs	Créditeurs
5121	Crédit maritime	7 300	
531	Caisse	300	
	Totaux	**299 470**	**269 480**

Résultat de l'exercice = bénéfice = 299 470 – 269 480 = 29 990 €

3. Écritures de virement du compte de l'exploitant et du résultat

101 108	Capital individuel Compte de l'exploitant *Pour solde du compte crédité*	29 500	 29 500
120 101	Résultat de l'exercice Capital individuel *Affectation du résultat*	29 990	 29 990

Cas 4

Affectation du résultat dans une société anonyme

1. Tableau d'affectation du résultat de l'exercice N

Origines		
1. Report à nouveau antérieur	160 000	
2. Résultat de l'exercice		400 000
3. Prélèvement sur les réserves		
Affectations		
4. Affectation aux réserves		
Réserve légale : 5 % × (400 000 – 160 000)	12 000	
Réserves réglementées		
Autres réserves	66 000	
5. Dividendes : 1,50 × 100 000	150 000	
6. Autres répartitions		
7. Report à nouveau	12 000	
Totaux	**400 000**	**400 000**

2. Report à nouveau débiteur

Le report à nouveau débiteur reprend les pertes antérieures supportées par l'entreprise. Le résultat déficitaire est reporté à nouveau et doit être imputé sur le bénéfice avant toute autre affectation.

La réserve légale et les autres réserves obligatoires ne sont dotées ou calculées que sur le bénéfice obtenu après imputation des pertes antérieures.

3. Dividende maximum pouvant être servi

Le bénéfice distribuable est obtenu en déduisant du bénéfice le report à nouveau débiteur et les réserves obligatoires (légale et statutaire).

Il est ici égal à : 400 000 – 160 000 – 12 000 – 66 000 = 162 000 €.

Le dividende unitaire pouvant être attribué est donc : 162 000/100 000 = 1,62 €.

4. Écriture de répartition de bénéfice

120	Résultat	400 000	
1061	Réserve légale		12 000
1063	Réserve statutaire		66 000
110	Report à nouveau		12 000
119	Report à nouveau exercice antérieur		160 000
457	Associés – Dividendes à payer		150 000
	D'après résolution adoptée par l'assemblée générale ordinaire		

5

PARTIE

Les documents de synthèse et la communication financière

CHAPITRE

31 Les documents de synthèse : le bilan et le compte de résultat

CAS 1

Bilan et compte de résultat abrégé

1. Détermination du système de présentation des comptes

L'application du système développé est facultative.

La société Janin peut donc appliquer le système simplifié ou le système de base selon le franchissement des seuils de taille :

- total bilan = 337 724,50 € > 350 000 €
- chiffre d'affaires ⇒ ventes de marchandises = 484 970 € < 700 000 €
- effectif = 8 < 10

La société peut être qualifiée de micro-entreprise. Son chiffre d'affaires qui est constitué de ventes de marchandises est inférieur à 783 000 €. Son régime fiscal d'imposition est le régime réel simplifié (RSI).

Les micro-entreprises au RSI bénéficient d'un système de présentation abrégé et peuvent opter pour une présentation simplifiée.

Elle pourrait, si elle le souhaite, appliquer un système plus développé (système de base ou système développé).

Nous proposons par la suite l'application du système simplifié.

2. Bilan abrégé

MODÈLE DE BILAN (AVANT RÉPARTITION)

ACTIF	Exercice N			Exercice N-1	PASSIF	Exercice N	Exercice N-1
	Brut	Amortissements et dépréciations (à déduire)	Net	Net			
Actif immobilisé [a] : Immobilisations incorporelles : – fonds commercial [b] – autres Immobilisations corporelles Immobilisations financières [1]	423 750,00	204 000,00	219 750,00		Capitaux propres [c] : Capital Écart de réévaluation [c] Réserves : – réserve légale – réserves réglementées	217 890,00	
Total I	423 750,00	204 000,00	219 750,00		– autres [4] Report à nouveau [d]		
Actif circulant : Stocks et en-cours (autres que marchandises) [a] Marchandises [a]			37 625,00		**Résultat de l'exercice** [bénéfice ou perte] [d] Provisions réglementées	(43 331,50)	
Avances et acomptes versés sur commandes Créances [2] :					**Total I**	174 558,50	
					Provisions pour risques et charges **(II)**		
– clients et comptes rattachés [a]			41 534,00		Dettes [5] : Emprunts et dettes assimilées	80 000,00	
– autres [3] Valeurs mobilières de placement					Avances et acomptes reçus sur commandes en cours		
Disponibilités (autres que caisse)			36 878,00		Fournisseurs et comptes rattachés	68 615,00	
Caisse			1 937,50		Autres [3]	14 551,00	
Total II			117 974,50		**Total III**	163 166,00	
Charges constatées d'avance [2] (*) **(III)**					Produits constatés d'avance [2] **(IV)**		
TOTAL GÉNÉRAL (I + II + III)			337 724,50		**TOTAL GÉNÉRAL (I + II + III + IV)**	337 724,50	
(1) Dont à moins d'un an *(2) Dont à plus d'un an* *(3) Dont comptes courants d'associés*					*(4) Dont réserves statutaires* *(5) Dont à plus de 5 ans* *Dont à plus d'un an et moins de 5 ans* *Dont à moins d'un an*		

(a) Les actifs avec clause de réserve de propriété sont regroupés sur une ligne distincte portant la mention "dont ... € avec clause de réserve de propriété". En cas d'impossibilité d'identifier les biens, un renvoi au pied du bilan indique le montant restant à payer sur ces biens. Le montant à payer comprend celui des effets non échus.
(b) Y compris droit au bail.
(c) À détailler conformément à la législation en vigueur.
(d) Montant entre parenthèses ou précédé du signe moins (–) lorsqu'il s'agit de pertes.
(*) Le cas échéant, les entités ouvrent un poste "Charges à répartir sur plusieurs exercices" qui forme le total III, le total général étant modifié en conséquence.

3. Compte de résultat abrégé

MODÈLE DE COMPTE DE RÉSULTAT (EN LISTE)	Exercice N	Exercice N-1
Produits d'exploitation (hors taxes) :		
Ventes de marchandises.	484 970,00	
Production vendue [biens et services] [a]		
Production stockée [b]		
Production immobilisée		
Subventions d'exploitation		
Autres produits		
Total I	484 970,00	
dont à l'exportation		
Charges d'exploitation (hors taxes) :		
Achats de marchandises [c] :	234 080,00	
Variation de stock (marchandises) [d]	12 480,00	
Achats d'approvisionnements [c]		
Variation de stock d'approvisionnements [d]		
Autres charges externes *	112 091,00	
Impôts, taxes et versements assimilés	15 978,50	
Rémunérations du personnel	72 055,50	
Charges sociales	36 025,00	
Dotations aux amortissements	35 700,00	
Dotations aux dépréciations		
Dotations aux provisions		
Autres charges		
Total II	518 410,00	
RÉSULTAT D'EXPLOITATION (I – II)	(33 440,00)	
Produits financiers [1] **(III)**	1 512,00	
Charges financières **(IV)**	8 740,50	
Produits exceptionnels [1] **(V)**	737,00	
Charges exceptionnelles **(VI)**	3 400,00	
Impôts sur les bénéfices **(VII)**		
BÉNÉFICE ou PERTE (I – II + III – IV + V – VI – VII) [2]	(43 331,50)	
** Y compris :* *– redevances de crédit-bail mobilier* *– redevances de crédit-bail immobilier* *(1) Dont reprises sur provisions (et amortissements)* *(2) Compte tenu d'un résultat exceptionnel de (V – VI) ou (VI – V)*		

(a) À inscrire, le cas échéant, sur des lignes distinctes.
(b) Stock final moins stock initial.
(c) Y compris droits de douane.
(d) Stock initial moins stock final.

CAS 2

Bilan et compte de résultat de base et développé, en liste ou en compte

1. Bilan en compte dans le système de base

MODÈLE DE BILAN (EN TABLEAU)				
ACTIF	Exercice N			Détails des calculs
	Brut	Amortissements et dépréciations (à déduire)	Net	
Capital souscrit - non appelé				
ACTIF IMMOBILISE (*a*)				
Immobilisations incorporelles :				
Frais d'établissement	20 000	4 000	16 000	
Frais de recherche et de développement	40 000	30 000	10 000	
Concessions, brevets, licences, marques, procédés, Logiciels, droits et valeurs	30 000	10 000	20 000	
Fonds commercial (1)	140 000		140 000	
Autres				
Immobilisations incorporelles en cours	40 000		40 000	
Avances et acomptes	4 000		4 000	
Immobilisations corporelles :				
Terrains	200 000		200 000	
Constructions	700 000	100 000	600 000	
Installations techniques, matériel et outillage industriels	240 000	140 000	100 000	
Autres	170 000	20 000	150 000	
Immobilisations corporelles en cours				
Avances et acomptes				
Immobilisations financières (2) :				
Participations (*b*)	400 000	20 000	380 000	
Créances rattachées à des participations				
Titres immobilisés de l'activité de portefeuille				
Autres titres immobilisés				
Prêts	10 000		10 000	
Autres	600		600	= 200 + 400
Total I	1 994 600	324 000	1 670 600	
(1) Dont droit au bail *(2) Dont à moins d'un an (brut)*				

(a) Les actifs avec clause de réserve de propriété sont regroupés sur une ligne distincte portant la mention « dont. F avec clause de réserve de propriété ». En cas d'impossibilité d'identifier les biens, un renvoi au pied du bilan indique le montant restant à payer sur ces biens. Le montant à payer comprend celui des effets non échus.
(b) Si des titres sont évalués par équivalence, ce poste est subdivisé en deux sous-postes « Participations évaluées par équivalence » et « Autres participations ». Pour les titres évalués par équivalence, la colonne « Brut » présente la valeur globale d'équivalence si elle est supérieure au coût d'acquisition. Dans le cas contraire, le prix d'acquisition est retenu. La provision pour dépréciation globale du portefeuille figure dans la 2e colonne. La colonne « Net » présente la valeur globale d'équivalence positive ou une valeur nulle.

ACTIF	Exercice N			Détails des calculs
	Brut	Amortissements et dépréciations (à déduire)	Net	
ACTIF CIRCULANT				
Stocks et en-cours :				
Matières premières et autres	200 000	10 000	190 000	= 120 000 + 80 000
approvisionnements	8 000		8 000	
En-cours de production	40 000		40 000	
[biens et services] [a]	60 000		60 000	
Produits intermédiaires et finis	2 000		2 000	
Marchandises				
Avances et acomptes versés	377 000	8 000	369 000	= 317 000 + 56 000 + 4 000
sur commandes	2 700		2 700	= 1 640 + 60 + 1 000
Créances [3] :				
Créances Clients et Comptes rattachés [b]				
Autres				
Capital souscrit – appelé, non versé				
Valeurs mobilières de placement [c] :				
Actions propres	12 000	1 000	11 000	= 400 + 16 000 + 1 200 + 400
Autres titres				
Instruments de trésorerie				
Disponibilités				
Charges constatées d'avance [3]	18 000		18 000	
	18 200		18 200	
Total II	737 900	19 000	718 900	
Charges à répartir sur plusieurs exercices (III)				
Primes de remboursement des emprunts (IV) Écarts de conversion Actif (V)				
TOTAL GÉNÉRAL (I + II + III + IV + V)	2 732 500	343 000	2 389 500	
(3) Dont à moins d'un an (brut)				

(a) À ventiler, le cas échéant, entre biens, d'une part, et services d'autre part.
(b) Créances résultant de ventes ou de prestations de services.
(c) Poste à servir directement s'il n'existe pas de rachat par l'entité de ses propres actions.

PASSIF (avant répartition)	Exercice N	Détails des calculs
CAPITAUX PROPRES *		
Capital [dont versé...] (a)	976 000	= 1 000 000 – 24 000
Primes d'émission, de fusion, d'apport...		
Écarts de réévaluation (b)		
Écart d'équivalence (c)		
Réserves :		
Réserve légale		
Réserves statutaires ou contractuelles		
Réserves réglementées		
Autres		
Report à nouveau (d)		
Résultat de l'exercice [bénéfice ou perte] (e)	36 800	Voir compte de résultat
Subventions d'investissement		
Provisions réglementées	24 400	= 14 000 + 10 400
Total I	1 037 200	
PROVISIONS		
Provisions pour risques	10 000	
Provisions pour charges	15 000	
Total II	25 000	
DETTES (1) (g)		
Emprunts obligataires convertibles		
Autres emprunts obligataires		
Emprunts et dettes auprès des établissements de crédit (2)	333 000	= 284 000 + 25 000 + 24 000
Emprunts et dettes financières diverses (3)	561 000	= 31 000 + 500 000 + 30 000
Avances et acomptes reçus sur commandes en cours	3 240	
Dettes Fournisseurs et Comptes rattachés (f)	326 800	= 160 000 + 150 000 + 6 800 + 10 000
Dettes fiscales et sociales	101 700	= 4 000 – 300 + 19 000 + 6 000 + 32 400 + 14 800 + 22 000 + 3 600 + 200
Dettes sur immobilisations et Comptes rattachés		
Autres dettes	1 500	= 200 + 100 + 1 200
Instruments de trésorerie		
Produits constatés d'avance (1)	60	
Total III	1 327 300	
Écarts de conversion Passif (IV)		
TOTAL GÉNÉRAL (I + II + III + IV)	2 389 500	
(1) Dont à plus d'un an *Dont à moins d'un an* *(2) Dont concours bancaires courants et soldes créditeurs de banques* *(3) Dont emprunts participatifs*	*49 000*	*= 25 000 + 24 000*
** Le cas échéant, une rubrique "Autres fonds propres" est intercalée entre la rubrique "Capitaux propres" et la rubrique "Provisions pour risques et charges" avec ouverture des postes constitutifs de cette rubrique sur des lignes séparées (montant des émissions de titres participatifs, avances conditionnées...). Un total I bis fait apparaître le montant des autres fonds propres entre le total I et le total II du passif du bilan. Le total général est complété en conséquence.*		

(a) Y compris capital souscrit non appelé.
(b) À détailler conformément à la législation en vigueur.
(c) Poste à présenter lorsque des titres sont évalués par équivalence.
(d) Montant entre parenthèses ou précédé du signe moins (–) lorsqu'il s'agit de pertes reportées.
(e) Montant entre parenthèses ou précédés du signe moins (–) lorsqu'il s'agit d'une perte.
(f) Dettes sur achats ou prestations de services.
(g) À l'exception, pour l'application du (1), des avances et acomptes reçus sur commandes en cours.

2. Compte de résultat en liste et en compte dans le système de base

MODÈLE DE COMPTE DE RÉSULTAT (EN LISTE) (PRODUITS ET CHARGES HORS TAXES)		
	Exercice N	**Détails des calculs**
Produits d'exploitation [1] :		
Ventes de marchandises	1 200 000	= 1 202 000 – 2 000
Production vendue [biens et services] [a]	2 958 600	= 2 800 000 + 60 000 + 106 600 – 8 000
Montant net du chiffre d'affaires	4 158 600	
dont à l'exportation :		
Production stockée [b]	8 000	= – 2 000 + 10 000
Production immobilisée	5 000	
Subventions d'exploitation	2 000	
Reprises sur provisions (et amortissements), transferts de charges	8 600	= 1 600 + 7 000
Autres produits	1 200	
Total I	4 183 400	
Charges d'exploitation [2] :		
Achats de marchandises [d] :	828 000	= 804 000 + 28 000 – 4 000
Variation de stock [e]	(7 000)	
Achats de matières premières et autres approvisionnements [c]	892 000	= 800 000 + 70 000 + 32 000 – 10 000
Variation de stock [d]	80 000	= 100 000 – 20 000
* Autres achats et charges externes	885 060	= 160 000 + 40 000 + 64 000 + 116 000 + 120 000 + 45 000 + 40 000 + 140 000 + 110 000 + 40 000 + 10 060
Impôts, taxes et versements assimilés	180 000	
Salaires et traitements	740 000	
Charges sociales	360 000	
Dotations aux amortissements et aux provisions :		
Sur immobilisations : dotations aux amortissements [f]	52 000	
Sur immobilisations : dotations aux dépréciations	9 200	
Sur actif circulant : dotations aux dépréciations	4 000	
Dotations aux provisions		
Autres charges	640	
Total II	4 023 900	
** Y compris :* *– Redevances de crédit-bail mobilier* *– Redevances de crédit-bail immobilier*		
(1) Dont produits afférents à des exercices antérieurs. Les conséquences des corrections d'erreurs significatives, calculées après impôt, sont présentées sur une ligne séparée sauf s'il s'agit de corriger une écriture ayant été directement imputée sur les capitaux propres. *(2) Dont charges afférentes à des exercices antérieurs. Les conséquences des corrections d'erreurs significatives, calculées après impôt, sont présentées sur une ligne séparée sauf s'il s'agit de corriger une écriture ayant été directement imputée sur les capitaux propres.*		

(a) À inscrire, le cas échéant, sur des lignes distinctes.
(b) Stock final moins stock initial : montant de la variation en moins entre parenthèses ou précédé du signe (–).
(c) Y compris droits de douane.
(d) Stock initial moins stock final : montant de la variation en moins entre parenthèses ou précédé du signe (–).
(e) Y compris éventuellement dotations aux amortissements des charges à répartir.

MODÈLE DE COMPTE DE RÉSULTAT (EN LISTE) (PRODUITS ET CHARGES HORS TAXES)		
	Exercice N	Détails des calculs
1. RÉSULTAT D'EXPLOITATION (I – II)	159 500	
Quote-part de résultat sur opérations faites en commun :		
Bénéfice ou perte transférée **III**		
Pertes ou bénéfice transféré **IV**		
Produits financiers :		
De participation (3)	30 000	
D'autres valeurs mobilières et créances de l'actif immobilisé (3).	60	
Autres intérêts et produits assimilés (3)	1 500	= 1 340 + 160
Reprises sur provisions, dépréciations et transferts de charge	20	
Différences positives de change		
Produits nets sur cessions de valeurs mobilières de placement	80	
Total V	31 660	
Charges financières :		
Dotations aux amortissements, aux dépréciations et aux provisions	800	
Intérêts et charges assimilées (4)	150 000	= 148 000 + 2 000
Différences négatives de change		
Charges nettes sur cessions de valeurs mobilières de placement	340	
Total VI	151 140	
2. RÉsultat financier (V – VI)	(119 480)	
3. RÉSULTAT COURANT AVANT IMPÔTS (I – II + III – IV + V – VI)	40 020	
Produits exceptionnels :		
Sur opérations de gestion		
Sur opérations en capital	6 500	
Reprises sur provisions, dépréciations et transferts de charges	2 000	
Total VII	8 500	
Charges exceptionnelles :		
Sur opérations de gestion	240	
Sur opérations en capital	1 680	
Dotations aux amortissements, aux dépréciations et aux provisions	3 800	
Total VIII	5 720	
4. RÉSULTAT EXCEPTIONNEL (VII – VIII)	2 780	
Participation des salariés aux résultats (IX)	6 000	
Impôts sur les bénéfices (X)		
Total des produits (I + III + V + VII)	4 223 560	
Total des charges (II + IV + VI + VIII + IX + X)	4 186 760	
BÉNÉFICE OU PERTE	36 800	

(3) Dont produits concernant les entités liées
(4) Dont intérêts concernant les entités liées

NB. Outre le résultat exceptionnel avant impôts que les sociétés de capitaux doivent faire ressortir, les entités ont la faculté de faire apparaître distinctement le résultat d'exploitation et le résultat financier. Le bénéfice ou la perte résulte alors de la somme algébrique des résultats courant et exceptionnel (3 + 4) et les charges IX et X.

MODÈLE DE COMPTE DE RÉSULTAT (EN TABLEAU)	
CHARGES (hors taxes)	**Exercice N**
Charges d'exploitation (1) :	
Achats de marchandises (a)	828 000
Variation des stocks (b)	(7 000)
Achats de matières premières et autres approvisionnements (a)	892 000
Variation des stocks (b)	80 000
* Autres achats et charges externes	885 060
Impôts, taxes et versements assimilés	180 000
Salaires et traitements	740 000
Charges sociales	360 000
Dotations aux amortissements et dépréciations :	
Sur immobilisations : dotations aux amortissements (c)	52 000
Sur immobilisations : dotations aux dépréciations	9 200
Sur actif circulant : dotations aux dépréciations	4 000
Dotations aux provisions	
Autres charges	640
TOTAL I	4 023 900
Quote-part de résultat sur opérations faites en commun	
Charges financières :	
Dotations aux amortissements, aux dépréciations et aux provisions	800
Intérêts et charges assimilées (2)	150 000
Différences négatives de change	
Charges nettes sur cessions de valeurs mobilières de placement	340
TOTAL III	151 140
Charges exceptionnelles :	
Sur opérations de gestion	240
Sur opérations en capital	1 680
Dotations aux amortissements, aux dépréciations et aux provisions	3 800
TOTAL IV	5 720
Participation des salariés aux résultats (V)	6 000
Impôts sur les bénéfices (VI)	0
Total des charges (I + II + III + IV + V + VI)	4 186 760
Solde créditeur = **bénéfice** (3)	36 800
TOTAL GÉNÉRAL	4 223 560
** Y compris* *– redevances de crédit-bail mobilier* *– redevances de crédit-bail immobilier*	
(1) Dont charges afférentes à des exercices antérieurs. Les conséquences des corrections d'erreurs significatives, calculées après impôt, sont présentées sur une ligne séparée sauf s'il s'agit de corriger une écriture ayant été directement imputée sur les capitaux propres. *(2) Dont intérêts concernant les entités liées.* *(3) Compte tenu d'un résultat exceptionnel avant impôts de*	
(a) Y compris droits de douane. *(b) Stock initial moins stock final : montant de la variation en moins entre parenthèses ou précédé du signe (–).* *(c) Y compris éventuellement dotations aux amortissements des charges à répartir.*	

MODÈLE DE COMPTE DE RÉSULTAT (EN TABLEAU)	
PRODUITS (hors taxes)	**Exercice N**
Produits d'exploitation [1] :	
Ventes de marchandises	1 200 000
Production vendue [biens et services] [a]	2 958 600
Sous-total A – Montant net du chiffre d'affaires	4 158 600
dont à l'exportation	
Production stockée [b]	8 000
Production immobilisée	5 000
Subventions d'exploitation	2 000
Reprises sur provisions, dépréciations (et amortissements), transferts de charges	8 600
Autres produits	1 200
Sous-total B	24 800
Total I (A + B)	4 183 400
Quote-part de résultat sur opérations faites en commun (II)	
Produits financiers :	
De participation [2]	30 000
D'autres valeurs mobilières et créances de l'actif immobilisé [2]	60
Autres intérêts et produits assimilés [2]	1 500
Reprises sur provisions, dépréciations et transferts de charges	20
Différences positives de change	
Produits nets sur cessions de valeurs mobilières de placement	80
Total III	31 660
Produits exceptionnels :	
Sur opérations de gestion	
Sur opérations en capital	6 500
Reprises sur provisions, dépréciations et transferts de charges	2 000
TOTAL IV	8 500
Total des produits (I + II + III + IV)	4 223 560
Solde débiteur = perte [3]	
TOTAL GÉNÉRAL	4 223 560
(1) Dont produits afférents à des exercices antérieurs. Les conséquences des corrections d'erreurs significatives, calculées après impôt, sont présentées sur une ligne séparée sauf s'il s'agit de corriger une écriture ayant été directement imputée sur les capitaux propres. *(2) Dont produits concernant les entités liées :* *(3) Compte tenu d'un résultat exceptionnel avant impôts de :*	
(a) À inscrire, le cas échéant, sur des lignes distinctes. *(b) Stock final moins stock initial : montant de la variation en moins entre parenthèses ou précédé du signe (–).* *(c) Poste à ne présenter qu'en cas de besoin. Le montant qui est inscrit à ce poste peut être positif ou négatif. Le montant négatif est entre parenthèses ou précédé du signe (–).*	

3. Bilan en compte dans le système développé

MODÈLE DE BILAN			
ACTIF	Exercice N		
	Brut	Amortissements et dépréciations (à déduire)	Net
Capital souscrit - non appelé			
ACTIF IMMOBILISE [(a)]			
Immobilisations incorporelles :			
Frais d'établissement	20 000	4 000	16 000
Frais de recherche et de développement	40 000	30 000	10 000
Concessions, brevets, licences, marques, procédés, logiciels, droits et valeurs similaires	30 000	10 000	20 000
Fonds commercial [(1)]	140 000	–	140 000
Autres			
Immobilisations incorporelles en cours	40 000	–	40 000
Avances et acomptes	4 000	–	4 000
Immobilisations corporelles :			
Terrains	200 000	–	200 000
Constructions	700 000	100 000	600 000
Installations techniques, matériel et outillage	240 000	140 000	100 000
industriels	170 000	20 000	150 000
Autres			
Immobilisations corporelles en cours			
Avances et acomptes			
Immobilisations financières [(2)] :	400 000	20 000	20 000
Participations (b)			
Créances rattachées à des participations			
Titres immobilisés de l'activité de portefeuille			
Autres titres immobilisés	10 000	–	10 000
Prêts	600	–	600
Autres			
Total I	1 994 600	324 000	1 670 600
(1) Dont droit au bail *(2) Dont à moins d'un an*			

(a) Les actifs avec clause de réserve de propriété sont regroupés sur une ligne distincte portant la mention « dont. F avec clause de réserve de propriété ». En cas d'impossibilité d'identifier les biens, un renvoi au pied du bilan indique le montant restant à payer sur ces biens. Le montant à payer comprend celui des effets non échus.
(b) Si des titres sont évalués par équivalence, ce poste est subdivisé en deux sous-postes « Participations évaluées par équivalence » et « Autres participations ». Pour les titres évalués par équivalence, la colonne « Brut » présente la valeur globale d'équivalence si elle est supérieure au coût d'acquisition. Dans le cas contraire, le prix d'acquisition est retenu. La provision pour dépréciation globale du portefeuille figure dans la 2e colonne. La colonne « Net » présente la valeur globale d'équivalence positive ou une valeur nulle.

MODÈLE DE BILAN			
ACTIF	Exercice N		
	Brut	Amortissements et dépréciations (à déduire)	Net
ACTIF CIRCULANT			
Stocks et en-cours :			
Matières premières et autres approvisionnements	200 000	10 000	190 000
En-cours de production [biens et services] (a)	8 000	–	8 000
Produits intermédiaires et finis	40 000	–	40 000
Marchandises	60 000	–	60 000
Avances et acomptes versés sur commandes	2 000	–	2 000
Créances d'exploitation (3) :			
Créances Clients et Comptes rattachés (b)	377 000	8 000	369 000
Autres	2 700	–	2 700
Capital souscrit - appelé, non versé			
Valeurs mobilières de placement (c) :	12 000	1 000	11 000
Actions propres			
Autres titres			
Instruments de trésorerie			
Disponibilités	18 000	–	18 000
Charges constatées d'avance (3)	18 200	–	18 200
Total II	737 900	19 000	718 900
Charges à répartir sur plusieurs exercices **(III)**			
Primes de remboursement des emprunts **(IV)** Écarts de conversion Actif **(V)**			
TOTAL GÉNÉRAL (I + II + III + IV + V)	2 732 500	343 000	2 389 500
(3) Dont à plus d'un an			

(a) À ventiler, le cas échéant, entre biens, d'une part, et services d'autre part.
(b) Créances résultant de ventes ou de prestations de services.
(c) Poste à servir directement s'il n'existe pas de rachat par l'entité de ses propres actions.

MODÈLE DE BILAN (AVANT RÉPARTITION)	
PASSIF	Exercice N
CAPITAUX PROPRES *	976 000
Capital [dont versé...] (a)	
Primes d'émission, de fusion, d'apport...	
Écarts de réévaluation (b)	
Écart d'équivalence (c)	
Réserves :	
Réserve légale	
Réserves statutaires ou contractuelles	
Réserves réglementées	
Autres	

☞

Report à nouveau [d]		
Résultat de l'exercice [bénéfice ou perte] [e]		36 800
Subventions d'investissement		
Provisions réglementées		24 400
	Total I	1 037 200
PROVISIONS		
Provisions pour risques		10 000
Provisions pour charges		15 000
	Total II	25 000
DETTES [1] [g]		
Dettes financières :		
Emprunts obligataires convertibles		
Autres emprunts obligataires		
Emprunts et dettes auprès des établissements de crédit [2]		333 000
Emprunts et dettes financières diverses [3]		561 000
Avances et acomptes reçus sur commandes en cours		3 240
Dettes d'exploitation :		
Dettes Fournisseurs et Comptes rattachés [f]		326 800
Dettes fiscales et sociales		101 700
Autres		
Dettes diverses :		
Dettes sur immobilisations et Comptes rattachés		
Dettes fiscales (impôts sur les bénéfices)		
Autres		1 500
Instruments de trésorerie		
Produits constatés d'avance [1]		60
	Total III	1 327 300
Écarts de conversion Passif **(IV)**		
	TOTAL GÉNÉRAL (I + II + III + IV)	2 389 500
(1) Dont à plus d'un an *Dont à moins d'un an* *(2) Dont concours bancaires courants et soldes créditeurs de banques* *(3) Dont emprunts participatifs*		

** Le cas échéant, une rubrique « Autres fonds propres » est intercalée entre la rubrique « Capitaux propres » et la rubrique « Provisions pour risques et charges » avec ouverture des postes constitutifs de cette rubrique sur des lignes séparées (montant des émissions de titres participatifs, avances conditionnées...). Un total I bis fait apparaître le montant des autres fonds propres entre le total I et le total II du passif du bilan. Le total général est complété en conséquence.*

(a) Y compris capital souscrit non appelé.
(b) À détailler conformément à la législation en vigueur.
(c) Poste à présenter lorsque des titres sont évalués par équivalence.
(d) Montant entre parenthèses ou précédé du signe moins (–) lorsqu'il s'agit de pertes reportées.
(e) Montant entre parenthèses ou précédé du signe moins (–) lorsqu'il s'agit d'une perte.
(f) Dettes sur achats ou prestations de services.
(g) À l'exception, pour l'application du (1), des avances et acomptes reçus sur commandes en cours.

4. Compte de résultat en compte dans le système développé

MODÈLE DE COMPTE DE RÉSULTAT		
CHARGES (hors taxes)	Exercice N	
		Totaux partiels
Charges d'exploitation [1] :		
Coût d'achat des marchandises vendues dans l'exercice		821 000
• Achats de marchandises [a]	828 000	
• Variation des stocks de marchandises [b]	(7 000)	
Consommations de l'exercice en provenance de tiers		1 857 060
• Achats stockés d'approvisionnements [a] :		
– matières premières	822 000	
– autres approvisionnements	70 000	
• Variation des stocks d'approvisionnements [b]	80 000	
• Achats de sous-traitances	160 000	
• Achats non stockés de matières et fournitures	40 000	
• Services extérieurs :		
– personnel extérieur	40 000	
– loyers en crédit-bail [c]	64 000	
– autres	581 060	
Impôts, taxes et versements assimilés		180 000
Sur rémunérations		
Autres	180 000	
Charges de personnel		1 100 000
Salaires et traitements	740 000	
Charges sociales	360 000	
Dotations aux amortissements et dépréciations		65 200
Sur immobilisations : dotations aux amortissements [d]	52 000	
Sur immobilisations : dotations aux dépréciations	9 200	
Sur actif circulant : dotations aux dépréciations	4 000	
Dotations aux provisions		
Autres charges		640
TOTAL		4 023 900
(1) Dont charges afférentes à des exercices antérieurs. Les conséquences des corrections d'erreurs significatives, calculées après impôt, sont présentées sur une ligne séparée sauf s'il s'agit de corriger une écriture ayant été directement imputée sur les capitaux propres.		

(a) Y compris frais accessoires.
(b) Stock initial moins stock final : montant de la variation en moins entre parenthèses ou précédé du signe (–).
(c) À ventiler en « mobilier » et « immobilier ».
(d) Y compris éventuellement dotations aux amortissements des charges à répartir.

MODÈLE DE COMPTE DE RÉSULTAT		
CHARGES (hors taxes)	Exercice N	
		Totaux partiels
Report		4 023 900
Quote-part de résultat sur opérations faites en commun		–
Charges financières		151 140
Dotations aux amortissements, aux dépréciations et aux provisions	800	
Intérêts et charges assimilées [2]	150 000	
Différences négatives de change	–	
Charges nettes sur cessions de valeurs mobilières de placement	340	
Charges exceptionnelles		5 720
Sur opérations de gestion	240	
Sur opérations en capital :		
– valeurs comptables des éléments immobilisés et financiers cédés [e]	1 680	
– autres	–	
Dotations aux amortissements, aux dépréciations et aux provisions :		
– dotations aux provisions réglementées		
– dotations aux amortissements et aux autres provisions	3 800	
Participation des salariés aux résultats		600
Impôts sur les bénéfices		–
Solde créditeur = bénéfice		36 800
TOTAL GÉNÉRAL		4 223 560
(2) Dont intérêts concernant les entités liées		
(e) À l'exception des valeurs mobilières de placement.		

MODÈLE DE COMPTE DE RÉSULTAT		
PRODUITS (hors taxes)	Exercice N	
		Totaux partiels
Produits d'exploitation [1] :		
Ventes de marchandises	1 200 000	1 200 000
Production vendue		2 958 600
Ventes	2 792 000	
Travaux/Produits des activités annexes	106 600	
Prestations de services	60 000	
Montant net du chiffre d'affaires		4 158 600
dont à l'exportation :		
Production stockée [a]		8 000
En-cours de production de biens [a]	(200)	
En-cours de production de services [a]	–	
Produits [a]	10 000	

☞

PRODUITS (hors taxes)	Exercice N	
		Totaux partiels
Production immobilisée		5 000
Subventions d'exploitation		2 000
Reprises sur provisions, dépréciations (et amortissements)		1 600
Transferts de charges		7 000
Autres produits		1 200
TOTAL		4 183 400
Quotes-parts de résultat sur opérations faites en commun		–
Produits financiers		31 660
De participation (2)	30 000	
D'autres valeurs mobilières de créances de l'actif immobilisé (2)	60	
Autres intérêts et produits assimilés (2)	1 500	
Reprises sur provisions et transfert de charges financières	20	
Différences positives de change	–	
Produits nets sur cessions de valeurs mobilières de placement	80	
Produits exceptionnels		8 500
Sur opérations de gestion		
Sur opérations en capital :		
– produits des cessions d'éléments d'actif (c)	6 500	
– subventions d'investissement virées au résultat de l'exercice	–	
– autres	–	
Reprises sur provisions et transferts de charges exceptionnelles	2 000	
Solde débiteur = perte		–
TOTAL GÉNÉRAL		4 223 560
(1) Dont produits afférents à des exercices antérieurs. Les conséquences des corrections d'erreurs significatives, calculées après impôt, sont présentées sur une ligne séparée sauf s'il s'agit de corriger une écriture ayant été directement imputée sur les capitaux propres. *(2) Dont produits concernant les entités liées.*		
(a) Stock final moins stock initial : montant de la variation en moins entre parenthèses ou précédé du signe (–) dans le cas de déstockage de production. *(c) À l'exception des valeurs mobilières de placement.*		

5. Comparaison des documents

L'application d'un système développé est facultative. De même, l'entreprise a le libre choix d'opter pour une présentation en compte ou en liste. Ainsi, les choix de présentation dépendent du système d'informations en vigueur, des besoins de l'entreprise et des habitudes des autres entreprises du même secteur. La présentation en compte du compte de résultat souligne la distinction entre les charges et les produits alors que la présentation en liste met davantage en exergue la ventilation des charges et des produits selon les fonctions de l'entreprise : exploitation, finance, exceptionnelle.

L'adoption d'un système développé permet de communiquer davantage de détails sur les données synthétiques des états financiers. Le revers de cette présentation est cependant de présenter des états financiers plus volumineux (arbitrage pertinence/exhaustivité/coût/intelligibilité).

CAS 3

Bilan et compte de résultat de demain

1. Comparaison des états financiers français et internationaux

<table>
<tr><th colspan="2"></th><th>Similitude</th><th>Différence</th></tr>
<tr><td rowspan="3">Bilan</td><td>Objectif</td><td>Fournir une image du patrimoine de l'entreprise</td><td>France : patrimoine juridique
International : patrimoine économique</td></tr>
<tr><td>Forme</td><td>Informations sur l'actif et le passif de l'entreprise</td><td>France : Le bilan présente un équilibre entre un actif et un passif
Les données sont généralement communiquées en brut et en net
Les actifs sont classés du moins liquide au plus liquide
Les passifs sont classés des moins exigibles au plus exigibles.
International : Présentation du bilan comme la différence entre l'actif et le passif hors fonds propres, ceux-ci étant la résultante.
Présentation généralement des montants nets
Présentation des actifs des plus liquides au moins liquides
Présentation des passifs des plus exigibles au moins exigibles
Distinction des éléments courants et non courants</td></tr>
<tr><td>Fonds</td><td>Même contenu (sauf éléments divergents selon vision, exemple : crédit-bail)</td><td>Valorisation différente : France – coût historique/International – juste valeur</td></tr>
</table>

☞

☞

Compte de résultat	Objectif	Fournir une information sur les performances de l'entreprise	International : présentation d'un document complémentaire sur la performance et notion de résultat global (*comprehensive income*).
	Forme	Informations sur les charges et produits de l'exercice	France : présentation par nature International : présentation par nature ou fonction, informations sur activités abandonnées, pas de résultat exceptionnel, information sur résultat par action
	Fonds	Même contenu	–

2. Modèles prescrits par la directive européenne

	Bilan	Compte de résultat
Directive européenne	Deux modèles de bilan : • modèle horizontal ; • modèle vertical.	Deux modèles de compte de résultat : • modèle « charge par nature » ; • modèle « charge par fonction ».

	Bilan modèle Directive 2013/34/UE	Compte de résultat Directive 2013/34/UE
Modèle international	Fortes similitudes.	Fortes similitudes.
Modèle français	Pas de distinction CT/LT prévue dans le modèle français.	Seul le modèle « charge par nature » est prévu dans le cadre français. Les éléments exceptionnels sont prévus dans le cadre français.

3. Présentation française du patrimoine

	Atout	Limite
Patrimoine économique de l'entreprise dans le cadre français	Évolution déconnectée de l'approche financière assurant plus de fiabilité et moins de volatilité, pas de focalisation sur un type d'entreprise ou sur un type d'utilisateur de l'information	Approche plus juridique qu'économique (pas de principe de substance *over form*). Non prise en compte de la valorisation par le marché, conservation de l'approche historique.

4. Présentation française du compte de résultat

	Atout	Limite
Performance de l'entreprise dans le cadre français	Approche prudente, prise en compte des événements futurs défavorables Prise en compte des *accruals*	Non prise en compte des événements futurs favorables Contenu informatif des éléments exceptionnels Absence d'informations sur les activités non récurrentes

CHAPITRE 32

Les documents de synthèse : l'annexe

CAS 1

Les tableaux de l'annexe du système de base

1. Le tableau des immobilisations

I. CADRE GÉNÉRAL				
Situations et mouvements(2) / Rubriques(1)	A	B	C	D
	Valeur brute à l'ouverture de l'exercice	Augmentations	Diminutions	Valeur brute à la clôture(3)
Immobilisations incorporelles	274 000	12 000	12 000	274 000
Immobilisations corporelles	1 180 000	150 000	20 000	1 310 000
Immobilisations financières	410 600	0	0	410 600
Total	1 864 600	162 000	32 000	1 994 600

(1) A développer si nécessaire selon la nomenclature des postes du bilan. Lorsqu'il existe des frais d'établissement, ils font l'objet d'une ligne séparée.
(2) Les entités subdivisent les colonnes pour autant que de besoin [cf. ci-dessous développement des colonnes B (augmentations) et C (diminutions)].
(3) La valeur brute à la clôture de l'exercice est la somme algébrique des colonnes précédentes (A + B − C = D)

2. Le tableau des amortissements

I. CADRE GÉNÉRAL				
Situations et mouvements[2] / Rubriques[1]	A	B	C	D
	Valeur à l'ouverture de l'exercice	Augmentations	Diminutions	Valeur à la clôture[3]
Immobilisations incorporelles	44 000	0	0	44 000
Immobilisations corporelles	208 000	52 000	0	260 000
Immobilisations financières	0	0	0	0
Total	252 000	52 000	0	304 000

(1) A développer si nécessaire selon la même nomenclature que celle du tableau des immobilisations.
(2) Les entités subdivisent les colonnes pour autant que de besoin [cf. ci-dessous développement des colonnes B (augmentations) et C (diminutions)].
(3) Les amortissements cumulés à la fin de l'exercice sont égaux à la somme algébrique des colonnes précédentes (A + B − C = D).

3. Le tableau des dépréciations

SITUATIONS ET MOUVEMENTS *(b)*				
Rubriques[1]	A	B	C	D
	Dépréciations au début de l'exercice	Augmentations : dotations de l'exercice	Diminutions : reprises de l'exercice	Dépréciations à la fin de l'exercice[3]
Immobilisations incorporelles	2 000	0	2 000	0
Immobilisations corporelles	0	0	0	0
Immobilisations financières	15 420	4 600	20	20 000
Stocks	4 900	5 100	0	10 000
Créances	5 500	4 100	1 600	8 000
Total	27 820	13 800	3 620	38 000

(1) A développer si nécessaire.
(2) Les entités subdivisent les colonnes pour autant que de besoin.
(3) Le montant des dépréciations à la fin de l'exercice est égal à la somme algébrique des colonnes précédentes (A + B − C = D).

4. Le tableau des provisions

I. CADRE GÉNÉRAL				
Situations et mouvements(2) / Rubriques(1)	A	B	C	D
	Provisions au début de l'exercice	Augmentations	Diminutions : reprises de l'exercice	Provisions à la fin de l'exercice(3)
Provisions réglementées	24 400	0	0	24 400
Provisions pour risques	9 000	1 000	0	10 000
Provisions pour charges	12 000	3 000	0	15 000
Total	45 400	4 000	0	49 400

(1) A développer si nécessaire (le cas échéant mettre en évidence entre autres les provisions pour pensions et obligations similaires, les provisions pour impôts, les provisions pour renouvellement des immobilisations concédées...).
(2) Les entités subdivisent les colonnes pour autant que de besoin [cf. ci-dessous développement des colonnes B (augmentations) et C (diminutions)].
(3) Le montant des provisions à la fin de l'exercice est égal à la somme algébrique des colonnes précédentes (A + B – C = D).

5. Comment les informations fournies par ces tableaux complètent-ils le bilan et le compte de résultat ?

Ces tableaux permettent d'expliciter la variation des immobilisations et de certains éléments discrétionnaires essentiels : amortissements, dépréciations, provisions. Certes, cette information peut facilement être calculée en comparant les montants de fin d'exercice. Cependant, ces tableaux précisent les causes des variations en présentant les diminutions et augmentations des postes constituant les variations.

CAS 2

Lecture des tableaux de l'annexe du système de base

1. Moyens productifs mobilisés par l'entreprise pour son activité

L'information concernant les moyens productifs mobilisés par l'entreprise se présente dans les tableaux d'immobilisations et d'engagement crédit-bail. L'entreprise fait donc appel à :
- immobilisations incorporelles (24 000 euros) ;
- biens corporels : immobilisations corporelles (163 000 euros) + Biens corporels en location crédit-bail (140 000 euros).

La prise en compte des engagements crédit-bail est intéressante car elle permet de mieux percevoir les moyens productifs de l'entreprise (soit ici près de la moitié). Cette information n'apparaît pas dans le bilan, dans le cadre des normes comptables françaises.

2. Croissance interne ou désinvestissement ?

Pour apprécier la croissance interne, il convient d'examiner la variation nette des immobilisations incorporelles et corporelles ainsi que les nouveaux contrats de location crédit-bail

(+ 43 000 euros). La variation nette est positive et significative (en rapport du montant des moyens productifs). La société Hurel est en phase de croissance interne.

3. Croissance externe ou désinvestissement ?

Pour mesurer la croissance externe, il convient d'étudier la variation nette des immobilisations financières (+ 37 000 euros). La variation nette est positive et significative (en rapport au montant des immobilisations financières). La société Hurel semble choisir une croissance partagée et développe à la fois une croissance interne et une croissance externe.

4. Disparité entre le niveau de résultat et le niveau de trésorerie

Il est tout à fait concevable qu'une société affiche des résultats positifs et, en parallèle, des difficultés de trésorerie. C'est d'ailleurs un message que doit faire passer le comptable aux entrepreneurs. Ce décalage peut provenir :

- d'une politique d'investissement ou de désinvestissement, la société Hurel, comme nous l'avons montré dans les questions précédentes, investit ;
- d'une variation du passif : variation du capital, variation des dettes ;
- des délais de paiement (dettes fournisseurs en faveur de la trésorerie, créances clients en défaveur de la trésorerie, par exemple...) :
  - poids des créances : 255 000 euros,
  - poids des dettes : 380 000 euros dont 180 000 euros exigibles à moins d'un an ;
- de la constitution et de la variation des stocks ;
- de la constatation de charges calculées non décaissées (dotations aux amortissements, dépréciations, provisions, valeur nette comptable des éléments d'actifs cédés...) : dotations nettes des amortissements : 10 000 euros (grève le résultat mais neutre pour la trésorerie) ;
- de la constatation de produits calculés non encaissés (reprises aux amortissements, dépréciations, provisions...) :
  - reprises nettes des dépréciations : 66 000 euros (augmente le résultat mais neutre pour la trésorerie),
  - reprises nettes des provisions : 26 000 euros (augmente le résultat mais neutre pour la trésorerie).

CAS 3

Les tableaux de l'annexe du système développé

1. L'excédent brut d'exploitation (EBE)

• Ventes de produits finis :	165 000,00
• Production stockée :	12 300,00
Total produits à prendre en compte :	177 300,00
• Achats de matières premières :	98 000,00
• Variation des stocks de matières premières :	<3 700,00>
• Services extérieurs :	9 000,00
• Autres services extérieurs :	6 500,00

• Impôts, taxes et versements assimilés	3 300,00
• Charges de personnel :	38 000,00
Total des charges à retenir :	151 100,00

• Excédent brut d'exploitation : 177 300 – 151 100 = 26 200,00

L'excédent brut d'exploitation est certainement un des soldes les plus importants de l'analyse du résultat car il est engendré par les seules opérations cycliques d'exploitation. Il est donc indépendant de la politique financière de l'entreprise, de la politique d'amortissement et de la politique fiscale. Il permet ainsi de juger de la performance économique de l'entreprise.

2. La capacité d'autofinancement

Calcul de la capacité d'autofinancement à partir de l'EBE

EBE :	26 200,00
+ Autres produits d'exploitation :	34 100,00
– Autres charges d'exploitation :	4 200,00
– Charges financières :	800,00
CAF :	55 300,00

3. La première partie du tableau de financement de l'exercice N

MODÈLES DE TABLEAU DES EMPLOIS ET DES RESSOURCES TABLEAU DE FINANCEMENT EN LISTE		
Calcul de la variation du fonds de roulement net global	**Exercice N–1**	**Détails des calculs**
Ressources durables :		
Capacité d'autofinancement de l'exercice	55 300	
Cessions ou réductions d'éléments de l'actif immobilisé :		
Cessions d'immobilisations :		
– incorporelles		
– corporelles	1 000	*Cf.* Produits de cessions d'éléments d'actif
Cessions ou réductions d'immobilisations financières		
Augmentation des capitaux propres :		Capital social 31.12.N : 60 000 –
Augmentation de capital ou apports	10 000	Capital social 31.12.N–1 (50 000)
Augmentation des autres capitaux propres		Emprunts au 31.12.N (10 500)
Augmentation des dettes financières(1) (2)	500	+ Débit du compte Emprunt au 31.12.N (2 000) – solde du compte Emprunt au 31.12.N–1 (12 000)
Total des ressources (I)	66 800	
Emplois stables :		
Distributions mises en paiement au cours de l'exercice		
Acquisitions d'éléments de l'actif immobilisé :		
Immobilisations incorporelles		

☞

☞

Calcul de la variation du fonds de roulement net global	Exercice N-1	Détails des calculs
Immobilisations corporelles Immobilisations financières Charges à répartir sur plusieurs exercices(3) Réductions des capitaux propres (réduction de capital, retraits) Remboursements de dettes financières(1)	15 000 2 000	Solde du compte Installations techniques au 31.12.N (79 000) – Solde au 31.12.N-1 (67 000) + Cession (0) + Crédit du compte Installation technique (3 000) Débit du compte Emprunt
Total des emplois (II)	17 000	
Variation du fonds de roulement net global : Ressource nette (I – II) *ou* Emploi net (II – I)	49 800	 –
(1) Sauf concours bancaires courants et soldes créditeurs de banques. *(2) Hors primes de remboursement des obligations.* *(3) Montant brut transféré dans l'exercice.*		

CAS 4

L'enjeu de l'annexe

1. Qualités de l'annexe

Le tableau suivant précise les qualités requises de l'information financière et les qualités attendues de l'annexe pour y répondre.

Qualités de l'information financière	Contenu et définitions	Qualités de l'annexe en adéquation
Intelligibilité	L'information fournie dans les états financiers doit être compréhensible immédiatement par les utilisateurs	L'annexe indique toutes les explications nécessaires à une meilleure compréhension des autres documents comptables.
Pertinence	L'information possède la qualité de pertinence lorsqu'elle influence les décisions économiques des utilisateurs en leur fournissant une image fidèle de l'entreprise soit en les aidant à évaluer des événements passés, présents ou futurs ou en confirmant ou corrigeant leurs évaluations passées.	L'annexe met en évidence tout fait pouvant avoir une influence significative sur le jugement des utilisateurs des informations comptables
Importance relative	L'information est significative si son omission ou son inexactitude peut influencer les décisions économiques que les utilisateurs retirent des états financiers	L'annexe ne doit fournir que des informations d'une « importance significative » par rapport au bilan et au compte de résultat. Une information est considérée significative dès lors que son absence est susceptible de remettre en cause la régularité et la sincérité des états financiers et donc l'image fidèle des comptes.

☞

☞

Qualités de l'information financière	Contenu et définitions	Qualités de l'annexe en adéquation
Fiabilité	Une information exempte d'erreur peut être qualifiée de fiable	L'annexe comme l'ensemble des autres documents financiers doit fournir des informations fiables.
Neutralité	Les informations contenues dans les états financiers doivent être choisies et présentées sans parti pris	L'annexe comme l'ensemble des autres documents financiers doit fournir des informations selon un point de vue général afin de produire une information utile à l'ensemble des utilisateurs des documents comptables.
Exhaustivité	L'information contenue dans les états financiers doit être exhaustive, autant que permettent le souci de l'importance relative et celui de coût. Une omission peut rendre l'information fausse ou trompeuse et, en conséquence, non fiable et insuffisamment pertinente	L'annexe complète et commente les informations données par le bilan et le compte de résultat. L'objectif de l'annexe est de fournir des informations sur tout élément susceptible d'influencer l'opinion de l'utilisateur des comptes. Les informations à fournir peuvent donc être abondantes. Mais l'annexe doit éviter de fournir trop d'informations et de « noyer » ainsi les informations pertinentes. L'annexe ne doit fournir que des informations d'une importance significative.
Comparabilité (et principe de permanence des méthodes)	Une des principales implications du principe de comparabilité est que les utilisateurs soient informés des méthodes comptables utilisées dans la préparation des états financiers et de tout changement apporté à ces méthodes ainsi que des effets de ces changements.	L'annexe doit notamment présenter les règles et méthodes comptables soit la mention de l'application des conventions générales et des adaptations professionnelles, l'indication et la justification de la méthode retenue, les changements de méthode, d'estimation, corrections erreurs, les modifications d'impôts.

2. Conflits que peut engendrer la réalisation de l'annexe

La réalisation de l'annexe doit concilier les exigences suivantes :

- **intégrer les différentes dimensions de la communication d'une information** : comme l'indique Frédéric Pourtier, la divulgation d'une information n'est pas neutre et peut en outre révéler d'autres motivations de l'entreprise,
- **choisir entre une information formalisée ou adaptée à l'entreprise** : si l'annexe adopte une information normalisée, on peut penser qu'elle sera davantage assimilable par ses utilisateurs, cependant ceci peut aussi induire des règles rigides ne permettant pas de refléter la réalité singulière de l'entreprise,
- **maîtriser le coût de production de l'information** : la réalisation de l'annexe nécessite de réaliser un arbitrage entre le coût de réalisation d'une information et son utilité,

- **concilier pertinence et fiabilité de l'information** : ces deux qualités que doit garantir l'annexe sont souvent présentées de manière antinomique. En effet, une information pertinente intègre notamment des éléments sur l'avenir de l'entreprise appréciés selon le producteur de l'information or cette approche peut nuire à la fiabilité de l'information,
- **assurer transparence et confidentialité sur la situation et les performances de l'entreprise** : l'annexe permet avec les autres états financiers de fournir toutes les informations nécessaires pour apprécier la valeur de l'entreprise. Parallèlement, l'entreprise peut souhaiter ne pas divulguer toutes les clés de son modèle économique,
- **fournir des informations complémentaires mais ni palliatives, ni redondantes** : l'annexe doit compléter les autres états financiers et non pas les remplacer. De plus, l'annexe ne doit pas fournir d'informations superflues qui auraient déjà été communiquées au travers des autres documents,
- **garantir l'exhaustivité et l'assimilation de l'information** : trop d'informations tue l'information. L'annexe doit fournir toutes les informations nécessaires en complément des autres documents mais elle doit sélectionner les informations significatives de manière à ne pas donner une masse d'informations qui *in fine* serait non assimilable par l'utilisateur de l'information.

CHAPITRE 33 La communication financière

APPLICATION 1

Étude *in vivo* d'une communication financière

Nous proposons d'examiner la communication financière d'EDF.

1. Nature de la communication financière d'EDF

Électricité de France est née après la 2de Guerre mondiale (1946). Entreprise publique, elle ne connaît aucune concurrence sur son territoire avant de devenir société anonyme en 2004. Elle est, depuis lors, cotée sur le marché français et depuis décembre 2005 au CAC40. S'appuyant sur le plus gros parc nucléaire mondial et sur des sources d'énergie thermique et hydraulique, EDF est l'un des leaders mondiaux en terme de production d'énergie. EDF possède une place à part dans le CAC40. En effet, l'entreprise ne fait partie du marché financier que depuis 2005. Elle doit donc porter un effort tout particulier sur la communication financière afin d'attirer et de fidéliser ses actionnaires. Elle a choisi d'utiliser la communication financière comme un véritable outil stratégique. Pour toucher au mieux ses cibles et pour coller le plus sérieusement possible aux demandes des normes et des obligations liées aux entreprises cotées, EDF mise sur une communication financière complète s'apparentant à un marketing financier.

2. Étude du rapport d'EDF

Le contenu du rapport

Sur le plan formel, le rapport est très soigné, très coloré et très clair. La couverture présente des « agents » EDF et donne envie d'ouvrir le document. Le rapport est parsemé de chiffres écrits en couleur et en gros, ainsi que de tableaux. Aucune page n'est surchargée en texte et donc on lit avec plaisir le contenu. On retrouve même plusieurs photos à l'intérieur de Pierre Gadonneix, PDG actuel. Son message est également très clair et d'une longueur raisonnable. On retrouve régulièrement des illustrations qui nous rappellent sans cesse l'activité d'EDF et ses différentes caractéristiques. De même, il est important de constater que les premières parties ne sont pas consacrées à la présentation brute du bilan. En effet, la première partie traite de « l'évolution du contexte et de l'activité énergétique » et la deuxième ne donne que des chiffres clés. On comprend alors l'intérêt très stratégique du rapport annuel : il n'est pas seulement la présentation des résultats, il est également un moyen pour attirer l'investisseur et pour souligner les valeurs du groupe. La présentation très soignée accentue cette volonté. On cherche à séduire l'actionnaire et l'investisseur et non plus à lui faire peur avec des données indigestes. On remarque bien ici que ce document est devenu, depuis peu, un véritable outil avec une dimension *corporate*. Mais il ne faut pas oublier l'importance que possède ce document par rapport aux informations qu'il contient. C'est ce que nous allons présenter à présent

Dès le début, le métier est exposé clairement : « un des leaders européens de l'énergie ». Le message est simple et perceptible tout au long du rapport. Le message du président est un message simple et fort qui précise le positionnement concurrentiel d'EDF, ses enjeux, le contexte, ses forces et ses objectifs.

Structure du rapport

Plan du rapport

- Un récapitulatif des principaux chiffres avec beaucoup de couleurs et une grande photo du logo.
- Un préambule appelé « Profil » décomposé de cette manière :
  - message du président ;
  - nombre de souscripteurs ;
  - positionnement géographique du groupe ;
  - évolution du contexte et de l'activité ;
  - chiffes clés ;
  - évolution/réalisation de l'exercice.
- Une 1re partie présente les résultats de l'année écoulée avec les perspectives à venir, de manière générale :
  - gouvernance d'entreprise ;
  - Comex et Conseil d'administration ;
  - comités d'Audit, Stratégie et Éthique ;
  - bases opérationnelles et économiques consolidées : paragraphe qui montre les résultats de l'année ;
  - déploiement du projet industriel : présente les perspectives et la volonté pour l'avenir ;
  - dynamique sociale du groupe.
- Une 2e partie dresse un état des lieux du marché français, du parc d'EDF et des offres du groupe :
  - action commerciale : comment EDF, par son équipe commerciale, répond à la demande et se doit d'évoluer avec la concurrence naissante ;
  - production compétitive : montre l'importance du parc nucléaire et de production en général qui est le support de l'offre d'EDF ;
  - activités régulées : présente l'esprit d'ouverture à de nouvelles activités ;
  - prochaines échéances en France : présente les dates importantes sur les sujets du réseau de transport et de distribution, sur la production et le marché...
- Une 3e partie traite d'internationalisation du groupe et qui présente les résultats des filiales et des objectifs à venir.
- Une dernière partie souligne la volonté de développement ciblé dans certains pays et sur certaines activités.

Les états financiers sont présentés ensuite : comptes consolidés, bilans consolidés... Ils arrivent en derniers car ils justifient et appuient tout ce qui a été présenté avant.

3. Cibles de la communication financière d'EDF

EDF développe un ensemble de documents pour toucher toutes les cibles.

Sur le rapport annuel...

Les formats sont différents dans le but de toucher des cibles qui ont des moyens d'informations différentes. EDF s'efforce donc d'adapter au mieux sa communication.

Le rapport annuel s'attache à toucher :

- *actionnaires* (institutionnels, individuels ou salariés) : le côté coloré montre bien la volonté d'en faire un moyen attractif de communication accessible à tous ;
- *presse* : elle analyse elle-même les informations qu'elle tire de ce rapport ;
- *cibles périphériques* : le grand public (surtout les étudiants) est de plus en plus une cible à part entière pour EDF. Les fournisseurs et partenaires sont aussi touchés par les avancées du groupe.

Toutefois, il est important de noter que chaque cible utilise les communiqués de manière différente. Chaque cible cherchera ses propres informations dans le rapport et tirera ses propres conclusions :

- *analystes et institutions financières* : le rapport est « épluché » et ils le rapprochent d'autres communiqués afin que l'analyse soit la plus complète possible. Ils seront également plus critiques avec l'information ;
- *agences de notation* : idem.

Le site internet, pivot de la communication

Sans être la référence en terme de site Internet, celui d'EDF remplit toutes les conditions des bons sites d'entreprises du CAC40. La cible privilégiée reste les investisseurs mais on dénombre trois espaces distincts : un pour la presse ; un pour les actionnaires ; et un pour les investisseurs. Il existe un intranet pour les salariés qui s'occupe des communications internes.

Le tableau suivant nous montre les différentes informations destinées à ces publics.

Espace Presse	Communiqués de presse *Contact* : une personne est dédiée à la relation avec la presse (but : établir des liens et répondre à leurs attentes) *Dossier de presse* : fichier PDF disponible
Espace Investisseurs	*Actualités* (page d'accueil) : dernier communiqué publié + lien vers tous les communiqués + PDF du Rapport annuel *Bourse* : actions et obligations avec le cours Chiffres clé de l'entreprise *Présentations financières* : pour obtenir les présentations des 4 dernières années *Agenda* : dates de publication des résultats, chiffres d'affaires... : Gouvernement d'entreprise *Contacts :* spécifique aux investisseurs

☞

☞

Espace Actionnaires	*Actualités* : dernier communiqué... *Tableau de bord* : Nombre de titres, capital social, cours actions, dividendes... Informations pratiques sur l'action Gouvernement d'entreprise Acheter/vendre des actions *L'assemblée générale* : modalités de participation... Questions-réponses *Publications* : Guide de l'actionnaire, Magasine de l'actionnaire (Entreprendre) et rapport annuel *Contacts* : spécifique aux actionnaires

La communication financière d'EDF répond aux attentes de ces cibles :

Cibles		Attentes	Satisfaites ?	Comment ? Moyens utilisés
Actionnaires	**Institutionnels**	Demandes d'informations en matière de : – création de valeur – gouvernement d'entreprise	oui	• Communiqués de presse • Interviews de Pierre Gadonneix (PDG) et des DG des filiales • Espace investisseurs très développé sur le site Internet • Des *road shows* d'information de tous les investisseurs
		Régularité, cohérence, rapidité, égalité, disponibilité de l'information	oui	
	Individuels ou particuliers	Demande ponctuelle d'informations	oui	• Assemblée générale • Rapport interactif (vulgarisation des informations) • Espace dédié « Actionnaires » sur le site avec « comment acheter des actions » ... • Numéro vert spécial pour les actionnaires • Partie sur le gouvernement d'entreprise sur le site et dans le rapport annuel • Guide de l'actionnaire
		Stabilité du capital		
		Rémunération de ses apports : étude du résultat et performance globale + étude du gouvernement d'entreprise		
	Salariés	Idem qu'actionnaires individuels	oui	• Rapport interactif (vulgarisation des informations) • Partie consacrée dans le rapport annuel avec données sociales + rapport à part sur le social • Documents internes • Discours internes de la direction
		Cohérence communication financière et communication interne	oui	
		Dimension pédagogique	oui	

☞

Cibles	Attentes	Satisfaites ?	Comment ? Moyens utilisés
Analystes financiers	Régularité, cohérence, rapidité, égalité, disponibilité de l'information	oui	• Réunions d'analystes • Informations périodiques (communiqués ou *one-to-one*)
	• Informations comptables intermédiaires (en continu) • Présentation des IFRS et de son impact	oui	
	• Informations stratégiques • Informations prospectives	oui	
Institutions financières		oui	Communication très ciblée et encadrée car la banque concernée peut aussi être celle d'un concurrent
Agences de notation		oui	• Rapport annuel/document de référence • Communiqués périodiques sur les résultats • Information en *one-to-one*...
Presse	Informations claires, précises, sur des éléments chiffrés, avis de spécialistes, déclarations officielle et officieuse	oui	• Service dédié à la presse (réponses par téléphone) • Conférence de presse • Interviews dirigeants • Communiqués de presse • Espace dédié sur le site • Dossier de presse
	Informations financières en primeur, de manière permanente et crédible	oui	
Cibles périphériques – Clients et fournisseurs + distributeurs	Relation proche Qualité	oui	• Produits de qualité • Espace dédié dans le rapport annuel • Publicité, marketing • Actions spécifiques envers les fournisseurs et distributeurs (cadeaux...)
Cibles périphériques – Organismes de tutelle	• Informations régulières • Obligations légales	oui	• Rapport annuel • Communiqués obligatoires • Document de référence...

Cibles		Attentes	Satisfaites ?	Comment ? Moyens utilisés
Cibles périphériques	Pouvoir public	• Impôts et taxes • Santé publique	NC	•
	Syndicats	Dialogue Concertation sociale	NC	
	Concurrents			Les concurrents prennent toutes les informations mises publiquement à disposition, *benchmarking*
	Grand public	Prix ?/ qualité services	oui	Publicité forte/Marketing

4. Les différents supports de communication financière

Cibles	Documents à communiquer	Informations utiles
Investisseur potentiel	Rapport annuel Communiqué Guide de l'actionnaire	Éléments permettant un jugement éclairé sur l'ensemble de l'entreprise : rentabilité et risque de l'entreprise
Dirigeant de l'entreprise	Tous les documents	Éléments de mesure et de contrôle de la performance de l'entreprise
Salariés	Rapport annuel (partie sociale) Documents internes	Éléments sur la continuité d'exploitation de l'entreprise et éléments de rémunération : régime social, intéressement, participation...
Banquier	Rapport annuel Documents spécifiques	Éléments sur la stabilité financière de l'entreprise
Administration fiscale	Déclarations et documents spécifiques	Éléments de calcul de l'assiette des différents impôts et taxes

APPLICATION 2

Évolution du cadre réglementaire et caractéristique de la communication financière

1. Reporting intégré

Les canaux, les supports et les contenus de la communication financière sont devenus complexes et dispersés. Le « reporting intégré » (IIRC) a pour objectif de structurer l'information et la communication des entreprises pour qu'elles soient plus utiles.

Il regroupe l'ensemble des informations clés sur les leviers de création de valeur de l'entreprise à court, moyen et long temps, traduites par des données financières et extra-financières.

2. Obligation des entreprises françaises en matière de reporting intégré

Le reporting financier et extra-financier intégré des entreprises est prévu en France par le décret du 24 avril 2012 appliquant l'article 225 de la loi Grenelle 2 de 2010 complétée par la loi Warsmann 4. Ce texte s'applique aux entreprises cotées et non cotées de plus de 5 000 salariés permanents (et 1 milliard d'euros de total de bilan ou de chiffre d'affaies annuel).

La Commission européenne a proposé le 16 avril 2013 une modification de la législation comptable en vigueur afin d'accroître la transparence et la performance des entreprises de l'UE dans tous les secteurs, sur les questions environnementales et sociales. Les entreprises qui dépassent les seuils suivants :

- effectif > 500 salariés,
- 100 millions d'euros de bilan,
- ou 100 millions d'euros de chiffre d'affaires,

doivent publier des informations sur les politiques, risques et résultats obtenus dans quatre domaines : l'environnement, le social et les questions liées aux employés, le respect des droits de l'homme et la lutte contre la corruption. Cette communication s'appuie, néanmoins, sur le principe du « *comply or explain* », ce qui introduit une flexibilité significative.

L'IIRC ne propose que des lignes directrices et non un cadre obligatoire.

3. Enjeux et difficultés liés à la communication financière

Le reporting intégré permet aux entreprises de rendre compte de leur porcessus de création de valeur, notamment à l'aide d'indicateurs clés de performance financiers et extra-financiers. L'approche de rapport intégré pourrait alors aider les entreprises à évaluer leurs risques et leurs opportunités, en favorisant une réflexion et une gestion plus globale.

Le reporting intégré devrait permettre aux entreprises de réaliser une communication financière évitant un empilement d'informations et de rapports, pour passer à une image plus intégrée de l'entreprise.

La réalisation d'un reporting intégré dépend en grande partie de la mise en place d'une communication financière adaptée et plus particulièrement d'une volonté de l'entreprise et d'une méthodologie de collecte des informations. Les difficultés à surmonter portent sur des questions de fonds (pertinence des indicateurs) et sur des obstacles pratiques à l'opération de collecte (moyens matériels).

• • • • •

CAS

Le paradoxe de la communication financière

1. Les obligations en matière de communication financière

Qu'elles soient industrielles ou commerciales, les entreprises sont tenues par des obligations légales en matière de communication financière. Cette communication passe par la présentation et le dépôt des états comptables et financiers (bilan, compte de résultat, annexe, comptes consolidés, rapports de gestion...) à une date donnée au greffe du tribunal de commerce et aux différents partenaires de l'entreprise. Par ailleurs, l'entreprise doit réaliser un communiqué dès lors qu'elle veut rendre publique une information.

2. Les qualités requises de l'information comptable

Les informations comptables communiquées doivent présenter certaines qualités. En outre, elles doivent être précises, exactes, sincères, régulières et fidèles à l'image de l'entreprise.

3. Les objectifs de la communication financière

La communication financière vise à répondre aux obligations légales. Elle permet également à l'entreprise d'accroître sa notoriété : des informations fiables, stables et transparentes d'une entreprise permettent aux consommateurs, aux clients, aux partenaires sociaux et commerciaux d'être plus confiants dans la réalisation des opérations commerciales avec l'entreprise concernée. Ensuite, la communication financière permet à une entreprise de se différencier de ses concurrents qui ne le font pas ou alors dont le niveau d'information n'est pas assez convaincant. Enfin, la communication financière vise à attirer et fidéliser sa cible privilégiée à savoir les investisseurs.

4. Le paradoxe de la communication financière

L'entreprise doit en effet trouver un juste équilibre entre la transparence de sa communication financière et la nécessaire confidentialité qu'impose la conservation des ses avantages concurrentiels. Il est demandé de divulguer toutes les informations nécessaires aux partenaires pour se forger une image fidèle de l'entreprise. Parallèlement, ces informations peuvent être sensibles et utilisées par les concurrents de l'entreprise. Par exemple, dans le cadre de la norme IFRS 14, l'entreprise doit fournir des informations sectorielles qui permettent notamment d'apprécier les résultats de l'entreprise selon les zones géographiques ou ses métiers. L'entreprise n'est pas forcément encline à divulguer ce type d'information. Ainsi à l'encontre de la transparence, l'entreprise peut opter pour ne pas communiquer ou communiquer des éléments vides d'information (exemple : ventilation selon un secteur « autres » ou ventilation pas suffisamment détaillée).

5. La pertinence de l'information comptable pour les investisseurs.

Une information est pertinente si elle utile aux investisseurs. Pour être utile, il faut qu'elle ait un contenu informatif sur la valeur de l'entreprise. Malgré les récentes remises en cause de l'intérêt de la comptabilité (scandales comptables), nombreuses recherches académiques témoignent d'un contenu informatif des chiffres comptables (étude d'association). Ce qui est cependant remis en cause c'est le caractère opportun des informations comptables ; en effet, les informations comptables sont souvent la constatation ou confirmation d'informations véhiculées par d'autres supports préalablement.

6

PARTIE

L'organisation pratique de la comptabilité

CHAPITRE

34 Les systèmes comptables

APPLICATION 1

Système centralisateur : répartition des opérations entre les différents journaux

JOURNAUX AUXILIAIRES CONCERNÉS PAR CHAQUE CHAPITRE DE LA 3e PARTIE	
Chapitre	**Journaux auxiliaires concernés**
1. La taxe sur la valeur ajoutée	Achats, ventes, opérations diverses
2. Les achats	Achats
3. Les ventes	Ventes
4. Les réductions sur achats et sur ventes	Achats, Ventes
5. Les frais accessoires liés aux achats et aux ventes	Achats, Ventes
6. Les autres charges et les autres produits	Achats, ventes, opérations diverses
7. La paie	Opérations diverses ou journal de paie
8. Les immobilisations incorporelles et corporelles	Achats, effets à payer, opérations diverses
9. Les règlements	Caisse-recettes, caisse-dépenses, banque-débit, banque-crédit
10. Les opérations sur titres	Opérations diverses, banque-crédit
11. Les opérations de financement	Effets à recevoir, banque-débit, banque-crédit
12. Le financement par subventions	Opérations diverses, banque-débit
13. Les opérations en monnaies étrangères	Opérations diverses, achats, banque-débit, banque-crédit
14. Les emballages	Achats, ventes, banque-débit, banque-crédit, opérations diverses

APPLICATION 2

Journal auxiliaire des ventes

1. Avantages du système centralisateur

Il permet une division du travail :

- dans l'espace : lorsque le nombre de pièces comptables est élevé, il est possible de partager le travail entre trois services (comptabilité-clients, comptabilité-fournisseurs et comptabilité générale). Au sein de chaque service on pourra également fractionner les tâches (« Clients-France », « Clients-Export », par exemple) ;
- dans le temps : le report dans les comptes est étalé. Il s'effectue chaque jour pour les comptes de tiers et mensuellement, après la centralisation, pour les autres comptes.

2. Journal auxiliaire des ventes du mois de juillet N

Date	Libellé	Comptes débités		Comptes crédités					
		Clients	Escomptes accordés	Ventes Vins	Ventes Jus	Ventes Eaux	Ventes Bière	TVA 5,5 %	TVA 20 %
03	Duparc	668,64		557,20					111,44
05	Café Sp.	623,54	2,97		594,00			32,51	
07	Pil	1 041,33				987,04		54,29	
13	Taget	439,56					366,30		73,26
15	Duparc	(6,72)	5,60						(1,12)
25	Pil	(416,54)				(394,82)		(21,72)	
	Totaux	2 349,81	8,57	557,20	594,00	592,22	366,30	65,08	183,58

3. Centralisation du journal auxiliaire des ventes

	31 juillet N		
411000	Clients	2 349,81	
665000	Escomptes accordés	8,57	
707100	Ventes de vins		557,20
707200	Ventes de jus de fruits		594,00
707300	Ventes d'eaux minérales		592,22
707400	Ventes de bière		366,30
445711	État, TVA collectée à 5,5 %		65,08
445713	État, TVA collectée à 20 %		183,58
	Journal auxiliaire des ventes, juillet N		

APPLICATION 3

Système centralisateur : comptes de liaison

1. Enregistrement des opérations dans les journaux auxiliaires de trésorerie

Journal auxiliaire de Banque du Nord débit

	25 février N		
51211	Banque du Nord	25 000	
58...	Virements de fonds		25 000
	Ordre de virement n° ...		

Journal auxiliaire de Banque du Nord crédit

	8 février N		
58...	Virements de fonds	54 000	
51211	Banque du Nord		54 000
	Ordre de virement n° ...		

Journal auxiliaire de Banque Européenne débit

	8 février N		
51212	Banque Européenne	54 000	
58...	Virements de fonds		54 000
	Ordre de virement n° ...		

Journal auxiliaire de Banque Européenne crédit

	25 février N		
58...	Virements de fonds	25 000	
51212	Banque Européenne		25 000
	Ordre de virement n° ...		

2. Effet de la centralisation mensuelle sur les comptes utilisés

Le compte Banque du Nord, compte-support du journal auxiliaire de Banque du Nord, sera crédité de :

$$54\ 000\ € - 25\ 000\ € = 29\ 000\ €$$

Le compte Banque Européenne, compte-support du journal auxiliaire de Banque Européenne, sera débité de 29 000 €.

Le compte Virements de fonds, compte de liaison, sera soldé.

• • • • •

CAS

Système centralisateur : cas d'ensemble

Centralisation des journaux auxiliaires dans le journal général du mois de juin N

	30 juin N		
512	Banque	118 954,40	
6275	Frais sur effets	1 138,00	
44566	État, TVA déductible sur autres biens et services	227,60	
5853	Virements de fonds		1 000,00
5870	Ventes au comptant		3 650,00
411	Clients		87 220,00
5854	Effets à l'encaissement		28 450,00
	Journal auxiliaire de Banque-débit, juin N		
	30 juin N		
5860	Achats au comptant	1 250,00	
401	Fournisseurs	35 689,00	
5840	Effets domiciliés	8 976,00	
421	Personnel – Rémunérations dues	1 960,00	
512	Banque		47 875,00
	Journal auxiliaire de Banque-crédit, juin N		
	30 juin N		
530	Caisse	1 970,00	
5870	Ventes au comptant		850,00
411	Clients		1 120,00
	Journal auxiliaire de Caisse-recettes, juin N		
	30 juin N		
5853	Virements de fonds	1 000,00	
5860	Achats au comptant	245,00	
401	Fournisseurs	655,00	
530	Caisse		1 900,00
	Journal auxiliaire de Caisse-dépenses, juin N		
	30 juin N		
413	Clients – Effets à recevoir	15 450,00	
411	Clients		15 450,00
	Journal auxiliaire des Effets à recevoir, juin N		
	30 juin N		
5854	Effets à l'encaissement	19 455,00	
413	Clients – Effets à recevoir		19 455,00
	Journal auxiliaire des Effets à recevoir, juin N		
	30 juin N		
401	Fournisseurs	9 865,00	
403	Fournisseurs – Effets à payer		9 865,00
	Journal auxiliaire des Effets à payer, juin N		
	30 juin N		
403	Fournisseurs – Effets à payer	8 976,00	
5840	Effets domiciliés		8 976,00
	Journal auxiliaire des Effets à payer, juin N		

CHAPITRE

35 Les contrôles comptables

APPLICATION 1

Lettrage d'un compte

1. Lettrage du compte

Compte 411105 – Client ORH							
							Solde N-1 : 0
Date	JL	Libellé	Contrepartie	Débit	L	Crédit	Solde
25.04	VE	FACT 241 ORH	704000	10 247,33	A		10 247,33
15.05	VE	FACT 253 ORH	704000	694.88	B		10 942,21
24.05	VE	FACT 260 ORH	704000	8 611,20	B		19 553,41
25.05	VE	FACT 262 ORH	704000	15 370,99	B		34 924,40
11.06	BQ	VIRT ORH	512100		A	10 247,33	24 677,07
23.06	VE	FACT 270 ORH	704000	20 092,80	D		44 769,87
24.06	VE	FACT 276 ORH	704000	8 647,11	D		53 416,98
24.06	VE	FACT 277 ORH	704000	777.40	D		54 194,38
30.06	VE	FACT 288 ORH	704000	3 190,76	C		57 385,14
8.07	BQ	VIRT ORH	512100		B	24 677,07	32 708,07
15.07	VE	FACT 299 ORH	704000	8 647,11	F		41 355,18
15.07	VE	FACT 300 ORH	704000	699.66	F		42 054,84
15.07	VE	FACT 301 ORH	704000	4 999,28	F		47 054,12
29.07	BQ	VIRT ORH	512100		C	3 190,76	43 863,36
6.08	BQ	VIRT ORH	512100		D	29 517,31	14 346,05
10.08	VE	FACT 330 ORH	704000	20 471,13	E		34 817,18
10.08	VE	FACT 331 ORH	704000	21 446,20	F		56 263,38
10.08	VE	FACT 332 ORH	704000	2 190,18	G		58 453,56
22.08	VE	FACT 356 ORH	704000	23 883,18	H		82 336,74
23.08	VE	FACT 358 ORH	704000	25 020,56	I		107 357,30
24.08	VE	FACT 364 ORH	704000	810.29	H		108 167,59
25.08	VE	FACT 366 ORH	704000	648.83	G		108 816,42
10.09	BQ	VIRT ORH	512100		E	20 471,13	88 345,29
10.09	BQ	VIRT ORH	512100		F	35 792,25	52 553,04
23.09	VE	FACT 376 ORH	704000	20 471,30	K		73 024,34

☞

☞

							Solde N – 1 : 0
Date	JL	Libellé	Contrepartie	Débit	L	Crédit	Solde
23.09	VE	FACT 377 ORH	704000	21 446,20	J		94 470,54
8.10	BQ	VIRT ORH	512100		G	2 839,01	91 631,53
20.10	VE	FACT 390 ORH	704000	3 411,89	L		95 043,42
20.10	VE	FACT 391 ORH	704000	3 574,37	L		98 617,79
22.10	BQ	VIRT ORH	512100		H	24 693,47	73 924,32
22.10	BQ	VIRT ORH	512100		I	25 020,56	48 903,76
12.11	BQ	VIRT ORH	512100		J	21 446,20	27 457,56
12.11	BQ	VIRT ORH	512100		K	20 471,30	6 986,26
14.11	BQ	VIRT ORB	512100			4 320,50	2 665,76
23.11	VE	FACT 402 ORH	704000	5 499,33			8 165,09
30.12	BQ	VIRT ORH	512100		L	6 986,26	1 178,83
		Total des mouvements		230 851,98		229 673,15	1 178,83

2. Analyse des sommes non lettrées

Il reste deux sommes non lettrées :

- le virement en date du 14 novembre N, pour un montant de 4 320,50 € : il s'agit d'une erreur d'imputation car à la lecture du libellé on constate qu'il provient du client ORB et non ORH ; il faudra enregistrer une écriture rectificative dans le journal des Opérations diverses ;
- la facture du 23 novembre N, pour un montant de 5 499,33 € ; on peut considérer qu'elle n'est pas encore réglée au 31 décembre, ce qui semble normal compte tenu des délais de règlement constatés (un mois, voire deux).

APPLICATION 2

État de rapprochement bancaire

1. État de rapprochement bancaire au 31 mai N

Compte Banque tenu par l'entreprise				Compte Société STBR tenu par la banque			
Dates	Libellés	Débit	Crédit	Dates	Libellés	Débit	Crédit
31.05	Solde débiteur	8 546,72		31.05	Solde créditeur		8 670,48
31.05	Virement compte		2 500,00	31.05	Chèque Duc	565.40	
31.05	Frais bancaires		87.00	31.05	Chèque ATH	1 562,40	
31.05	Virement Bart	458.36					
31.05	Intérêts créditeurs	124.60					
31.05	Solde après rapprochement	6 542,68		31.05	Solde après rapprochement		6 542,68

2. Écritures à enregistrer dans le livre-journal de la société STBR

	31 mai N		
512	Banque	582,96	
4110	Client Bart		458,36
768	Autres produits financiers		124,60
	D'après état de rapprochement		
	31 mai N		
5121	Banque – Compte rémunéré	2 500,00	
627	Services bancaires	87,00	
512	Banque		2 587,00
	D'après état de rapprochement		

APPLICATION 3

État de rapprochement bancaire

1. Pointage après rapprochement – Surlignement des sommes non pointées

Relevé de compte – Décembre N Entreprise Burlet				
Date	**Vos opérations**	**Valeur**	**Débit**	**Crédit**
	Ancien solde			20 249,72
05.12	Virt Bouvet	04.12	# 6 000,00	
08.12	Virt Charles	07.12		277,48
10.12	Remise chèques	15.12		# 5 316,60
11.12	Remise chèques	16.12		# 4 211,96
15.12	Écart sur remise chèques	18.12		40,00
24.12	Chq 810	29.12	# 1 780,66	
25.12	Remise chèques	31.12		# 5 272,00
26.12	Remise chèques	1.01		# 4 988,90
27.12	Chq 073	25.12	# 115,70	
28.12	Échéance prêt 2356	26.12	258,36	
29.12	Virt Ollier	28.12	# 4 000,00	
29.12	Chq 809	27.12	# 3 414,64	
29.12	Chq 071	27.12	# 755,90	
29.12	Chq 072	27.12	# 4 193,68	
31.12	Frais impayé		45,00	
	TOTAUX		20 563,94	40 356,66
	SOLDE			19 792,72

Compte 512 – Banque du Nord					
Dates	Libellés	Mouvements Débits	Mouvements Crédits	Soldes débiteurs	Soldes créditeurs
	Solde initial			20 249,72	
04.12	Virement Bouvet		# 6 000,00	14 249,72	
10.12	Remise chèques	# 5 316,60		19 566,32	
11.12	Remise chèques	# 4 211,96		23 778,28	
20.12	Chèque 809 Tepas		# 3 414,64	20 363,64	
21.12	Chèque 810 Favre		# 1 780,66	18 582,98	
22.12	Chèque 071 Ogi		# 755,90	17 827,08	
22.12	Chèque 072 Berard		# 4 193,68	13 633,40	
22.12	Remise chèques	# 5 272,00		18 905,40	
22.12	Remise chèques	# 4 988,90		23 894,30	
23.12	Chèque 073 Astruc		# 115,70	23 778,60	
28.12	Virement Ollier		# 4 000,00	19 778,60	
29.12	Chèque 074 Carlo		320.00	19 458,60	
30.12	Remise chèques	13 141,76		32 600,36	
31.12	Chèque 075 Bini		13 749,46	18 850,90	
31.12	Chèque 076 Favre		346,84	18 504,06	
31.12	Chèque 077 STC		138,28	18 365,78	
	Total des mouvements	32 931,22	34 815,16		
	Solde au 31 décembre N			18 365,78	

2. État de rapprochement bancaire au 31 décembre N

Compte Banque du Nord tenu par l'entreprise				Compte Entreprise Burlet tenu par la banque			
Dates	Libellés	Débit	Crédit	Dates	Libellés	Débit	Crédit
31.12	Solde débiteur	18 365,78		31.12	Solde		19 792,72
31.12	Virement Charles	277.48		31.12	Chèque 074	320,00	
31.12	Écart sur remise	40,00		31.12	Remise chèques		13 141,76
31.12	Échéance prêt		258,36	31.12	Chèque 075	13 749,46	
31.12	Frais sur impayé		45,00	31.12	Chèque 076	346,84	
				31.12	Chèque 077	138,28	
31.12	Solde après rapprochement	18 379,90		31.12	Solde après rapprochement		18 379,90

3. Enregistrement des écritures dans le livre-journal de l'entreprise Burlet

	31 décembre N		
512	Banque	317,48	
4110	Client Charles		277,48
7788	Produits exceptionnels divers		40,00
	D'après état de rapprochement		
	31 décembre N		
164	Emprunts auprès des établissements de crédit	258,36	
627	Services bancaires et assimilés	45,00	
512	Banque		303,36
	D'après état de rapprochement		

CAS 1

État de rapprochement bancaire

1. Présentation de l'état de rapprochement bancaire au 31 décembre N

Compte Crédit agricole tenu par l'entreprise				Compte Entreprise Rouland tenu par la banque			
Dates	Libellés	Débit	Crédit	Dates	Libellés	Débit	Crédit
31.12	Solde débiteur	32 331,00		31.12	Solde créditeur		33 200,00
31.12	Annuité emprunt		2 360,00	31.12	Chèque fournisseur	1 200,00	
31.12	Virement client	2 000,00					
31.12	Intérêts découvert		40,00				
31.12	Correction erreur	9,00					
31.12	Coupons actions	60,00					
	Solde après rapprochement	32 000,00			Solde après rapprochement		32 000,00

2. Enregistrements des écritures dans les comptes de l'entreprise Rouland

	31.12.N		
512	Banque	2 069,00	
411	Clients *2 000 + 9*		2 009,00
7621	Revenus des titres immobilisés		60,00
	Selon état de rapprochement au 31 décembre N		
	31.12.N		
164	Emprunts auprès des établissements de crédit	2 000,00	
661	Charges d'intérêts *40 + 360*	400,00	
512	Banque		2 400,00
	Selon état de rapprochement au 31 décembre N		

CAS 2

Apurement des comptes d'attente

1. Enregistrement des écritures d'apurement du compte d'attente dans le livre-journal de l'entreprise Berta

Opération du 5 mai

	31 mai N		
6251	Voyages et déplacements	284,85	
471	Compte d'attente		284,85
	Régularisation facture n° 564 Air transport du 5 mai		

Opération du 11 mai

	31 mai N		
471	Compte d'attente	1 176,00	
775	Produits des cessions des éléments d'actif		980,00
44571	État, TVA collectée		196,00
	Régularisation cession logiciel du 11 mai		
	31 mai N		
6811	Dotations aux amortissements sur immobilisations incorporelles et corporelles	254,75	
2805	Amortissements des logiciels		254,75
	Cession logiciel, complément d'amortissement		
	31 mai N		
2805	Amortissements du matériel industriel	954,75	
675	Valeurs comptables des éléments d'actif cédés	445,25	
205	Concessions et droits similaires, brevets, licences, marques, procédés, logiciels, droits et valeurs similaires		1 400,00
	Cession logiciel, sortie de l'actif		
	31 mai N		
145	Amortissements dérogatoires	1 400,00	
7872	Reprises sur provisions réglementées		1 400,00
	Pour solde		

Opération du 16 mai

	31 mai N		
471	Compte d'attente	1 000,00	
165	Dépôts et cautionnements reçus		1 000,00
	Régularisation avis de crédit SAD du 16 mai		

Opération du 20 mai

	31 mai N		
109	Compte de l'exploitant	780,00	
471	Compte d'attente		780,00
	Régularisation facture n° B207 Vetsport du 20 mai		

2. Présentation du compte d'attente après régularisation ; justification du solde

471 – Compte d'attente					
Dates	**Libellés**	**Mouvements Débits**	**Mouvements Crédits**	**Soldes débiteurs**	**Soldes créditeurs**
01.05	Solde à nouveau			0	0
05.05	Facture n° 564 Air transport	284,85		284,85	
11.05	Cession logiciel		1 176,00		891,15
16.05	Avis de crédit SAD		1 000,00		1 891,15
20.05	Facture n° B207 Vetsport	780,00			1 111,15
31.05	Régularisation facture n° 564 Air transport du 5 mai		284,85		1 396,00
31.05	Régularisation cession logiciel du 11 mai	1 176,00			220,00
31.05	Régularisation avis de crédit SAD du 16 mai	1 000,00		780,00	
31.05	Régularisation facture n° B207 Vetsport du 20 mai		780,00	0	0
	Solde au 31 mai			0	0

On constate que le compte est soldé : il a bien été apuré. En cas de lettrage, toutes les sommes seraient lettrées.

CHAPITRE

36 Les comptabilités informatisées

APPLICATION 1

Traitement comptable autonome

Liste des fonctionnalités de base d'un logiciel comptable

Définition du cadre comptable

- Paramétrage de l'entité (caractéristiques juridiques)
- Création des différentes tables :
  - table des journaux
  - table des comptes
  - fichier des comptes
  - fichier des écritures types
  - fichier des taxes
- Gestion des écritures comptables :
  - écritures courantes
  - écritures d'abonnement
  - simulation d'écritures
- Édition et consultation
  - comptes
  - journaux
  - balances
- Procédures périodiques
  - définition des exercices
  - ouverture et clôture des périodes
- Gestion technique
  - sauvegardes
  - mise à jour des bases de données
  - liaisons avec d'autres logiciels

Remarque : certains logiciels sont déjà en partie pré-paramétrés par leur concepteur.

APPLICATION 2

Traitement comptable intégré : l'impact des progiciels de gestion intégrée (PGI ou ERP)

1. Rappel de définitions

Reporting

Transfert d'informations financières ou non financières vers une autre entité. Terme souvent utilisé dans le cadre des relations entre société mère et filiales.

Consolidation

Une société mère, ses filiales et les sociétés dans lesquelles elle détient des participations constituent un groupe. Consolider les comptes du groupe consiste à élaborer des états financiers (bilan, compte de résultat et annexes) reflétant la situation de l'ensemble du groupe. La méthode de consolidation consiste à regrouper les états financiers des différentes entités pour aboutir à des états financiers consolidés.

Mutualisation

Mise en commun.

Comptabilité générale et comptabilités auxiliaires

Distinction qui fait référence au système centralisateur (voir le chapitre « les systèmes comptables ») ; ici, les comptabilités auxiliaires concernent les opérations avec les clients et les fournisseurs, la comptabilité générale recense les autres opérations.

2. Les conséquences de la mise en place d'un PGI sur la performance financière

Les conséquences sont largement bénéfiques. La présence de systèmes de traitement de l'information spécialisés par fonction opérationnelle diminue la productivité (ressaisies, contrôles supplémentaires, dysfonctionnements) et gène la centralisation des informations au sein de la fonction financière. La mise en place d'un système intégré, en unifiant les règles de gestion, les référentiels, les langages résolve le problème de la synthèse et procure des gains de productivité. Ces derniers sont particulièrement importants dans le cadre des organisations décentralisées par le renforcement des automatismes (par exemple la valorisation des stocks en comptabilité financière est issue en partie de la GPAO).

Paradoxalement, on aboutit en général à une centralisation de la fonction comptable dans une optique de mutualisation au service des entités opérationnelles (voir les deux exemples cités par l'auteur).

3. Pourquoi la fonction financière est-elle surtout concernée ?

Parce qu'elle doit en permanence assurer le regroupement et la synthèse des informations émanant des fonctions opérationnelles afin de faciliter le suivi financier de l'ensemble de l'entité : c'est tout l'objet de la comptabilité financière...

• • • • •

CAS

Comptabilité informatisée et procédure de contrôle

Moyens de contrôle spécifiques à prévoir dans le cadre d'une comptabilité informatisée

Les contrôles à mettre en œuvre relèvent largement des procédures de contrôle interne (se reporter au chapitre 35 pour la définition du contrôle interne). La solution est donc largement d'ordre organisationnel.

Il faut définir des codes d'accès aux matériels affectés aux personnes habilitées.

Des procédures de validation et de clôture sont à prévoir, ainsi que les conditions de leur mise en œuvre : calendrier, personnes habilitées à effectuer validation et clôture, identification de ces personnes à partir du fichier informatique, possibilité de reconstituer les conditions dans lesquelles ont été menées ces opérations.

CHAPITRE 37

La dématérialisation des supports d'information

APPLICATION

Facture dématérialisée

1. Rappel de définitions

Traçabilité comptable

La traçabilité est définie par la norme NF EN ISO 8402 comme « l'aptitude à retrouver l'historique, l'utilisation ou la localisation d'une entité au moyen d'identifications enregistrées ». L'entité peut désigner une activité, un processus, un produit, un organisme ou une personne.

La traçabilité implique l'association systématique de flux d'informations aux flux physiques.

La traçabilité comptable d'une opération suppose :

- que l'on puisse remonter à sa source en retrouvant les étapes de son inscription dans les comptes ;
- que l'on recense aisément l'ensemble des documents qui s'y rapportent pour pouvoir les comparer.

Le Plan comptable (article 911-3) met l'accent sur la notion de « chemin de révision » : « l'organisation du système de traitement permet de reconstituer à partir des pièces justificatives appuyant les données entrées, les éléments des comptes, états et renseignements soumis à la vérification, ou, à partir de ces comptes, états et renseignements, de retrouver ces données et les pièces justificatives ».

Validation mutuelle

La facture doit comporter des éléments facilitant la validation mutuelle. Le traitement des factures fait intervenir, en plus du service comptable, différents services opérationnels : service commercial, logistique, gestion de la trésorerie, approvisionnements.

La validation d'une facture (à adresser au client ou reçue d'un fournisseur) résulte de l'interaction de ces différents services. Ainsi, la qualité des données figurant sur la facture est fonction de leur aptitude à faciliter la validation mutuelle, c'est-à-dire la confrontation des contrôles effectués par les diverses parties prenantes. Dans le cadre d'un système informatisé, les données de la facture dématérialisée doivent intégrer l'objectif de validation mutuelle.

Gestion collaborative

La gestion collaborative du traitement des factures s'appuie sur un processus dans lequel les interactions internes et externes sont nombreuses (analyse de codes, rapprochements de montants, vérification d'autorisations...). La collaboration entre les divers intervenants est gérée de telle sorte que le traitement des factures soit optimisé, tant en termes de délais qu'en termes de coûts. La gestion collaborative fait appel à des logiciels spécifiques centrés sur l'administration des bases de données, notamment quant à l'optimisation des échanges de données.

2. Les motivations qui concernent particulièrement la comptabilité

Les motivations à finalité comptable sont les suivantes :

- amélioration des processus : automatisation des traitements. La facture dématérialisée est intégrée directement dans les procédures de traitement. Le traitement comptable informatisé en est facilité ;
- optimisation du coût de traitement : coût de la comptabilisation. Cet aspect est lié au précédent : il n'est pas nécessaire de ressaisir les données figurant sur la facture, ni de les contrôler à nouveau ;
- amélioration de la qualité : la traçabilité comptable, la conservation et l'archivage. Le premier aspect a été développé dans la réponse à la 1re question. La conservation et l'archivage font appel à des processus de dématérialisation. Ces derniers sont facilités lorsque l'information à conserver est déjà sous une forme dématérialisée ;
- optimisation du partage de l'information, tant interne qu'externe : la facture dématérialisée peut s'intégrer avec le minimum de biais dans un processus d'échange de données informatisé. Ainsi, la communication interne (consultation des données par les services comptables, conservation de la facture en liaison avec l'écriture) ou externe (transmission de données à l'expert-comptable, par exemple) en est facilitée.

● ● ● ● ●

CAS

L'impact de la dématérialisation sur les cabinets d'expertise comptable

1. Inconvénients de la GED

La mise en place de la GED s'accompagne de difficultés techniques et humaines et peut générer des coûts importants.

a) Difficultés techniques

• Complexification du système d'information : les interactions sont plus nombreuses et plus complexes. Le volume de stockage nécessaire augmente considérablement. Un seul dysfonctionnement peut bloquer le travail de l'ensemble des collaborateurs. Aussi, est-il indispensable de définir des procédures très détaillées et d'assurer une maintenance et une surveillance régulières.

• Gestion du risque externe : le développement du travail en réseau rend les systèmes d'information plus vulnérables. La possibilité de connexion à distance et le recours croissant à l'échange de fichiers de toutes origines (collaborateurs, clients, administrations...) augmentent les risques. Il faut généraliser les logiciels antivirus, les procédures de sauvegarde et l'instauration de mots de passe.

• Gestion du risque lié à l'utilisateur : les utilisateurs du système doivent être sensibilisés quant à la rigueur nécessaire pour éviter les incidents (formatage ou effacement de fichiers inopinés, détournement de codes d'accès...).

b) *Difficultés humaines*

La mise en place de la GED entraîne une augmentation du nombre de procédures à respecter. Elle nécessite une adhésion sans faille du personnel : certains peuvent être tentés par la rétention d'informations, en n'intégrant pas toutes les données dont ils disposent dans le système d'information commun. Inversement, le collaborateur trop zélé procède à des sauvegardes intempestives, ce qui risque de saturer le système.

La solution réside dans la formation du personnel. La garantie du succès suppose aussi une faible rotation du personnel : lorsque cette dernière est importante, la formation doit être renouvelée pour chaque nouvel entrant, ce qui en accroît le coût et en diminue l'efficacité. La politique de ressources humaines doit favoriser la fidélisation du personnel.

c) *Le coût financier*

La formation est coûteuse ; elle est d'abord externe, assurée par les organismes spécialisés qui fournissent les outils nécessaires au fonctionnement de la GED. Seront concernés les dirigeants du cabinet et le collaborateur chargé de gérer le système d'information. La formation interne est ensuite assurée par ces derniers, à destination de l'ensemble des collaborateurs. Cela nécessite un coût financier (la formation externe) et un investissement en temps de travail (la formation interne) importants.

L'investissement en logiciels et en matériel (scanners) est également coûteux.

2. La GED facilite la gestion collaborative

a) *À l'intérieur du cabinet d'expertise comptable*

L'intégration des documents papier (factures, fiches de paie...) et des documents électroniques (courriers électroniques, feuilles de calcul, fichiers textes...) dans une base de données structurée induit des gains de temps considérables dans la recherche de documents.

De plus, ces documents sont mis en commun et deviennent accessibles à l'ensemble des utilisateurs, y compris les documents archivés des exercices précédents. En outre, la base collaborative permet un travail simultané de plusieurs personnes sur le même document.

La mise en place de méthodes de travail formalisées et uniformes facilite la tâche des divers intervenants ; la saisie des données (par le collaborateur ou le client), puis leur révision (par le comptable) et enfin la supervision par l'expert-comptable donnent lieu à des gains de temps importants. L'apport de chacun est clairement identifié à l'écran (traçabilité), ce qui rend plus aisé le questionnement en cas de difficulté.

L'uniformisation des méthodes de travail facilite l'intégration des nouveaux collaborateurs et favorise la sécurité du système d'information.

b) *À l'extérieur du cabinet d'expertise comptable*

La possibilité de travail à distance des collaborateurs et de l'expert-comptable est généralisée. Les déplacements chez le client ne nécessitent plus le transport de masses de documents. Le client peut se connecter au réseau du cabinet, ce qui lui fait gagner du temps. Il est ainsi fidélisé (se reporter aux arguments développés dans l'article).

L'accès aux documents est possible à tout moment à partir de n'importe quel lieu, pour peu que l'on dispose des outils nécessaires.

ilon - bon pour don/revente solidaire

76512 – (I) – OSB 80° – NOC – JOE
Dépôt légal : août 2017

Achevé d'imprimer par Dupli-Print à Domont (95)
N° d'impression : 2017071348
www.dupli-print.fr

Imprimé en France